Für Frau Hlawonka
mit besten Grüßen
[illegible] 15.12.92

ECON Handbuch

Corporate Policies

ECON Handbuch

Corporate Policies

Wie Ihr Unternehmen erfolgreich auftritt

ECON Verlag
Düsseldorf · Wien · New York · Moskau

Die Abbildungen und Grafiken ohne Quellennachweis wurden von den jeweiligen Autoren gestellt.

Die deutsche Bibliothek - CIP-Einheitsaufnahme

ECON-Handbuch corporate policies: Wie Ihr Unternehmen erfolgreich auftritt - Düsseldorf; Wien; New York; Moskau: ECON Verl., 1992. ISBN 3-430-11906-5.
NE: Corporate policies

 Lektorat: Isabel A. Rüdig. Gesetzt aus der Times. Satz: Dörlemann-Satz, Lemförde. Papier: Papierfabrik Schleipen GmbH, Bad Dürkheim. Druck und Bindearbeiten: F. Pustet, Regensburg. Printed in Germany.
ISBN 3-430-11906-5

Inhaltsverzeichnis

7 Kontroversen über Kontroversen

Serviceteil

1

Definitionen

Michael Schirner

Die Verwirrung der Begriffe: Jeder Mensch ist ein Werber

Ob Werbung Kunst ist oder nicht, ist eigentlich ebenso egal, wie ob irgend etwas anderes Kunst und damit etwas Besseres ist. Außerdem ist es die Aufgabe von Begriffen, zu trennen, was Gott oder gesunder Menschenverstand oder andere Fehlerquellen gern zusammenfügen wollen.
Dennoch gab es einen Zeitpunkt, als die Behauptung wichtig war und, obwohl die Analogien, die zu dieser Behauptung führen, eigentlich auf der Hand liegen, zu einem Sturm der Begeisterung und Entrüstung geführt hat und führende Intelligenzblätter aus Frankfurt wie die »titanic« oder die »Allgemeine« noch zehn Jahre später zu Kommentaren und Interviews verleitet. Eigentlich ging es aber nur darum, darauf hinzuweisen, daß es auch früher Produzenten von Wirklichkeit gab, die sich für Geld Leute hielten, die ihnen diese Wirklichkeit als Wirklichkeit bestätigen sollten. Diese Leute nannte man Künstler, ihre Wirklichkeitsbestätigungen füllen heute die Museen, und niemand bezweifelt, daß das Kunst ist, was die Museen füllt, auch wenn jede andere Hervorbringung, die sich mit diesem Begriff schmückt, sich jeden Zweifel gefallen lassen muß.
Nur denke ich heute, daß ich vergessen habe, die Unterschiede genügend zu berücksichtigen; denn all den höfischen und im Auftrag von feudalen oder bürgerlichen Mäzenen hergestellten Kunstwerken ist eigen, daß sie beschönigen. Schlachtengemälde, um das offensichtlichste Beispiel zu nennen, sind schöner als der Krieg. Die Ehefrauen von Fürsten waren im wirklichen Leben stets häßlicher als auf den Portraits, die Heiligen, mit denen alles angefangen hat, möglicherweise unappetitliche oder verwachsene Charak-

tere. Erst ein Goya hat angefangen, die reale Häßlichkeit seiner Auftraggeber für die Nachwelt festzuhalten, und das ist dann schon der Beginn der modernen Kunst, für die andere Gesetze gelten, denn sie unterliegt den Regeln des Denkens und damit der Kritik und damit den nötigen, aber unseren Bemühungen entgegengesetzten Wirklichkeitsinfragestellungen.
Im Gegensatz zur alten Kunst ist die Werbung aber ehrlich. Für ein erbärmliches Produkt wird es immer auch eine erbärmliche Werbung geben. Daß die Bezahlung und die Bedingungen der Bezahlung, ja das Verhältnis zu derartigen Ausgaben überhaupt der Werbung immer anzusehen ist, haben wir schon beschrieben. Die Werbung ist also ehrlicher, also ist sie besser: Sie löst die Aufgabe der Wirklichkeitsbestätigung besser, sie erübrigt die alte Dialektik aus Beschönigung und Kritik. Was sind die Konsequenzen dieses Zustandes? Für unsere Seelen liegt der Fall klar: Je bestätigter und verdoppelter die Welt, desto wohler fühlen wir uns in ihr. Deswegen fühlen wir uns ja in der Stadt wohler als auf dem Land. In New York wohler als in Düsseldorf, im Schwarzwald wohler als in der Wüste Gobi, im Kino wohler als auf dem Hauptplatz von Ulan Bator, wo das berühmte Denkmal des roten Reiters auf seinem Esel steht. Aber führt so ein relativ idealer Zustand (wenn das Ideal denn Relativität überhaupt kennt) nicht zwangsläufig zu Ermüdung und Stagnation? Erstens: na, wenn schon. Wer hat denn gesagt, daß sich immer alles bewegen soll. Stillstand ist doch auch ganz schön oder vielleicht sogar die majestätischere Haltung allen Fragen des Lebens gegenüber.
Zweitens: Was ich in diesen Zeilen als Werbung geschildert habe, gibt es noch nicht so lange wie Litfaßsäulen und Kinomalerei. Es ist eine neue Form der Wirklichkeitsbestätigung, die ihren ersten Höhepunkt in den 70er Jahren hatte und zur Zeit immer wieder durch Zeiten schwerer Rückschläge durchmuß, nicht zuletzt wegen des hysterischen Infantilismus, als Ideenreichtum ausgegeben von jungen Talenten. Das, wovon ich gesprochen habe und weiter sprechen werde, ist eine junge und hochmoderne Form der Weltbewältigung. Sie steht an ihren Anfängen und muß noch viele selbstauferlegte Grenzen abschütteln. Einstweilen gilt, daß von

ihrer Entwicklung mehr zu erwarten ist als von den traditionellen Künsten. Ihre Ausübung muß auf alle Bereiche des Lebens und der Wirklichkeit ausgedehnt werden.
Sie muß jedes Individuum erfassen. Denn jedes Individuum sollte den ganzen Tag vor sich hin murmeln: »Ich bin (voller Name und Anschrift)« und dann aufspringen und dasselbe schreien oder auf T-Shirts tragen, wie es schon die Amerikaner tun.
Jeder sollte, das muß verbrieftes Menschenrecht werden, im 21. Jahrhundert genügend Geld haben, um für sich werben zu lassen.
Der richtungweisende Satz »Jeder Mensch ist ein Künstler« verstand sich ja immer als eine Forderung. Ohne Abstriche können wir ihn unter den heute veränderten Umständen übernehmen und sagen:

Jeder Mensch ist ein Werber!

2

Ursprünge

Prof. Christian Scholz

Die Sehnsucht nach dem Wir: Unternehmenskultur und Unternehmensimage im LAMBDA-Modell

Das Problem

Unternehmenskultur, Unternehmensimage und Corporate Identity sind mit Recht euphorisch propagierte Konzepte, deren bewußte Anwendung sich viele Unternehmen auf die Fahnen geschrieben haben, um ihren Erfolg zu stabilisieren oder zu verbessern. Denn: Ob Personal- oder Produktmarketing, Personalführung oder Strategieimplementation, die Relevanz der Unternehmenskultur als strategischer Erfolgsfaktor ist weitgehend akzeptiert.

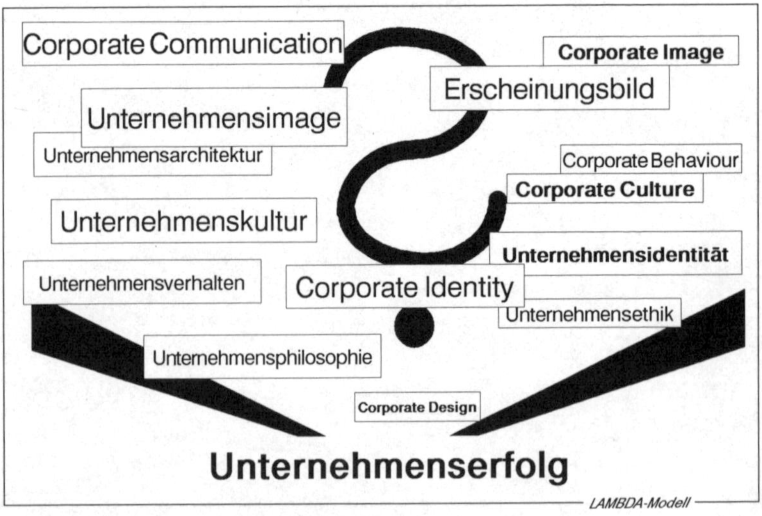

Abbildung 1: Die Problemlandschaft

Indessen haben viele oft nur eine recht unspezifische Vorstellung von den Wirkungsmechanismen der zugrundeliegenden Faktoren. Die häufig zu beobachtende Unklarheit bei Begriffen wir Corporate Identity und Corporate Design ist ein wichtiger Indikator für tieferliegende Probleme, die in der Praxis nicht selten zu Schwierigkeiten führen und die verhindern, daß tatsächlich Unternehmenskultur und Unternehmensimage erfolgversprechend eingesetzt werden.
Als sehr hilfreich hat sich in diesem Zusammenhang das LAMBDA-Modell erwiesen, das abgesehen von seiner begrifflichen Klassifizierung wichtige Ansatzpunkte für ein explizites Management aufzeigt. Dieses LAMBDA-Modell wird nachfolgend erläutert, woraus sich dann entsprechende Konsequenzen als Hilfestellung für die praktische Umsetzung ergeben.

Die Bausteine

Den Ausgangspunkt für das LAMBDA-Modell stellt die Unternehmenskultur dar:

»Unternehmenskultur (Corporate Culture) ist das implizite Bewußtsein eines Unternehmens, das sich aus dem Verhalten der Vorgesetzten sowie Mitarbeiter ergibt und das als gemeinsames Denkmuster deren Verhalten steuert.«

Unternehmenskultur hat nichts zu tun mit Kultiviertheit, mit Eßsitten oder mit dreiteiligen Anzügen; viele Unternehmen können gerade durch einen expliziten Verzicht auf solche Etikette eine starke und erfolgreiche Unternehmenskultur entwickeln. Unternehmenskultur entsteht vielmehr aus dem im Unternehmen praktizierten Verhalten. Es gibt daher in jedem Unternehmen eine Unternehmenskultur: Sie spiegelt das akzeptierte Wertemuster wider, das sich als typisch für das Unternehmen herausgebildet hat. Unternehmenskultur ist in dieser Hinsicht eine *Ergebnisgröße*, die aber andererseits als *Steuerungsgröße* das Verhalten von Vorgesetzten und Mitarbeitern prägt: Alle sind sich ihrer Kultur durchaus bewußt und spüren, wenn sie sich kulturkonform verhalten oder aber die »Spielregeln der Kultur« verletzen.

Gerade diese eigendynamische Bildung der Unternehmenskultur (»*Dualitätsprinzip*«, Abbildung 2) stellt eine strategisch nutzbare Chance dar: So verstärken sich über die aus der Dualität resultierenden Rückkopplungen die positiven Verhaltensweisen und stabilisieren sich langfristig. Umgekehrt potenzieren sich aber auch negative Kulturelemente, was im Extremfall zu einer weitreichenden Pathologisierung des Unternehmens und seiner Kultur führt. Die eigentliche Unternehmenskultur ist im *unsichtbaren Bereich.* Sie läßt sich weder aus dem CI-Handbuch ablesen noch aus plakativ-träumerischen Sätzen der gedruckten Unternehmensphilosophie ableiten. Unternehmenskultur drückt vielmehr historisch überlieferte Erfolgsmuster und durch Tradition entstandene Normen aus, kurz all das, was die Unternehmensmitglieder als einmalig und charakteristisch für ihr Unternehmen ansehen. Unternehmen entwickeln so im Laufe der Zeit ihre eigene Persönlichkeit.

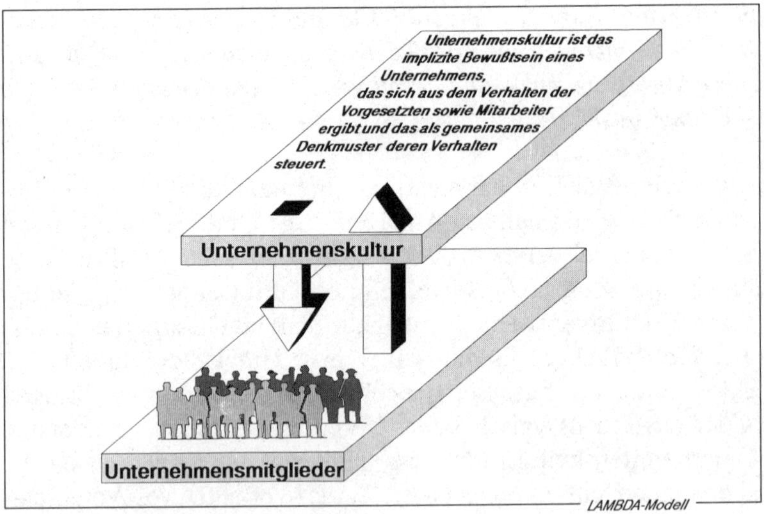

Abbildung 2: Das Dualitätsprinzip

Vor allem im Hinblick auf Kunden-, Mitarbeiter-, Leistungs- oder Innovationsorientierung unterscheiden sich Unternehmen dabei oft erheblich, was eine wichtige Erklärung für ihren Erfolg beziehungsweise ihre Erfolglosigkeit ist.
Darüber gibt es einen *sichtbaren Bereich* der Unternehmenskultur, der quasi als Spitze des Eisberges Rückschlüsse auf den unsichtbaren Bereich der Unternehmenskultur zuläßt. Zu dieser sichtbaren Zone gehören unter anderem die Architektur von Gebäuden und deren Einrichtung, die verwendeten Slogans, diverse Drucksachen (von Führungsrichtlinien bis zum Briefpapier) sowie die Art und Weise des Umgangs miteinander. Hier kommen allerdings viele andere Einflüsse zum Tragen, so daß letztlich nur der unsichtbare Bereich als Kulturkern die eigentlich interessante Unternehmenskultur darstellt.
Unabhängig davon spielt speziell die sichtbare Ebene im Unternehmen als sein Erscheinungsbild eine wichtige Rolle:

»Das Erscheinungsbild des Unternehmens (Corporate Appearance) umfaßt alle markanten Objekte und Verhaltensweisen, mit denen sich das Unternehmen nach innen und außen präsentiert.«

Das Erscheinungsbild des Unternehmens wird geprägt durch eine Vielzahl von Objekten, letztlich aber auch beispielsweise durch exponierte Persönlichkeiten, die bevorzugte Werte und Erfolge symbolisieren. Gerade in der amerikanischen Managementliteratur findet sich eine Fülle von Beispielen für solche Personen. In deutschen Unternehmen existieren ebenfalls häufig solche Personen mit Vorbild- und Symbolcharakter, wenngleich sie nicht immer nach außen entsprechend publik gemacht werden wie in Amerika.
Kultur wird unter anderem durch Geschichten vermittelt: Da gibt es »Sagen« als inhaltlich überhöhte Geschichten und »Anekdoten«, die herausragende Leistungen in heroischer Form kolportieren. »Legenden« beschreiben Ereignisse, die mit Dichtung angereichert wurden. »Mythen« schließlich drücken Imaginäres aus. Unabhängig von ihrem Wahrheitsgehalt dienen diese zur Erklärung des Verhaltens, reflektieren Realität und wirken somit verhal-

tensprägend. Interessant sind in diesem Zusammenhang auch Riten und Rituale, durch die Mitarbeiter in das Unternehmen eingeführt werden. Bereits die Auswahl und die Eingliederung der neuen Mitarbeiter ist meist hochgradig ritualisiert: Auswahltechniken, Schulungen und Einführungsriten lassen Unternehmenskultur erkennen. Das gleiche gilt für unternehmensinterne Wettbewerbe sowie den großen Bereich der Kultursymbolik: Dies betrifft Logos genauso wie symbolisches Management bei der Personalführung.
Die sichtbare Zone hat als Erscheinungsbild nicht nur eine Wirkung nach innen, sondern wirkt auch nach außen: Architektur, Begrüßungsrituale, Empfangsvorschriften, Geschäftsberichte, Firmenbroschüren, Briefpapier und Vermittlungsrituale beim Telefonieren bieten auch Außenstehenden einen ersten Eindruck vom Unternehmen und von seiner Unternehmenskultur.
Die Konsequenz ist dann ein spezifisches Image des Unternehmens:

»Unternehmensimage (Corporate Image) ist die subjektive Wahrnehmung bei Externen hinsichtlich Kultur, Leistung und Erfolg des Unternehmens.«

Gerade auch Unternehmensexterne erhalten über die sichtbare Unternehmensebene oft aufschlußreiche Botschaften über die Unternehmenskultur, sei es absichtlich durch Kommunikationsstrategien oder aber durch Begegnungen mit Mitarbeitern des Unternehmens (auch in ihrer Freizeit). Das entstehende Image des Unternehmens ist folglich eine subjektive Wahrnehmung der Unternehmenskultur.
So ist für Kunden der Dresdner Bank beim »grünen Band« weder die Farbe »Grün« an sich noch die Idee des »Bandes« interessant. Viel entscheidender ist, ob dieser Slogan Rückschlüsse auf den Sympathiegedanken als prägender Bestandteil für die Kultur der Dresdner Bank nahelegt. Dieser »Sympathiegedanke« wird jedoch nur dann Teil der Unternehmensidentität, wenn er tatsächlich unternehmenskulturell in Form einer deutlichen Kundenorientie-

rung verankert wird. Verhalten sich die Kundenbetreuer der Dresdner Bank entgegen der Erwartung desinteressiert und abschätzend, bleibt beim Unternehmensexternen ein unspezifisches widersprüchliches Bild des Unternehmens.

Die Synthese

Zentrales Hilfsmittel zur Behandlung der Wirkungskette von Unternehmenskultur bis Unternehmensimage ist das LAMBDA-Modell. Dieses in seiner grafischen Form an den griechischen Buchstaben LAMBDA erinnernde Analysemodell basiert auf einer strikten Differenzierung zwischen der primär intern ausgerichteten Unternehmenskultur und dem extern ausgerichteten Unternehmensimage sowie der Trennung von sichtbarer und unsichtbarer Ebene.

Im einzelnen besteht das LAMBDA-Modell aus drei Hauptbereichen:

- LAMBDA 1 ist der unsichtbare, unternehmensinterne Bereich der Unternehmenskultur (*Corporate Culture*). In ihrem unsichtbaren Kulturkern entwickeln Betriebe im Laufe der Zeit ihre eigene Persönlichkeit. Hier unterscheiden sie sich dann oft deutlich von Konkurrenten, beispielsweise hinsichtlich ihrer Innovationsbereitschaft oder ihrer Kundenorientierung.
- LAMBDA 2 ist der sichtbare Bereich des Unternehmens. Dieses Erscheinungsbild (*Corporate Appearance*) umfaßt alle markanten Objekte und Verhaltensweisen, mit denen sich das Unternehmen nach innen und/oder nach außen präsentiert. Wichtig ist dabei aber die Verankerung in der Unternehmenskultur. Nur ein Erscheinungsbild, das tatsächlich der Unternehmenskultur entspricht, kann langfristig sinnvoll nach innen und außen hin Bestand haben.
- LAMBDA 3 ist der unsichtbare externe Bereich. Unternehmensexterne nehmen Kultur, Leistung und Erfolg des Unternehmens subjektiv wahr. Das hieraus entstehende Unterneh-

mensimage (*Corporate Image*) ist dann das Bild, das sich Externe von der Unternehmenskultur machen. Diese Kulturperzeption muß jedoch nicht der tatsächlichen Unternehmenskultur entsprechen.

Für die Vermittlung von Unternehmenskultur (LAMBDA 1) nach innen und nach außen ist die sichtbare Ebene das entscheidende Medium. Aus diesem Grund sind auch die verschiedenen Facetten von LAMBDA 2 wichtig, da hier jeweils dezidiert andere Maßnahmen ansetzen:

»Unternehmensverhalten (Corporate Behaviour) ist die Menge aller Verhaltensweisen, mit denen sich Vorgesetzte und Mitarbeiter des Unternehmens nach innen und außen präsentieren.«
»Unternehmensarchitektur (Corporate Design) ist die Menge aller physikalischen Objekte, mit denen sich ein Unternehmen nach innen und außen präsentiert.«

Hinter Corporate Design und Corporate Behaviour stecken gleichermaßen die gestalterischen Maßnahmen (Design als Prozeß)

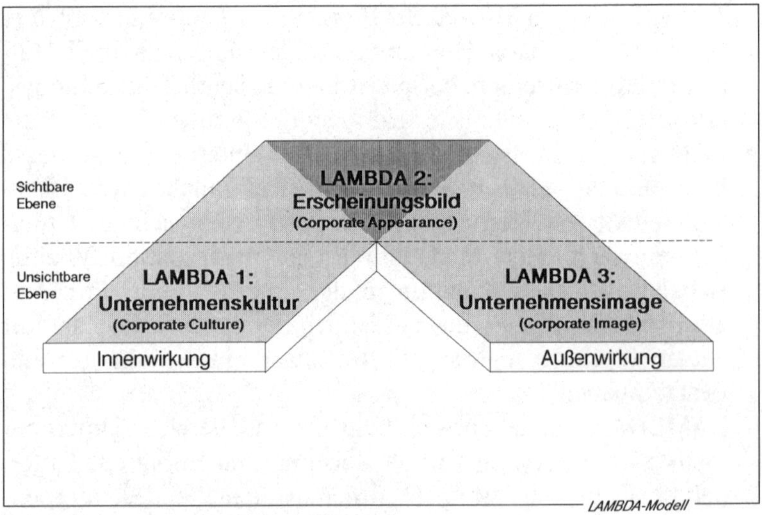

Abbildung 3: Das LAMBDA-Modell

wie auch die daraus resultierenden Endprodukte (Design als Ergebnis).
LAMBDA 2 als Erscheinungsbild des Unternehmens setzt sich somit zusammen aus dem Corporate Design sowie dem Corporate Behaviour. Vor allem aber bietet es die Möglichkeit zur Entwicklung einer Unternehmensidentität: Während LAMBDA 2 grundsätzlich *alle* sichtbaren Objekte und Verhaltensweisen umfaßt, ergibt sich die CI lediglich als ein in sich *stimmiger* Teil daraus:

»Unternehmensidentität (Corporate Identity) ist die Summe aller konsistenten Objekte und Verhaltensweisen, mit denen sich das Unternehmen nach innen und außen präsentiert.«

Corporate Identity ist der Teil des Erscheinungsbildes, der - stimmig mit der Unternehmenskultur und in sich konsistent - Mitarbeitern und Externen ein Gefühl für die Identität (»Persönlichkeit«) des Unternehmens vermittelt. Dieser Teil ist in Abbildung 4 durch das bei LAMBDA 2 eingezeichnete Viereck gekennzeichnet. Ist dieser Bereich im LAMBDA eines Unternehmens nicht vorhanden, so sind Maßnahmen zu ergreifen, die ihn entstehen lassen: Das Erscheinungsbild ist derart zu ändern, daß es mit der Unternehmenskultur stimmig ist und in sich konsistente Komponenten erhält. Sind solche Komponenten bereits vorhanden, muß versucht werden, den Anteil dieser Komponenten zu erhöhen. Graphisch betrachtet bedeutet dies, den Flächeninhalt des Vierecks zu vergrößern. Dies ist (bei Unternehmen ohne krasse Subkulturen) soweit möglich, bis das Erscheinungsbild der Unternehmensidentität entspricht. In diesem Fall umschließt das Viereck den gesamten Bereich von LAMBDA 2.
Während Unternehmenskultur im Extremfall heterogen, neurotisch und chaotisch sein kann, ergibt sich die Corporate Identity aus solchen Komponenten, die zusammenpassen und deshalb eine Identität vermitteln können: Diese Unternehmensidentität ist somit der klare und einprägsame Teil der sichtbaren Ebene.
Ob eine solche Identität entsteht, hängt jedoch nicht nur von den CI-Objekten und der Stringenz ihrer Gestaltung ab - eine »neue«

CI im Halbjahresrhythmus wirkt einer charakteristischen Ausprägung der Unternehmensidentität sicher entgegen –, sondern auch und gerade von ihrer Verankerung in der Unternehmenskultur. Nur CI-Aussagen, die tatsächlich der Unternehmenskultur entsprechen, können langfristig nach innen und außen hin Bestand haben. Wird nach außen das Bild eines innovativen und technologieorientierten Unternehmens vermittelt, während die Mitarbeiter weder über PC-Kenntnisse verfügen noch ausreichend Hardware zur Verfügung steht, kann ein solches »Bild« nach außen nicht aufrechterhalten werden. Die CI ist nur Fassade und wird bei Berührung mit dem Unternehmen auch als solche erkannt. Die sichtbare Kulturebene wird damit zum zentralen Anknüpfungspunkt für einen erfolgreichen Aufbau und die Realisation einer CI. Ein kulturorientiertes CI-Management unterscheidet sich grundsätzlich von einem allgemeinen CI-Management, das nur an der vermuteten Außenwirkung ansetzt und primär eine Optimierung im Corporate Design anstrebt. Letzteres versucht losgelöst von der tatsächlich vorhandenen Unternehmenskultur durch das Setzen von markanten Objekten eine vordergründige Realität zu schaffen. Ein solches Vorgehen ergibt sich immer dann, wenn man die Konzipierung einer CI ausschließlich externen Designern überträgt, die Unternehmenskultur primär als ein Endprodukt ihrer Tätigkeit und nicht als einen zentralen Rahmen dafür ansehen. Kulturbewußtes CI-Management nach dem LAMBDA-Modell ist mehr als Ästhetik: Es ist das Ergebnis einer Transformation kultureller Botschaften von innen nach außen.

Die Wirkungskette zwischen Unternehmenskultur, CI und Unternehmensimage läßt sich somit schließen: Ursprung sind die Werte und Grundannahmen der Unternehmenskultur (unsichtbare Ebene, Innenwirkung), da sie sich langfristig und gemäß dem Dualitätsprinzip eigendynamisch ausbilden. Das Corporate Image (sichtbare Ebene, Außenwirkung) entspricht der Wahrnehmung der Externen von der Unternehmenskultur, beschreibt also die Charakteristika des Unternehmens in den Augen Außenstehender. Das Bindeglied stellt die Corporate Identity dar, die im konsistenten Überschneidungsbereich von Innen- und Außenwirkung

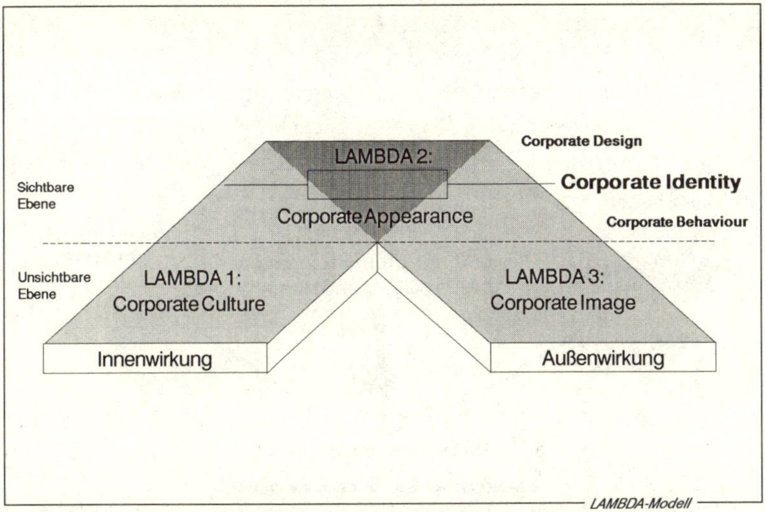

Abbildung 4: Corporate Identity im LAMBDA-Modell

auf der sichtbaren Ebene liegt und - idealerweise basierend auf den unternehmenskulturellen Werten - ein Bild der Unternehmenskultur nach außen trägt.

Wirkungen auf den Unternehmenserfolg

Werden (interne) Unternehmenskultur und (externes) Unternehmensimage tatsächlich aufeinander abgestimmt, so hat dies eine Reihe von positiven Effekten auf den Unternehmenserfolg (Abbildung 5): Wichtige Innenwirkung der Unternehmenskultur ist zunächst die Erzeugung eines entsprechenden »Wir-Gefühls«. Das personale Selbstbewußtsein der Mitarbeiter wird gesteigert, der Sinn der Arbeit erkannt und eine höhere Motivation abgeleitet. Denn motivierte Mitarbeiter, denen der Sinn ihrer Tätigkeit bewußt ist, brauchen nicht länger verwaltet zu werden, sie sind das Unternehmen!
Als zweiter wichtiger Inneneffekt wirkt die Unternehmenskultur

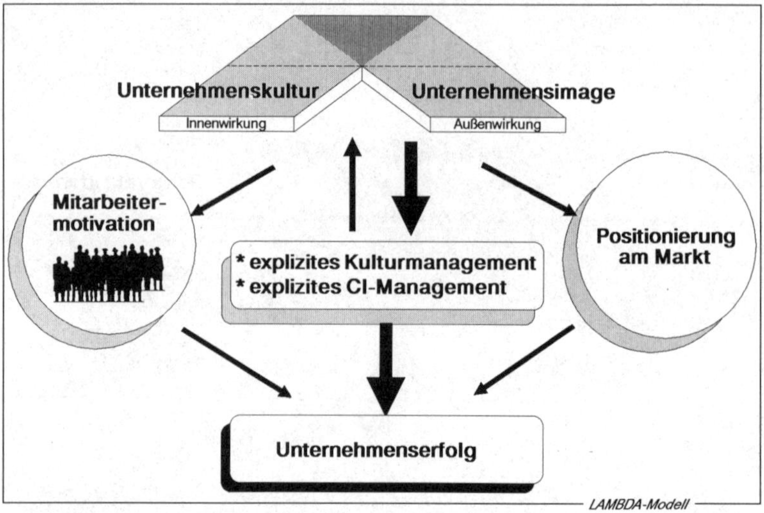

Abbildung 5:
Zusammenhang zwischen Unternehmenskultur, CI und Erfolg

koordinierend: Ist das Grundverständnis für die Strategie des Unternehmens vorhanden, kann die Menge der nötigen Detailinformationen reduziert werden. Haben Mitarbeiter beispielsweise ein Kostenbewußtsein internalisiert, so kann auf entsprechende Vorschriften zu Kosteneinsparungen weitgehend verzichtet werden. Ähnliches gilt für die Kundenorientierung: Ist sie als tatsächlicher Wert im Unternehmen vorhanden, so wird auch noch eine Minute vor Dienstschluß ein Telefonanruf beantwortet und gegebenenfalls durch entsprechende Überstunden das entstandene Problem gelöst.

Besonders gut zeigt sich die Wirkung einer entsprechenden Unternehmenskultur bei Ansätzen zur Projektorganisation: Auf der einen Seite kann man versuchen, durch entsprechende Regularien einen reibungslosen Ablauf des Projektes sicherzustellen. Dies impliziert dann Zeit-, Ressourcen- und Prioritätsplanung. Treten

Probleme auf, weil Mitarbeiter beispielsweise aufgrund individuellen Autonomiestrebens nicht in der Lage sind, in Teams zu arbeiten, so führt ein technokratisches Projektmanagement zu einer Verstärkung der prozeduralen Regularien. Diese zusätzlichen Kontrollmechanismen stärken dann wiederum die negative Einstellung der Mitarbeiter. Ein sich verstärkender Teufelskreis ist die Konsequenz. Im kulturbewußten Projektmanagement dagegen wird zuerst das Grundverständnis der Organisationsmitglieder für Teamarbeit geweckt: Nicht mehr individuelles Leistungsstreben, sondern die Leistung der Gruppe steht im Vordergrund. Auch werden Tendenzen zu individuellem Machtstreben und entsprechendem Vermeidungsstreben lokalisiert und kanalisiert.
Die Unternehmenskultur führt damit letztlich zu einer erhöhten Motivation der Mitarbeiter. Aus diesem Grund wird Unternehmenskultur zu einem zentralen Faktor im Bereich des strategischen Personalmanagements: Gerade weil zunehmend das Unternehmen als Ganzes strategisch ausgerichtet und in eine entsprechende Richtung gelenkt werden muß, sind die Mitarbeiter in diesen Prozeß frühzeitig zu integrieren und durch eine abgestimmte Unternehmenskultur harmonisch darauf einzustellen.
Neben der Innenwirkung hat Unternehmenskultur und speziell die Deckungsgleichheit zwischen Unternehmenskultur sowie Unternehmensimage wichtige Effekte nach außen:

- Sie betreffen zum einen die Rolle des Unternehmens als Geschäftspartner. Gerade wenn Produkte vergleichbarer werden und Werbung oft zu reiner Effekthascherei degradiert wird, fällt es Kunden schwer, Unterschiede zwischen den Wettbewerbern zu sehen. Hier bietet jedoch die Unternehmenskultur - die ja in jedem Unternehmen anders ausgeprägt ist - Ansatzpunkte für eine Positionierung in Abgrenzung zur Konkurrenz: Bei vergleichbaren Produkten wird das Unternehmen den Zuschlag bekommen, da es sich durch eine stimmige Kommunikation seiner Unternehmenskultur nach außen von seinen Konkurrenten abhebt. Abgesehen vom Bereich der kurzlebigen Konsumgüter (die eher auf eine erlebnisorientierte Werbung ansprechen) ist somit ein Marketing-Mix besonders dann erfolgreich, wenn es auf unternehmenskulturelle Aspekte abstellt und zudem eine Deckungsgleichheit zwischen Fremdbild und Eigenbild herstellt.

- Zum anderen wird die Stellung des Unternehmens als Arbeitgeber beeinflußt. So müssen externe Bewerber für das Unternehmen und die von ihm angebotenen Arbeitsplätze interessiert werden. Bei Arbeitnehmern werden neben Entgelt- und Arbeitszeitreglungen immer mehr immaterielle, insbesondere emotionale, Aspekte bei der Auswahl des Arbeitgebers berücksichtigt. Angesichts des zunehmenden Facharbeiter- und Führungskräftemangels ist das Unternehmensimage ein bedeutender Einflußfaktor. Mit Hilfe des Images kann das Unternehmen auf dem Arbeitsmarkt so positioniert werden, daß es eine von anderen Unternehmen unterscheidbare Position aufbaut und dadurch Vorteile für die Rekrutierung neuer Arbeitskräfte schafft.

Das LAMBDA-Audit

Um einen sinnvollen und realistischen Umgang mit Unternehmenskultur, Erscheinungsbild und Unternehmensimage sicherzustellen, sind Informationen aus allen drei LAMBDA-Bereichen zu erfassen (Abbildung 6):
Im Bereich LAMBDA 1 werden mit Hilfe von Mitarbeiterbefragungen, Klimastudien oder systematischen Kulturanalysen Informationen über die unternehmenskulturelle Basis des Unternehmens ermittelt. Gerade hier besteht aber eine große Gefahr in potentiellen Fehleinschätzungen: Häufig glauben gerade Unternehmensinterne intuitiv, exakt über LAMBDA 1 informiert zu sein. Genau das aber ist ein gefährlicher Trugschluß: So erkennen gerade Führungskräfte mit langjähriger Betriebszugehörigkeit das Charakteristische des eigenen Unternehmens nur schwer, übersehen leicht die eklatanten Schwächen und verhindern so eine sinnvolle Auseinandersetzung mit der Unternehmenskultur. Unter-

nehmen, die auf eine Mitarbeiterbefragung mit dem Argument eines »sicherlich guten Klimas« verzichten, handeln fahrlässig. Gerade bei LAMBDA 1 ist deshalb externe Unterstützung durchaus sinnvoll.

Im Bereich LAMBDA 2 ist eine Evaluierung der sichtbaren Objekte und Verhaltensweisen nötig. Konkret bedeutet dies eine Analyse des inneren und äußeren Erscheinungsbildes des Unternehmens in seinen verschiedenen Formen sowie die Bestimmung von Prägnanz und Wirksamkeit der eingesetzten Instrumente. Entsprechend der aus dem Marketing bekannten sozialtechnischen Analyse geht es dabei nicht um die tatsächliche Wirkung der Instrumente, sondern ausschließlich um das zugrundeliegende Wirkungspotential: So bestimmt man beispielsweise die Intensität, mit der Produktanzeigen eine Kundenorientierung im Unternehmen signalisieren. Auch die Form des Umgangs mit Externen und Messepräsentationen sind Beispiele für Analyseobjekte im Bereich von LAMBDA 2.

Im Bereich LAMBDA 3 sind mit Hilfe von Imageanalysen Informationen über den Eindruck des Unternehmens bei Externen zu gewinnen. Hierfür bieten sich diverse Formen der Imagestudien über Fragebogen und Interviews sowie Gruppendiskussionen in Workshops an. Imageanalysen beziehen sich auf alle relevanten externen Gruppen, sind also für den Arbeitsmarkt beziehungsweise dessen Teilmärkte genauso erforderlich wie für den Beschaffungs- und Absatzmarkt. Vereinfachend stellt sich allerdings häufig heraus, daß es ähnlich wie bei kommunizierenden Gefäßen Querverbindungen zwischen den Imagesegmenten gibt. So beeinflußt ein fortschrittliches Produktimage auch das Image des Unternehmens als Arbeitgeber. Ähnlich wie bei den beiden übrigen LAMBDA-Bereichen neigen aber auch bei LAMBDA 3 viele Firmen zu einer Überschätzung des eigenen Images. Sie übersehen, daß Image immer nur ein subjektiver Eindruck bei Externen ist, der durchaus von den realen Gegebenheiten abweichen kann.

Allen drei LAMBDA-Bereichen gemeinsam ist die Gefahr der ritualisierten Selbsttäuschung: Sicherlich zu Recht sind viele Führungskräfte tatsächlich von ihrem Unternehmen überzeugt; dies

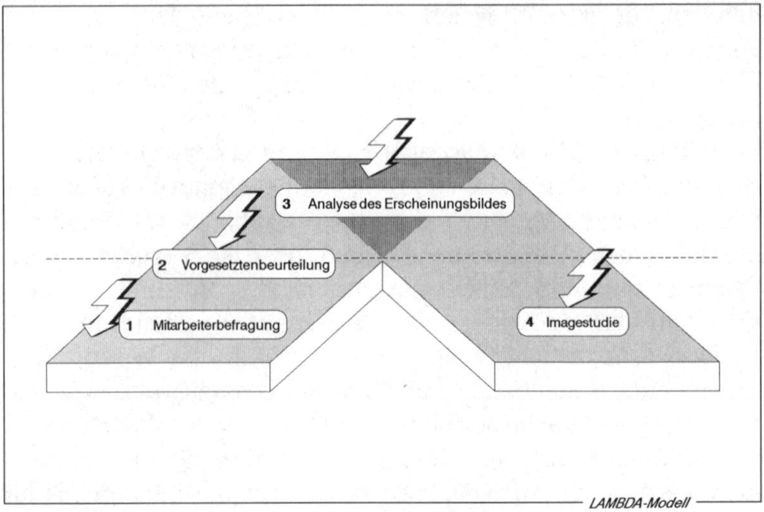

Abbildung 6: Ansatzpunkte für das LAMBDA-Audit

bedeutet aber nicht, daß diese Begeisterung tatsächlich auch von allen Mitarbeitern im Unternehmen geteilt wird (LAMBDA 1). Und natürlich wollen sich Unternehmen innovativ, modern und kundenorientiert darstellen. Offen bleibt aber, ob diese tatsächlich die richtigen Mittel dazu wählen (LAMBDA 2) und ob sie tatsächlich den erwünschten Erfolg haben (LAMBDA 3).

Als Konsequenz ergibt sich daher die unumstößliche Notwendigkeit, *vor* gestalterischen Maßnahmen in so sensiblen Bereichen wie Unternehmenskultur und Erscheinungsbild umfassende Informationen über die Profile in den drei LAMBDA-Bereichen zu sammeln: Ansonsten geraten CI- und CD-Maßnahmen zu einer lebensgefährlichen Fahrt ins Dunkel, die lediglich durch die Freude über das eingesparte Beleuchtungslicht versüßt wird!

Unternehmenskommunikation

»Unternehmenskommunikation (Corporate Communication) rückt Aspekte der unsichtbaren Kulturebene in den sichtbaren Bereich, um zentrale Kulturaussagen nach innen sowie außen zu vermitteln.«

Bei der *Kommunikation nach außen* geht es darum, zentrale Imagebotschaften zu vermitteln. Externe Unternehmenskommunikation zielt auf das Unternehmensimage. Durch systematisches Gestalten im Corporate Design und gezieltes Verhalten im Corporate Behaviour sollen Imagebotschaften vermittelt werden. Aber: Nur die in der Unternehmenskultur verwurzelten und in der CI zum Ausdruck gebrachten Aussagen des Unternehmens lassen sich sinnvoll kommunizieren. Ansonsten ist die Gefahr zu groß, daß plakative Werbebotschaften von tatsächlichem Verhalten abweichen und lediglich den Eindruck einer mißglückten Public Relations entstehen läßt.
Ausgangspunkt für die externe Kommunikation ist die Kenntnis des aktuellen Imageprofils des Unternehmens (LAMBDA 3) und des aus Sicht der Unternehmensstrategie erwünschten Soll-Profils. Bevor aber leichtfertig Geld für Imagekorrekturen ausgegeben wird, muß man die Ursachen für das entstandene Image ergründen: Insbesondere wenn diese im Bereich der Unternehmenskultur liegen (LAMBDA 1), ist es mit einer einfachen PR-Maßnahme nicht getan. Dies gilt um so mehr, als die praktische Erfahrung in der Anwendung des LAMBDA-Modells gezeigt hat, daß durchaus LAMBDA 1 und LAMBDA 3 übereinstimmen können, Externe also trotz schillernder Fassade im Corporate Design (LAMBDA 2) einen »richtigen« Eindruck vom Unternehmen gewinnen konnten.
Kommunikation nach innen berührt den gesamten Bereich der *Personalführung.* Letztlich sind es Qualifikation und Motivation der Mitarbeiter, die den Erfolg des Unternehmens ausmachen. Daraus leiten sich Anforderungen an den Vorgesetzten ab: Seine Aufgabe ist es, für Motivation, Qualifikation und Identifikation zu sorgen. Interne Kommunikation hat daher zwar einen institutionalen Rahmen und entsprechende Medien (zum Beispiel Führungsleitsätze),

setzt aber primär am unmittelbaren Vorgesetzten an: Seine Aufgabe ist es, den Mitarbeitern die Vorzüge des Unternehmens klarzumachen, als Wertepromotor zu fungieren und die unternehmenskulturelle Integration zu realisieren.
Permanente und individualisierte Personalentwicklung ist eine unmittelbar daran angrenzende Aufgabe: Der Vorgesetzte muß sich auf den einzelnen Mitarbeiter einstellen und entsprechende Führungsformen wählen. Dies erfordert Professionalisierung im Führungsverhalten. Man kann nur schwer erwarten, daß Mitarbeiter in der heutigen High-Tech-Zeit erfolgreich mit altertümlichen Führungsprinzipien geführt werden. Auch in bisher erfolgreichen Betrieben muß man anfangen, sich mit dem Thema »Personalführung« zu befassen. Denn nicht immer ist das, was in der Vergangenheit gut und richtig war, auch in der Zukunft erfolgreich. Die Erfahrung in Führungsseminaren hat gezeigt, daß die meisten Vorgesetzten falsch führen, vor allem weil sie in unkritischer Weise die eigene Führungsleistung viel zu gut einstufen. Und: Vorgesetzte versäumen es häufig, das Motivationspotential der Unternehmenskultur zu nutzen beziehungsweise ihre Schwächen auszugleichen.
Gerade im Workshop-Stil abgehaltene Führungsseminare, sofern gezielt auf interne Kommunikation der Unternehmenskultur ausgerichtet, sind hier äußerst nutzenstiftend und können wesentlich mehr leisten als das Betonen von pseudopartizipativem Führungsverhalten.
Unternehmenskultur und Personalführung sind keine schöngeistigen humanistischen Ideale. Betriebe müssen durch bewußtes Personalmanagement erfolgreich werden. Genau das ist die Chance auch für den Mittelstand. Nichts klappt per Zufall und auch nicht per Intuition. Viele Unternehmen sind lediglich technologieorientiert. Wenn gerade diese Unternehmen ihren Mitarbeitern keinen Freiraum gewähren und ein schlechtes Arbeitsklima haben, entsteht eine negative Unternehmenskultur. Und die wirkt sich negativ auf das Unternehmensergebnis aus!
Mitarbeiter müssen klare Ziele und Vorgaben erhalten. Dies verlangt nach einer entsprechenden Führung. Dazu gehören ehrliche Anerkennung, offene Kommunikation und vor allem eine ver-

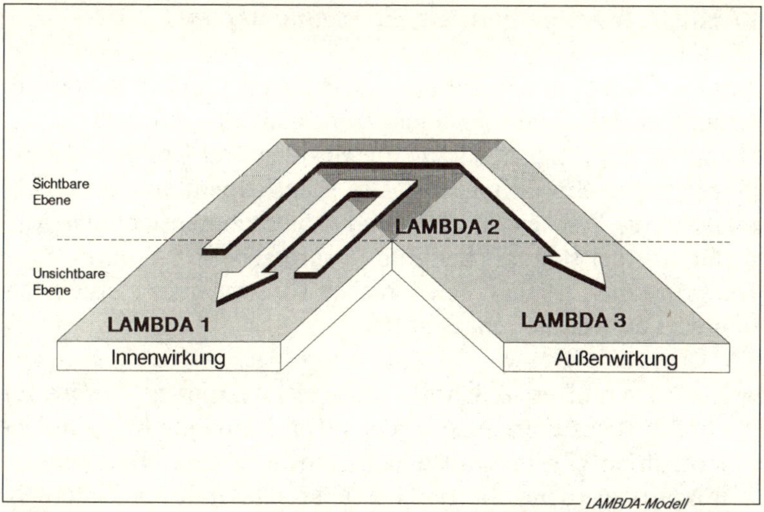

Abbildung 7: Unternehmenskommunikation im LAMBDA-Modell

trauensvolle Atmosphäre. Nur die in der Unternehmenskultur verwurzelten und in der CI zum Ausdruck gebrachten Aussagen des Unternehmens sind Gegenstand einer sinnvollen Corporate Communication. Unternehmenskommunikation ist folglich keine freiwillige Fleißaufgabe: Genauso wie jedes Unternehmen eine individuelle Unternehmenskultur besitzt, praktiziert jedes Unternehmen eine (unter Umständen unbewußte) Unternehmenskommunikation. Unternehmenskommunikation nach innen berührt letztlich den gesamten Bereich der Personalführung, Unternehmenskommunikation nach außen primär das Unternehmensimage.
Auch hier entstehen wiederum Probleme, wenn Unternehmenskommunikation künstlich geschaffen wird und im Widerspruch zu impliziten Kultursignalen beziehungsweise expliziten CI-Komponenten steht: In diesem Fall hat die Unternehmenskommunikation zwangsläufig die gleichen fatalen Konsequenzen wie eine artifizielle Corporate Identity: Der Aufbau eines prägnanten Außenbildes wird durch diffuse Signale behindert.

LAMBDA-Management als Führungsaufgabe

Nur die Unternehmen, die sich systematisch mit der eigenen Unternehmenskultur auseinandersetzen, können diese vielversprechend als Ausgangspunkt zur Entwicklung und Kommunikation einer glaubhaften CI machen. Das Management von Unternehmenskultur, Erscheinungsbild und Unternehmensidentität wird damit zu einer strategischen Führungsaufgabe!
Der prozedurale Ablauf eines solchen Kulturmanagements erfordert als Leitmaxime acht Schritte:

- Zunächst muß es als Schritt 1 einen klar definierten *Auslöser* für ein derartiges Engagement geben. Das kann eine Krise im Unternehmen, eine inkonsistente CI, ein negatives Unternehmensimage oder (berechtigter) Glaube an die Kraft der Unternehmenskultur sein.
- Als Schritt 2 wird die gesamte *obere Führungsebene* in die Entscheidung für ein Kulturmanagement mit einbezogen. Im Konfliktfall sind bereits hier »symbolische« Aktionen möglich und von größter Bedeutung. Hilfreich ist es zudem, an dieser Stelle bereits erste Überlegungen zum Soll-Profil in den Bereichen LAMBDA 1 bis LAMBDA 3 anzustellen.
- In Schritt 3 muß das *mittlere Management* überzeugt werden. Seine Führungskräfte werden später die Analyse- und die Gestaltungsphase mittragen. Gerade auch hier ist zu betonen, daß Unternehmenskultur und Unternehmensimage keine Lückenfüller für phantasieloses Management sind.
- Schritt 4 ist das *LAMBDA-Audit*, also die Untersuchung von Unternehmenskultur (LAMBDA 1), Erscheinungsbild einschließlich CI (LAMBDA 2) sowie Unternehmensimage (LAMBDA 3) durch den externen Berater in Zusammenarbeit mit Führungskräften des Unternehmens. Die Arbeit des Change Agent bezieht sich auf das Erheben von Eigenbild und Fremdbild, das Erfassen sichtbarer Phänomene, die Analyse von Insider-Informationen und mündet schließlich in die interpretative Synthese als Zusammenführung der Befunde.

- Schritt 5 ist das definitive Festlegen der anzustrebenden *Soll-Profile* für LAMBDA 1 bis LAMBDA 3, speziell unter dem Gesichtspunkt der strategischen Stimmigkeit. Gerade hier bietet es sich an, den Kreis der relevanten Entscheidungsträger möglichst umfassend mit einzubeziehen, um die nötigen Detailkenntnisse bei der Entscheidung zu berücksichtigen und eine spätere Akzeptanz der Entscheidung sicherzustellen.
- Schritt 6 besteht aus dem Vergleich von Ist- und Soll-Profilen, um entsprechende *Maßnahmen* zum Ausgleichen der Defizite zu *bestimmen*. Werden größere Änderungen - speziell im unternehmensinternen Bereich - angestrebt, so erfordert dies eine entsprechende Auftauphase, in der die Organisation auf die anstehenden Veränderungen vorbereitet wird. Dies gilt um so mehr, als wegen des einleitend skizzierten Dualitätsprinzips ein simples mechanistisches »Management der Unternehmenskultur« ausscheidet.
- Es folgen als Schritt 7 die Aktionen zur *Veränderung* der Ist-Profile. Sie alle beginnen immer bei LAMBDA 2, auch wenn das eigentliche Zielobjekt die Unternehmenskultur oder das Unternehmensimage ist: Wird beispielsweise eine langfristige Korrektur des Images angestrebt, so kann dieses nicht »direkt« verändert werden; es sind vielmehr Maßnahmen im Bereich vom Corporate Design und Corporate Behaviour nötig (LAMBDA 2), die dann über eine entsprechende Unternehmensidentität auf das Image wirken.
- Schritt 8 rundet das LAMBDA-Management durch Aktionen zur *Stabilisierung* von Unternehmenskultur beziehungsweise Unternehmensimage ab. In dem klassischen Phasenschema von Lewin zur Organisationsänderung ist dies die Phase des »Einfrierens«: Hier kommt wieder Ruhe und Sicherheit in die Organisation. Vor allem aber geht es jetzt um tatsächlich neues Denken und Verhalten: Während also beispielsweise in den vorherigen Phasen »Kundenorientierung« diskutiert und bewußt eingeübt wurde, geht es nun um konkretes und permanentes Ausüben eines kundenorientierten Verhaltens.

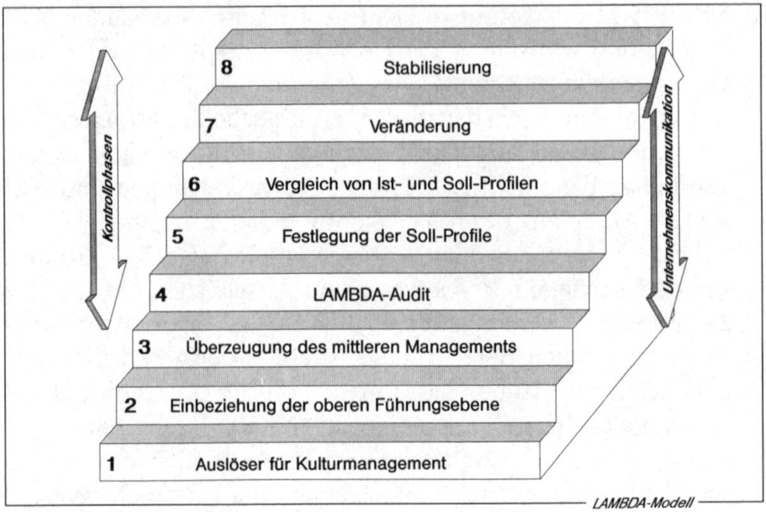

Abbildung 8: LAMBDA-Management

Parallel dazu laufen Kontrollphasen, in denen die Realisation der einzelnen Schritte des Kulturmanagements zu klar definierten Kontrollpunkten geprüft wird. Erfolgsfördernd wirkt sich auch aus, den gesamten Prozeß mit einer expliziten Strategie zur Unternehmenskommunikation zu begleiten: Diese CC-Strategie muß auf der einen Seite ungewollte Unsicherheiten und Unklarheiten ausschließen, soll aber auf der anderen Seite auch unterstützend den gesamten Prozeß des LAMBDA-Managements begleiten.

Das Ergebnis

Im Zeitablauf führt die Anwendung des LAMBDA-Modells zu einer ringförmigen Verkettung von Unternehmenskultur, Unternehmensidentität, Unternehmenskommunikation und Unternehmensimage (Abbildung 9):

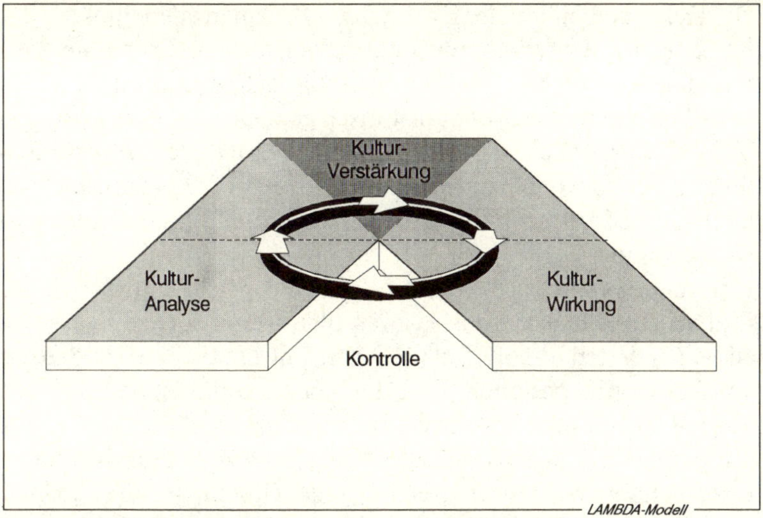

Abbildung 9: Feedback-Schleife im LAMBDA-Modell

① Unternehmenskulturelle Grundannahmen und Werte werden lokalisiert und auf die sichtbare Ebene der Objekte und Handlungen transportiert. Sie wirken damit verhaltenssteuernd für die Organisationsmitglieder.

② Stimmige Komponenten der sichtbaren Ebene werden bewußt zum Teil einer CI-Strategie gemacht, die dann wegen ihrer Verzahnung mit der Unternehmenskultur (noch) mehr Erfolg verspricht.

③ Über Unternehmenskommunikation wird ein Unternehmensimage aufgebaut, das aufgrund der Glaubhaftigkeit und inneren Konsistenz am Markt höhere Chancen hat.

④ Dieses Unternehmensimage schließlich dient als Feedback zur Überprüfung und gegebenenfalls zur Verstärkung der Unternehmenskultur, in jedem Fall aber als indirekte Meßlatte für das vom Unternehmen praktizierte Kulturmanagement.

Die Kulturperzeption der Externen muß nicht in allen Punkten der tatsächlichen Unternehmenskultur entsprechen. Corporate Culture als tatsächliche Unternehmenskultur, Corporate Identity als künstlich geschaffenes oder historisch gewachsenes Erscheinungsbild und Corporate Image als gegebenenfalls falsche Kulturperzeption sind daher voneinander deutlich abzugrenzen, wenngleich sie über die oben beschriebene Feedback-Schleife miteinander verbunden sind.

Unternehmen müssen sich als Einheit verstehen und sich als Einheit darstellen, obwohl sie zwangsläufig und notwendigerweise aus einer Vielzahl von Teilbereichen mit deutlichen Tendenzen zur Autonomie bestehen. Derartig »locker verbundene Systeme« werden erst durch das »Wir-Gefühl« der Unternehmenskultur zusammengeführt, die als »sozialer Klebstoff« wirkt. Nur diejenigen Unternehmen werden langfristig erfolgreich sein, denen es gelingt, als »vierten Produktionsfaktor« ein gemeinsames Bewußtsein in allen Mitarbeitern zu wecken.

Gerade das betriebliche Personalmanagement besitzt im Umgang mit der Unternehmenskultur eine Schlüsselrolle! Deshalb liegt es auch (aber nicht nur) an der Personalabteilung, unternehmenskulturelle Prozesse in Gang zu setzen. So bietet es sich an, das Verständnis von Unternehmenskultur in In-house-Seminaren zu vertiefen und auch Probleme krankhafter Kulturerscheinungen wie übertriebene Kontrolle, strikten Bürokratismus, Starrheit, Selbstüberschätzung oder oberflächlichen Aktivismus nicht zu negieren. Nur durch aktive Auseinandersetzung ist Problembewußtsein zu schaffen und Änderungsbereitschaft zu erzeugen.

Erfolge durch die Unternehmenskultur stellen sich nicht von selbst ein. Unternehmenskultur ist kein »Manna«, das als göttliches Geschenk vom Himmel fällt und wie Wasser oder Luft zur freien Verfügung steht. Eine tiefergehende Auseinandersetzung mit dem Phänomen Unternehmenskultur ist daher nötig. Sie führt letztlich zum LAMBDA-Modell, mit dessen Hilfe der Erfolg von Unternehmen über das Erkennen von Problemfeldern und der entsprechenden Ableitung von Gestaltungsmaßnahmen erklärt und verbessert werden kann.

André Baxmann

Hilfe, wo ist der Trend?

An einem Oktoberabend im Jahre 1989 fällt nach wochenlangen Protesten der ostdeutschen Bevölkerung der Eiserne Vorhang. Ostberliner klettern über die Mauer und spazieren mit großen Augen über den Kurfürstendamm. Die Welt schaut auf Deutschland. Die Sensation ist perfekt. Ein Jahr später schon wird die Einheit offiziell besiegelt.
1991 mißglückt ein Putsch der konservativen Altkommunisten in Moskau. Die Kommunistische Partei wird verboten. In Leningrad werden Lenin-Denkmäler entfernt. Der Kommunismus ist tot.
Damit hat es seit Beginn der Perestroika Mitte der 80er Jahre nur ein halbes Jahrzehnt gedauert, um die Polarität der Blöcke und Systeme zu zerstören. Ein Gegensatz, der immerhin ein halbes Jahrhundert Bestand hatte. Und, seien wir ehrlich, vielen in Ost und West ein bequemes Weltbild geliefert hat. Wir sind doch alle in dem Bewußtsein aufgewachsen, daß das eine gut, das jeweils andere eben schlecht ist. Ich wage mal die Prognose, daß nicht wenigen das Feindbild im politischen Denken fehlen wird. Denn auch im gesellschaftlichen, kulturellen und wirtschaftlichen Bereich ist das Denken in Schwarz und Weiß, 0 und 1, Ja und Nein immer bequem. Doch die Welt ist nicht so, und sie war nie so. In der Geschichte gab es immer Unsicherheit. Wenn wir heute von Unsicherheit sprechen - der neuen Unsicherheit -, so bedeutet dies, daß wir das Phänomen der Unsicherheit zumindest erkannt haben. Was aber noch keinesfalls bedeutet, daß wir mit der Unsicherheit umgehen können. Siehe oben. Ereignisse, die unser Weltbild durcheinanderbringen, erzeugen Unsicherheit im Denken. Und davon gibt es in unserer Zeit immer mehr.

Die Unsicherheit in der Wirtschaft

Das Auf und Ab der Börsenkurse ist wohl das auffälligste Indiz für die Unsicherheit in der Wirtschaft. Sonst wären nicht so viele schlaue Leute beim Börsencrash 1987 auf die Nase gefallen.
Große Unsicherheit gibt es auch im täglichen Geschäft, vor allem bei der Frage, welche Produkte wohl erfolgreich sind oder nicht. Von zehn Neuprodukten floppen neun - trotz mehr Erfahrung, mehr Spezialisten für Werbung, Merchandising, Handelskommunikation sowie immer raffinierteren Marktforschungstechniken. Langfristig angelegte Pläne und Strategien werden entworfen, abgestimmt und minuziös durchgeführt. Und trotzdem klappt es meist nicht.
Der Milchproduktehersteller Gervais Danone erfuhr in einer repräsentativen Befragung, daß die Verbraucher sich gern gesund ernähren wollen und beim Einkauf von Joghurt auf naturbelassene Milch und frische Früchte achten. Dieser Aspekt wird natürlich bei Neuprodukten beachtet. Die Zusammensetzung des neuen Joghurts entspricht der Verbraucherpräferenz, die Werbespots verheißen einen Gesundbrunnen durch den Genuß des neuen Produktes, und die Verpackung stellt die gesunden Features durch hübsche Frucht-Illustrationen heraus. Und die Realität? Die Mehrzahl der Konsumenten bleiben bei ihrem aromatisierten 69-Pfennigs-Becher, in dem zwar keine echten Erdbeeren drin sind, der aber stärker danach schmeckt.
Apropos Geschmackserlebnis: Wer von uns kann noch mit Sicherheit behaupten, er wisse, wie eine echte Erdbeere schmeckt? Ist nicht ein Großteil der jüngeren Generation - und damit der Generation, die heute das größte Verbraucherpotential bildet - mit dem Fake-Geschmack der industriellen Massenproduktion aufgewachsen? Um beim Joghurt zu bleiben: Stellen Sie sich mal eine Diskussion zwischen den 69-Pfennigs-Fans und den rechtsdrehenden Biojoghurt-im-Glas-Vertretern vor. Den ersteren ist der Naturjoghurt zu sauer und schmeckt ja nun gar nicht nach Frucht. Den letzteren schmeckt das Industrieprodukt zu plastikmäßig und puddinghaft. Wer hat recht? Geschmack (oder das, was der einzel-

ne darunter versteht) erweist sich zunehmend als Geschmackssache.
Doch nicht nur das Verbraucherverhalten ist unsicher, auch die Bewertung von Mitarbeitern unterliegt keinem allgemeinverbindlichen Maßstab. Ob die neue Sekretärin eine Kanone ist oder nicht, wird von verschiedenen Kollegen meistens auch verschieden gesehen. Neben pseudoobjektiven Merkmalen wie Schreibmaschinenanschläge pro Minute, Ordentlichkeit in Verwaltungsdingen, Pünktlichkeit und Stärke des Morgenkaffees treten immer noch rein subjektive Kriterien hinzu, also: Wie sieht sie aus? Seien wir ehrlich!
Oder denken Sie selbst an die oberste Chefetage. Nach dem schrecklichen Mord an dem Treuhand-Chef Detlev Carsten Rohwedder vertraten die Medien die unterschiedlichsten Auffassungen. Für einige war Rohwedder der größte Manager aller Zeiten, andere wiesen auf grobe Unzulässigkeiten und Führungsschwäche hin. Selbstverständlich erst nach Ablauf der Mindestpietätszeit.
Ein anderes Beispiel: Was ist gute Werbung? Gute Werbung ist Werbung, die etwas bewegt. So weit, so gut. Aber welche Werbung bewegt etwas? Die einen sagen, nur sogenannte kreative Werbung bewegt etwas. Also die Art von Werbung, die uns im Kino zu Lachsalven hinreißt und dafür bei den Werbefilmfestspielen Preise abstaubt. Andere wiederum behaupten, Lachen sei Quatsch. Werbung müsse psychologisch sein und den Verbraucher nach bestimmten sekundenbestimmten Phasen das Produkt oder den Umgang mit demselben zeigen. Dafür gibt es todsichere Checklisten, und so entstehen bemerkenswerte Spots für die Lenors und Dittmeyers. Ob Werbung von der getesteten Art wirklich mehr verkauft, sei dahingestellt. Schließlich werben damit Konzerne, die schon aufgrund ihrer regalsprengenden Omnipotenz im Handel an einem Markterfolg wohl kaum vorbeirauschen dürften. Sicher ist: Der Einfluß der Werbung auf den Absatz ist so unsicher wie zuvor.

Die Unsicherheit der Corporate Identity

Corporate Identity ist ein klassisches Feld für Unsicherheit. Zum einen gibt es keine wirkliche Übereinkunft darüber, was Corporate Identity eigentlich ist. Zum anderen ist wohl auch keinem klar, was Corporate Identity oder ihre Auswüchse überhaupt gebracht haben.

Die meisten Anstrengungen beziehen sich auf den sichtbaren Teil der Corporate Identity, das Erscheinungsbild eines Unternehmens. Doch hier existiert bereits eine ganz enorme Unsicherheit. Die Designer versuchen, das Unternehmen durchzustylen. Sie glauben, mit modischer, trendgerechter Gestaltung und zeitgeistigen Symbolen der Firma wirklich eine Identität, eine Haltung zu geben.

Doch was ist der Trend? Sicher ist: Es gibt ihn nicht. In der heutigen Zeit haben wir es mit einer vollkommen veränderten ästhetischen Grundhaltung der Menschen zu tun. Es existiert eine Vielzahl von Ausdrucksformen. Was dem einen gefällt, das empfindet ein anderer als langweilig.

Das Design war in den 60ern und frühen 70ern ein Begriff der Avantgarde, intellektuell und arrogant. Spätestens in den 80er Jahren haben wir aber alle am Design geleckt. Jeder hat heute »Design« zu Hause, sei es als Kopie einer Bauhaus-Leuchte, als aerodynamisches Stufenheck seines Autos oder als Italo-Designer-Label im Freizeitblouson. Design als Begriff ist nicht mehr geschützt. Es gibt halt solches und solches Design.

Wie erklärt es sich, daß Chrom und Acryl, in den frühen 80ern das Nonplusultra des Designs, schon einige Jahre später zu industrieller Massenware in Versandhauskatalogen und Billigmöbelmärkten verkommen ist? Und trotzdem gibt es weiterhin Leute, die diese Art von Materialien heute noch für »Design« halten. Schauen Sie sich mal viele Boutiquen und Wohnungen an.

Was ist heute im ästhetischen Sinne schön? Beispiel Musik. Das Solo einer E-Gitarre findet der Rockfan schön. Ein Liebhaber klassischer Musik wird dies eher als kreischende Umweltverschmutzung verachten. Um nun aber komplett das Absolute am

Schönheitsbegriff durcheinanderzubringen, sei bemerkt, daß es durchaus Freunde der klassischen Musik gibt, die auch schnelle, hektische Popmusik goutieren. So ist bekannt, daß Lady Di Chopin liebt, aber auch gern mit einem Walkman zu den Klängen der Popband Duran Duran durch den ehrwürdigen Buckinghampalast hüpft.
Nicht nur, daß es keinen allgemeinverbindlichen Trend in der Kunst, der Musik, der Mode und im Design mehr gibt. Nein, die verschiedenen Trends werden von den Menschen auch noch kunterbunt gemischt. So stylen sich die selbstbewußten jungen Mädchen nicht nur mit Jeans, sondern kombinieren diese ungeniert mit dem Kostümjäckchen der Mutter. Adidas an den Füßen, Cartier am Armgelenk.
Alles ist erlaubt, alles mischt sich. Und das macht es uns im Geschäft so schwer. Früher konnte man Schubladen bilden. Die Alten, Konservativen wählten CDU, trugen Kaufhausanzüge und fuhren ein deutsches Auto. Die Jungen, Ausgeflippten wählten (wenn überhaupt) links, trugen Jeans und stellten ihren Nonkonformismus durch lange Haare und Motorräder zur Schau. Welches Unternehmen da genau hinschaute, mußte einfach erfolgreich sein: Für den Verbraucher Typ A gab es das Produkt Typ A. Aber die Zeiten sind endgültig vorbei.
Für den Gestalter ist es schon aus diesem Grund, nämlich des Nichtvorhandenseins gültiger Gesellschaftstrends und breit akzeptierter Verbrauchervorstellungen, sinnlos, dem Unternehmen einen modischen Anstrich zu verpassen. Es ist dann in ganz kurzer Zeit einfach »out«.
Wenn die allgemeine Trendlage der Gesellschaft somit äußerst unsicher und unfaßbar ist, muß man daraus schließen, daß das Erscheinungsbild von vornherein ein falscher Ansatz für die Corporate Identity ist. Doch immer noch verwechseln wir CI-Berater gern das Design mit der Identität, das Visuelle, Anfaßbare mit der Haltung und den Werten eines Unternehmens. Auch dieses Kapitel ist zu einem Großteil diesen äußerlichen Dingen gewidmet.

Die CI-Berater selber sind unsicher.

10 Empfehlungen zum Umgang mit der Unsicherheit

Hier sind die entscheidenden Hinweise zum Umgang mit der Unsicherheit. Jede Empfehlung wird durch ein Beispiel eines exzellenten Unternehmens illustriert. Damit Sie sehen, daß es tatsächlich funktioniert.

① Akzeptieren Sie die Unsicherheit

Der Fortschritt der Wissenschaft und vor allem der immer leistungsfähigeren Computertechnologie verleitet uns zu der Annahme, daß immer mehr Entscheidungen automatisierbar und rationalisierbar sind. Durch Komprimierung von Erfahrungen versuchen wir, Abläufe und Gesetzmäßigkeiten zu technischen Checklisten zu verarbeiten, die schließlich unseren Job machen sollen. Das geht in Teilbereichen, aber nicht in der Steuerung des Ganzen. Was nützt uns die schönste Ablaufplanung, wenn auf einmal ein Mitbewerber auf den Markt kommt und alles durcheinanderwirft? Um es klar zu sagen, von der neuen Chaosforschung halte ich wenig, weil dieser neue Ansatz derart abstrakt und intellektuell ist, daß er von den meisten Mitarbeitern nicht verstanden wird. Damit verkommt der Chaos-Ansatz zum Alibi für Schlendrian und Unordnung. Wir brauchen eine vernünftige Planung, aber wir dürfen uns nicht durch unvorhergesehene Dinge aus der Bahn werfen lassen. Akzeptieren wir zunächst die Unsicherheit.
Viele japanische Unternehmen und zunehmend auch deutsche Firmen arbeiten mit der neuen »fuzzy logic«. Hierbei handelt es sich um eine Technik, die Unsicherheiten und Abweichungen berücksichtigt. Computer mit einprogrammierten »fuzzy sets« (unscharfe Datenmengen, Ähnlichkeiten, Analogien etc.) können nicht nur rein binär Schwarz und Weiß erkennen, sondern auch die Grautöne dazwischen. So kann ein Roboter auch ein Werkstück erkennen und greifen, wenn es nicht milimetergenau an einer bestimmten, gekennzeichneten Stelle liegt.

② Schaffen Sie flexible Systeme

Alles, was starr und streng hierarchisch ist, wird mit der zukünftigen, immer schneller sich bewegenden Marktentwicklung nicht mitkommen. Wir müssen immer schneller und wandlungsfähiger auf die (R)Evolution der Märkte reagieren, wenn wir überleben wollen. Wer nicht nur das will, sondern auch noch exzellente Erfolge erzielen will, der muß die Bewegungen der Märkte antizipieren und agieren statt reagieren. Wir brauchen dafür flexible Unternehmen. Und das geht nur, wenn wir die Riesenunternehmen dezentralisieren: Small is beautiful.

Die Werbeagentur Springer & Jacoby hat in den 80er Jahren nicht nur kreative Maßstäbe in der deutschen Werbung gesetzt, sondern auch in der Organisation einer Unternehmensgruppe. Bereits beim Mitarbeiterstand von 50 Leuten begann die Agentur eine immer noch andauernde Zellteilung. Das Ziel, eine große und stabile Werbeagentur zu werden, auch für große Kunden (unter anderem Mercedes-Benz, Bacardi, Quelle, Reemtsma), wurde durch eine Verselbständigung verschiedener GmbHs mit minimalem Verwaltungsaufwand erreicht. 1991 besteht Springer & Jacoby aus insgesamt 17 verschiedenen Firmen. In jeder dieser Units arbeitet ein verantwortlicher, am Ergebnis beteiligter Geschäftsführer mit einem überschaubaren Team von etwa 20 Mitarbeitern. Auf diese Weise erhält der Kunde trotz der Agenturgröße ein eigenes Team, welches durch die direkte Arbeit am Etat des Kunden hoch motiviert ist. Zusätzlich haben die Mitarbeiter die Möglichkeit, je nach Lust, Erfahrung und Vakanz das Unit zu wechseln. So bleiben Motivation und Kreativität (gleich Produktqualität einer Agentur) erhalten.

Auftretende Marktnischen können schnell und unbürokratisch durch neue Units ergründet und bedient werden. So ist Springer & Jacoby auch in angrenzenden, kommunikativen Sektoren mit Beteiligungsfirmen erfolgreich. Da gibt es unter anderem eine PR-Firma und ein Desktop-Studio.

③ Erzeugen Sie Eigendynamik

Die Dezentralisation gelingt nur dann, wenn unternehmerisch denkende und aktive Menschen an der Spitze der kleinen Unternehmenseinheiten stehen. Aus Mitarbeitern machen wir nur dann Unternehmer, wenn wir bereit sind, sie mit mehr als einem Arbeitsplatz und einem branchenüblichen Gehalt am Unternehmen zu beteiligen. Unternehmer brauchen Ziele, keine Arbeitsanweisungen. Verantwortung statt Stechuhren. Beteiligungen statt Tarifgehälter.

Nur so können wir erwarten, daß Eigendynamik entsteht.

Die Zeitschrift Spiegel unterhält eine Mitarbeiter-KG, in der Mitarbeiter, unabhängig von ihrer Position, am Erfolg des Unternehmens direkt beteiligt sind. Diese Art der Beteiligung dokumentiert, daß die Angestellten ernst genommen werden, und fördert im großen Maß unternehmerisches Denken. So ist montags der neue Spiegel-Titel, oder auch eine hausinterne Umbaumaßnahme, ein heißdiskutiertes Thema im Kreis aller Mitarbeiter. Die Beteiligung schafft Identifikation der Spiegel-Mitarbeiter mit »ihrem« Unternehmen, vom Marketingleiter bis hin zur Küchenangestellten.

④ Gestatten Sie Experimente

Agieren muß ein höher angesiedelter Unternehmenswert werden als Reagieren. Mitarbeiter brauchen ein ausdrückliches Recht auf Fehler. Viele Dinge weiß man erst, wenn man sie ausprobiert hat. Bevor wir uns mit unüberschaubaren Datenmengen zuschütten, sollten wir hin und wieder einfach Dinge tun. Unsicherheit zum Beispiel in der Verbraucherakzeptanz neuer Produkte können wir durch Testmärkte und andere schlaue Marktforschungsverfahren zwar minimieren, aber nicht wegtesten. Experimente haben daneben den Zeitvorteil, der den Kampf auf dem Markt entscheidend beeinflussen kann.

In Deutschland ermöglicht der schwedische Modeeinzelhändler Hennes & Mauritz seinen Trainees die eigenständige Führung einer Filiale für zwei Wochen. In diesem Experiment lernen sehr junge Trainees (Anfang 20) gleich zu Anfang, was es heißt, Verantwortung zu tragen und den Blick für das Ganze zu entwickeln. Der junge »Filialchef« muß sich organisieren, da er (oder sie) sich gleichzeitig um Kunden, Kasse, Warenpräsentation, Deko, Mitarbeiter, Haustechnik und Sicherheit kümmern muß. Diese Art der Job-rotation macht den Beruf des Einzelhandelskaufmanns attraktiver und zeigt auch gleich Aufstiegsmöglichkeiten, auch schon für junge Leute. Gerade in einer Zeit, in der es schwierig geworden ist, Nachwuchskräfte für den Einzelhandel zu begeistern, erhöhen derartig kreative Personalentwicklungsmaßnahmen die Attraktivität von Hennes & Mauritz am Arbeitsmarkt.

⑤ Verhindern Sie Perfektion

Dies gilt in der Verwaltung des Unternehmens. Auch wenn mir als Corporate-Fachmann schöngestaltete Formulare und cleane Büros gefallen, dürfen sie nicht zu verschleppenden Geißeln werden. Spätestens wenn eine interne Notiz aus Corporate-Design-Gründen dreimal neu geschrieben werden muß, dann erweist sich diese Art der Perfektion als unproduktiv. Manchmal ist dies ein Fehler in der Anwendung der Geschäftsausstattung. Sehr häufig haben hier aber auch die Gestalter geschlafen, wenn sie in das Design aus ästhetischen Gründen Formalien hineinbringen, die Arbeit machen, statt zu sparen. Ein großer ästhetischer und arbeitstechnischer Fortschritt ist der allgemeine Verzicht auf die spießige »Unser-Zeichen-Ihr-Zeichen«-Zeile auf Briefbögen.
Dieser Punkt hängt sehr stark mit der Forderung nach kleinen Einheiten zusammen. So hat die Hamburger Druckerei Meyer die Arbeit kleinen, eigenständigen Teams übertragen. Die Teams halten morgens eine kurze, maximal zehnminütige Einsatzbesprechung, und zwar im Stehen an einem Stehpult. Schriftliche Memos sind verboten. Aus dem großen Konferenzraum ist eine Cafeteria für Kunden und Mitarbeiter geworden. Diese Einrichtung dient nicht nur der Versorgung mit Brötchen und Getränken, sondern dient auch kleineren informellen Besprechungen in angenehmer, unbürokratischer Atmosphäre.

⑥ Fördern Sie Kreativität

Wenn Sie es sich selbst nicht zutrauen, dann halten Sie sich einen Spinner. Einen, der vielbefahrene Wege in Frage stellt und neue, unkonventionelle Vorschläge macht. Bei der Kastration derartiger Ideen zu machbaren Lösungen hilft Ihnen sicher Ihr eigenes Management. Übrigens findet sich manchmal in diesem Management diese seltene Pflanze des Spinners. Wenn Sie ihn dort nicht finden oder es in Ihrem Unternehmen nicht aushalten, so findet man diese Spezies in Unternehmensberatungen, manchmal an Universitäten und in Werbeagenturen. In letzterem Fall Vorsicht: Nicht jeder, der eine bunte Jacke oder einen Ohrring trägt, ist ein kreativer Spinner von der Art, die Sie gebrauchen können!

Brauereien sind in der Regel sehr traditionelle Unternehmen, die sich in erster Linie um die Qualität ihres Brauwassers und der Zutaten kümmern als um die Schaffung von Markenpräferenzen. Keine Ausnahme bildet da die Karlsberg Brauerei aus dem Saarland, eine der ausstoßstärksten deutschen Bierfirmen. In der Geschäftsleitung hat man jedoch erkannt, daß dieses Thema von zunehmender Wichtigkeit ist und man Ideen von außen braucht, zumal die Karlsberg Brauerei an ihrem Standort Homburg in der Provinz angesiedelt ist. Die Manager von Karlsberg haben daher den Trend-Unternehmensberater Gerd Gerken engagiert, der in unregelmäßiger Reihenfolge Vorträge im Unternehmen hält und mit dem Management Workshops veranstaltet. Dabei werden gemeinsam Visionen entwickelt. Gerken gibt hier weitreichende Anstöße, die teilweise im täglichen Geschäft zu neuen Ideen für die Ansprache von Verbraucher und Händlern werden.

⑦ Lassen Sie Kommunikation zu

Kommunikation ist der Austausch von Informationen, Lob und Kritik in beiden Richtungen. Also vom Management zu den Mitarbeitern und zurück und innerhalb dieser Gruppen. Wie wollen wir sonst ein Feedback zu unserer Arbeit bekommen? Warum fragen wir als Manager nicht viel häufiger unsere Leute, wie sie dieses oder jenes Problem angehen würden? Schließlich ist ein Arbeiter oder Angestellter viel näher am Produkt und am Kunden und weiß

oft viel mehr, als der Chef denkt. Kommunikation bedeutet übrigens auch, daß Mitarbeiter sich auch in anderen Abteilungen informieren sollen. Oder sogar mal den Job tauschen dürfen.
Die Firma Beiersdorf ermöglicht ihren Mitarbeitern einen möglicherweise nicht sehr spektakulären, aber dafür gutfunktionierenden Austausch von Kommunikation zwischen normalen Angestellten und dem Vorstand. Da Beiersdorf erkannt hat, daß auch ein »kleiner« Angestellter vielleicht einmal das Bedürfnis hat, eine Frage oder einen Kommentar an den Vorstand zu richten, und daß bei 17 000 Mitarbeitern natürlich nicht im persönlichen oder auch telefonischen Gespräch geht, gibt es an der Zentrale einen Zettelkasten. Davor liegen Formulare, auf denen der Mitarbeiter eine Frage notieren kann. Der Zettel kann mit Namen versehen werden, muß aber nicht. Er wandert in den Zettelkasten und dann in regelmäßigen Abständen auf den Schreibtisch des Vorstandsvorsitzenden. Dieser ist gehalten, die Frage in der nächsten Hauszeitschrift zu beantworten. Auf diese Weise entsteht eine sehr einfache Form interaktiver Kommunikation.

⑧ Sorgen Sie für innere Bilder

Die meisten Unternehmensleitlinien können Sie vergessen. Sie heißen »Marktführerschaft« und »Erfolgsstreben«, »Kundenorientierung« und sind in teuren Hochglanzbroschüren nachzulesen. Doch sie sind so abstrakt, daß sie für niemanden nachvollziehbar sind. So entsteht nie eine Firmenidentität, obwohl man sich beim Text und der Auswahl der Typographie viel Mühe gegeben hat. Damit wir nicht nur Gesetze aufstellen, sondern mit echten Werten Mitarbeiter motivieren, brauchen wir als allererstes »innere Bilder«, die uns als Menschen berühren. Es bewegt uns nur das, was unser Herz anspricht. Nicht unseren Kopf. In der Werbung haben das schon viele begriffen. Sehen wir Corporate Identity doch als eine Art Werbekampagne nach innen an.
Das internationale Modeunternehmen Esprit hält seine 4000 Mitarbeiter in über 40 Ländern weltweit nicht mit schriftlichen Leitsätzen zusammen, sondern mit einer Idee. Dieses innere Bild heißt »Style«. Es bedeutet, daß Esprit nicht vordergründig Sweatshirts,

Hosen, Schuhe und Jeans anpreist, sondern in erster Linie den (Lebens-)Stil ihrer Kunden ernst nimmt und ausgestaltet. In allen Kommunikationsformen demonstriert das Unternehmen Esprit, was es unter dem Esprit-Lebensstil versteht. Und stellt dann natürlich auch dar, welche Esprit-Produkte zu diesem Stil passen. Da die Mitarbeiter selbst als wichtigste Kundengruppe gesehen werden und dies sogar in einer weltweit erschienenen Werbekampagne demonstriert wurde, kann man sich leicht vorstellen, welches innere Bild die Mitarbeiter und übrigens auch die Vielzahl der Verbraucher zur Esprit-Identität verschweißen.
Das innere Bild, die Leitidee von Esprit, spricht sehr stark emotionale Werte an. So entsteht ein Motor, der betriebswirtschaftliche Ziele wie Umsatzsteigerung, Gewinnerzielung und Marktanteile beinahe nebenher erreicht.

⑨ Leben Sie außerhalb Ihrer Organisation

Wer sich tagein, tagaus nur mit dem inneren Organismus seiner Firma beschäftigt, ist bald wirtschaftlich tot. Der Kontakt zur Außenwelt, zum Verbraucher, zum Handel, zu Lieferanten und Partnern sowie zum politischen und gesellschaftlichen Umfeld wird zum vitalen Erfolgsfaktor. Da sich, wie bisher dargestellt, die Umwelt und die Märkte immer schneller und drastischer ändern, müssen wir zunehmend außerhalb des Unternehmens leben. Die moderne Managementliteratur nennt das Kundenorientierung. Hier aber ist weit mehr gemeint. Wie sollen wir einen Draht für die Trends der Zukunft bekommen? Wie können wir Sportschuhe an Jugendliche verkaufen, wenn wir uns nur mit Bilanzen und abstrakten Marktforschungs-Charts beschäftigen? Nein, als Sportschuhmanager müssen Sie rausgehen, mit den 15jährigen Skateboardern reden und in der Disco nach dem angesagten Schuhtrend gucken. Das können Sie nicht? Das hat Ihnen auf der Universität oder dem Rhetorik-Seminar keiner beigebracht? Dann gute Nacht!
Der Büromöbelhersteller Wilkhahn in Bad Münder beschäftigt sich schon heute in sogenannten Kooperationsrunden mit dem »Menschen« oder der »Umwelt«. Hauptprodukte von Wilkhahn

sind Bürostühle und -sessel in allen erdenklichen Formen. Die Wilkhahn-Mitarbeiter erforschen, wie sich das Arbeiten, und eben auch das Sitzen, im Büro verändern wird. Dazu gehen sie raus aus dem Unternehmen, besuchen Händler, setzen sich in andere Büros, beobachten Arbeitsabläufe und sprechen mit den Arbeitenden, Architekten und Ärzten. Wilkhahn geht heute in Zukunftsszenarien schon so weit, das Sitzmöbel als Arbeitsgerät in Frage zu stellen. Da Wilkhahn heute schon auf mögliche Veränderungen vorbereitet ist, können rechtzeitig alternative Produkte angedacht und entwickelt werden. Die Mitarbeiter sind nicht nur kundenorientiert, sie fühlen sich als Kunde.

⑩ Bleiben Sie dran

Bei aller Unsicherheit, bei aller Vielfalt heutiger Trends und Anti-Trends ist die konsequente Einhaltung einer einmal beschlossenen Strategie ganz wichtig. Das scheint ein Widerspruch zu sein, ist es aber nicht. Es bedeutet, daß Sie zwar alle Entwicklungen, die im Markt passieren, aufmerksam beobachten müssen. Aber es heißt keinesfalls, daß Ihr Unternehmen jedem Trend hinterherlaufen soll. Die Kunst ist es, langfristige Entwicklungen und kurzfristige Moden auseinanderzuhalten. Eine langfristige Änderung in unserem Verbraucherverhalten ist die Substitution aufwendiger Produktverpackungen durch recyclebare Verpackung. Eher kurzfristiger Natur dürfte die Alleinstellung durch Auslobung ökologischer Verantwortung in der Werbung sein (weil es inzwischen alle machen und auch schon jetzt keiner mehr glaubt).

Die Kosmetikkette Body Shop hat bereits vor dem großen Öko-Trend auf Umweltaspekte geachtet. So verzichtet Body Shop bei der Herstellung seiner Seifen, Shampoos, Cremes usw. auf Tierversuche. Weiterhin bemüht sich der Body Shop schon seit langem um unaufwendige Verpackung. Als noch keiner über den grünen Punkt sprach, bat das Unternehmen bereits seine Kunden, die Verpackungen zurückzubringen, um sie wieder aufzufüllen. Der Body Shop hat damit die Entwicklung rechtzeitig erkannt, bevor sie zur Mode wurde.

Die beste Empfehlung von allen

Nach der Lektüre dieser 10 Empfehlungen werden Sie vielleicht sagen: »Das ist doch alles nichts Neues.«

Richtig.

Jeder weiß es. Keiner beachtet es.

Wenn Sie es von nun an besser im Auge behalten wollen oder Ihren Mitarbeitern oder Kollegen dazu die Möglichkeit geben möchten, so kopieren Sie die Checkliste auf dieser Seite. Damit hat dieser Artikel einen echten praktischen Nutzwert.
Ich habe bislang auf kluge Zitate verzichtet. Zum Schluß habe ich aber noch eins von einem äußerst erfolgreichen Geschäftsmann, der erkannt hat, daß die Unsicherheit im Business immer mit dabei ist, und absolut nichts Schlimmes ist. Es handelt sich um Doug Tompkins, den Gründer von Esprit:

»Life ist entertainment, survival is a game.«

Checkliste zur Bewältigung der Unsicherheit:

① Akzeptiere ich innerlich ein gewisses Maß an Unsicherheit?

② Setze ich mich für Flexibilität innerhalb der Organisation ein?

③ Lasse ich Eigendynamik und Entfaltung anderer zu?

④ Gestatte ich Experimente, auch wenn Fehler entstehen könnten?

⑤ Verhindere ich ausufernde Bürokratie und penible Perfektion?

⑥ Fördere ich Ideen, auch wenn sie mal etwas verrückt sind?

⑦ Stimuliere ich Kommunikation, auch informeller Art?

⑧ Sorge ich für ein inneres, emotionales Leitbild und lebe es vor?

⑨ Kriege ich genug von außerhalb der Firma mit?

⑩ Achte ich konsequent auf die Einhaltung meiner Strategie?

Mike Meiré/Thomas Bried

Die Zeit hat das Heute verloren

Unsicherheit, wohin man blickt. Unsicherheit in den Worten, die man hört und liest. Es ist eine neue Unsicherheit, denn mit der alten Unsicherheit haben wir gestern schon abgeschlossen. Aus dieser Situation ist man schon vor langem sicher hervorgegangen. Sicher waren die Konzepte, sicher die Gedanken, und sicher war, daß sich so schnell nichts ändert. Aber der Mensch irrt, und Irrtum verunsichert.

Ein guter Zeitgeist ist von morgen. Avantgarde ohnehin von übermorgen. Heute ist eigentlich schon gestern, und gestern interessiert niemanden mehr. Gestern haben wir Fehler gemacht, die wir morgen nicht mehr machen wollen. Das Heute ist zwischen die Räder der Zeit gekommen.

Haben wir heute die Orientierung verloren? Diese Unsicherheit, diese Orientierungslosigkeit hängt unmittelbar mit dem schnellen Wandel der Zeit zusammen.

Früher war es dagegen richtig gemütlich. In aller Ruhe konnte sich der Mensch über seine Erfolge freuen. Das Gefühl des Triumphes so lange genießen, bis jeder davon gekostet hatte und es Zeit wurde, wieder Neues zu schaffen.

Aber die Innovationszyklen wurden immer kürzer, immer schneller der Informationsfluß. Wir benutzen die Technik als weltumspannendes Transportmittel für Information. Die Menschen in den Industrienationen sind integrale Bestandteile eines gigantischen Kommunikationsnetzwerkes geworden. Mit einer Technik, für die Begriffe wie Zeit und Raum keine Bedeutung mehr haben. Die mit einer Eigendynamik funktioniert, die wir nicht mehr genau steuern können. Eine Technik, die wir für morgen gedacht hatten.

TURN TO CLEAR VISION
QUARTERS ONLY
25¢
THE HIGH QUALITY BINOCULAR
BAUSCH & LOMB
INCORPORATED
TO OPERATE
1. DROP COIN IN SLOT.
2. PULL HANDLE DOWN ALL THE WAY-LET GO
3. TO CLEAR VISION - TURN RED KNOB.
1860

Aber morgen ist heute. Und heute heißt jetzt. Jetzt verlangen wir Antworten und Lösungen. Deshalb wird jetzt wieder der Ruf nach dem Menschen laut, der die Geister vertreibt, die er rief, denn nur er kann es sein, der die Probleme löst.
Er hat aber wenig Zeit. Er muß schnell reagieren. Muß kommunizieren, muß handeln. Denn was sein Leben ausmacht, erfährt einen täglichen Wandel. Diese Zeit läuft nicht ohne ihn ab. Er geht auf sie ein, er drückt sich in ihr aus. Er formt seine Zeit und füllt sie mit Inhalten aus. So wie er es tut, prägt er die Zeit. Damit sie ihm in guter Erinnerung bleibt, muß er sich mehr als je zuvor den Strömungen öffnen. Jetzt und in Zukunft.

Die Suche nach dem ursprünglichen Selbstverständnis

Die Erkenntnis, daß das Bewußtsein eines Unternehmens in jedem Produkt, in jeder Botschaft vermutet wird, verlangt zwangsläufig die Suche, das Finden und den Ausdruck des ursprünglichen Selbstverständnisses. Wir orientieren uns dabei an den Vordenkern und den Avantgardisten. Am Intellekt und an den Kulturschaffenden, an den Philosophen und den Ketzern, ohne die Traditionen und tradierten Wertvorstellungen außer acht zu lassen.
Wir wollen heute den Kompromiß zwischen gestern und morgen schließen, aber seien wir uns bewußt, daß alles, was wir tun, wir jetzt tun müssen. Und so wie wir es tun werden, prägen wir das Morgen, denn wir gehen nicht nur mit der Evolution, wir sind ein Bestandteil davon, und wir tragen die Verantwortung dafür (Gentechnologie / Man-made Nature). Evolution heißt natürliche Auslese. Wer nicht stark genug ist, überlebt nicht. In diesem natürlichen System gehen immer die Innovatoren als bleibende hervor. Ein Zeichen intelligenter Anpassungsfähigkeit.
Einer der ureigensten Triebe allen Lebens ist der des Überlebens. Wir brauchen deshalb Visionen wie die Luft zum Atmen. Die Auseinandersetzung mit dem neuen, Experiment, Erfahrungen und Lernprozesse. Der Nährboden für die Innovationen der Kom-

munikation von morgen. Fern von Klischees und Denkschablonen. Evolutionärer Wandel statt degenerative Stagnation. Energie, die aus dem Chaos kommt. Komplexe Energie mit unbestimmter Stoßrichtung.

Das »Ich« ist der Anfang und das Ende

Wir dürfen die Sekunde zwischen Intelligenz und Wahnsinn nicht einfach vergehen lassen, wir müssen sie leben. Wir brauchen Provokationen und Skandale. Input, Innovation, Glaube und Optimismus. Optimismus ist provokativ, weil fordernd. Provokation ist ein Auferstehungsprozeß. Aufstehen müssen wir, um zu wissen, wo wir stehen. Ich muß aufstehen, um zu wissen, wo ich stehe. Ich muß mich bekennen, ich muß mich entscheiden, denn ich bin das Ziel und der Ursprung, ich bin der Motor. Ich bin ein lebendiger Organismus, ich denke, handele und fühle. Ich fühle Chaos. Ich bin ein Produkt meiner Zeit. Ein Zeitzeichen. Ich sehe und will erkennen. Ich brauche Individualität.

Das subjektive »Wir«

Der Mensch allein ist schon eine Interessengruppe. Wie sollen wir da die vielen »Ichs« noch einteilen?
Sollen wir der rationalen Mathematik des Rechners, dem katalogisierenden Ordnungsprinzip der Menschheit mehr vertrauen als dem eigenen Gefühl? Wir wissen, daß der Erfolg heute nicht mehr ausschließlich von Kapital und Technologie abhängig ist. Erfolg läßt sich nicht durch die Marktforschung, die Einteilung in Zielgruppen garantieren. Wenn auch fundierte Kenntnisse über Konsumverhalten und Lebensgewohnheiten von wichtiger Bedeutung sind, darf dieses Instrument den individuellen Boden der Experimentierfreude, der Intuition, der Phantasie und der Kreativität nicht operativ entfernen.
Das »Ich« kann nicht zum »Wir« gemacht werden. Im Ursprung ist

jeder Mensch ein Egoist. Diesem subjektiven und eigennützigen Streben verdanken wir, daß sich wandelbare Individualität gegen kollektive Starrheit durchsetzt. Denn wenn ich weiß, wer ich bin, was ich will, was ich kann - dann kann, darf und muß ich senden. Nur die Flucht nach vorn bietet Lösungen. Wer sich zurückzieht und sich nicht der Zukunft stellt, verliert. Stellt sich nicht den Zeichen der Zeit. Erkennt sie nicht, verliert die Orientierung, wird unsicher.

Design ist Orientierung

Der Wandel ist unser ständiger Begleiter. Ein Wandel ohne Neuorientierung bedeutet nicht mehr als ein kopfloses Mitlaufen.
Dank seiner sensitiven Wahrnehmungsfähigkeit kann sich der Mensch inmitten seiner Welt voller Zeichen und Botschaften orientieren. Alles, was er wahrnimmt, hat eine Form, hat ein Design. Ob materieller oder immaterieller Natur.
Die Zeichen der Zeit sind es, die das Wesen der Dinge formen. Die schöpferische Kraft des Menschen ist der gestaltende Ausdruck dieser Erkenntnis. Schöpferische Kreativität ist subjektiv, wird subjektiv wahrgenommen. Und es ist auch letztendlich nur Subjektivität, die verbindet, wenn mehrere das gleiche empfinden.
Mit der subjektiven Wahrnehmung ist gleichzeitig die Orientierung verbunden. Nur wer subjektiv wahrnimmt entscheidet für sich selbst, wohin der Weg führt. Und man muß den Weg gehen, um zu wissen, was der Weg ist. Aber die Zeichen zeigen in sehr viele Richtungen, und so orientieren wir uns von Zeichen zu Zeichen, von Weg zu Weg. Denn der Weg ist das Ziel. Und das Ziel ist Wahrnehmung. Design ist Wahrnehmung. Design ist konkrete Phantasie. Design ist mehr als nur Produkt. Design reflektiert und dokumentiert das Bewußtsein der Menschheit im Jetzt. Design ist Ausdruck neuen Denkens und neuen Handelns.

Evolutionäres Corporate Design

Zukünftige Innovationsimpulse entstehen durch Aufbrechen von verkrusteten Konventionen. Daraus resultieren neue Ideen, die eine verantwortungsvolle Haltung reflektieren, die Unternehmenskultur ausdrücken und diese in alle Botschaften einbeziehen. Die zeitgemäße Interpretation der formalen Ansprüche gibt ihr die unverwechselbare Gestalt und schafft die visuelle Klammer für alle Kommunikationsmaßnahmen.
Unternehmen, die die Käufer und Verwender ihrer Produkte über einen langen Zeitraum an sich binden wollen, benötigen ein Corporate Design, das immer wieder eine neue Orientierung erlaubt, ohne den Absender zu codieren.
Denn so wie sich die Zeit wandelt, wandeln sich Bedürfnisse, Werte, Prioritäten, Lese-, Hör- und Sehgewohnheiten.
Während sich viele Unternehmen noch nicht einmal heute der elementaren kommunikativen Bedeutung von Corporate Design bewußt sind, verlangt die Kommunikation schon nach der nächsten Generation: nach dem evolutionären Corporate Design.
Die Ebene, auf der sich derart Komplexes entwickeln kann, verlangt Reduktion, eine nonverbale inhaltliche Verdichtung ohne Dekoration. Den kompromißlosen Verzicht auf alles Unwesentliche.
Die formale Klammer als hochflexible, intelligente Konstante in der Corporate Communication, die sich stets erkennbar in der Visualisierung und Vertonung der wandelnden Inhalte wiederfindet.
Hierin wird auch die Entwicklungsstufe erkennbar, auf der sich ein Unternehmen befindet. Zeit und Design sind untrennbar miteinander verbunden. Evolutionäres Corporate Design verbindet Zeit mit Bewußtsein und führt zur Identifikation zwischen Zielgruppe und Produkt. Kommunikation über die Grenzen hinaus, die gestern abgesteckt worden sind.

SIDEWALK CLOSED
1251

Im Zeichen der Unsicherheit entsteht Neues

Unsicherheit entsteht aus der Angst, Fehler zu machen. Wir wollen nichts dem Zufall überlassen. Wir wollen immer auf Nummer Sicher gehen. Risiken und Irritationen sind uns fremd. Diese Einstellung aber verhindert Innovationen. Wenn es um die Frage nach der Wahrheit geht, orientieren wir uns am Gestern. Denn dort liegen die Wurzeln unserer Moral- und Wertvorstellungen, unserer ethischen Grundsätze.

Doch was gibt uns die Sicherheit, daß das, was wahr war, jetzt nicht Lüge ist?

Wir müssen unser Handeln rhythmisch hinterfragen, da wir in einer dynamischen, sich stets verändernden High-speed-Epoche leben. Unsere Konstante im Leben wird unser Bewußtsein sein. Inmitten eines Kosmos' von Fehlern, Paradoxa und Irritationen. Denn im Paradoxen liegt eine evolutionäre Notwendigkeit für die Entstehung von Neuem. Irritationen bieten neue Perspektiven.

Definieren wir die Regeln neu! Sie haben schon immer den Visionären die Unmöglichkeit ihrer Ideen vorgehalten. Akzeptieren wir das Paradoxe an sich, und bringen wir den Mut für Experimente auf.

Dann lernen wir auch wieder, Fehler zu machen und diese neue Erfahrung zu nutzen, um wieder in den Rhythmus eines intelligenten menschlichen Fortschritts zu kommen.

Der Weg in eine Zukunft, die wir heute positiv beeinflussen, weil sie sich an dem Bedürfnis, das ursprüngliche Selbstverständnis zu suchen, orientiert.

New Communication

Wir würden uns selbst widersprechen, wenn wir es bei unserer Behauptung und der damit verbundenen Polarisation beließen. Wir, die Autoren, wollen nicht nur über New Communication schreiben und philosophieren, wir wollen dort weitermachen, wo wir bereits angefangen haben. Unsere Arbeit ist bereits eine Form der neuen Kommunikation.

Wir wollen die Diskussion unterstützen und weiterführen. Die Verwendung des Ausdrucks »kalt« für »reduziert« ist Werberstandard von gestern.

Auch der Begriff Werbung ist ein Relikt von gestern, denn verfolgt man die Entwicklung von »Reklame« zu »Werbung«, so wird in absehbarer Zeit die »Werbung« zu »Images« mutieren. Eine weitere Behauptung, die zur allgemeinen Unsicherheit noch beiträgt, aber insofern gerechtfertigt ist, da es auf der anderen Seite noch nichts festgeschriebenes Neues gibt, das den alten Begriff ablöst.

Wir müssen aber nicht länger warten, denn New Communication bedarf keiner formalen Bestätigung oder definierten Daseinsrechtfertigung. Es ist nur eine Frage der Zeit, wie lange dieser Prozeß dauert. Handeln in diesem Sinne ist jetzt wie eine sprudelnde Quelle unternehmerischer Wettbewerbsvorteile.

Anwender und Verbraucher werden sich immer mehr bewußt orientieren. Anfangs noch beeinflußt und gesteuert, zunehmend intuitiv und gefühlsvertrauend. Das Produkt ist nicht länger nur mehr Verkaufsobjekt, sondern die Veräußerung einer Idee und Lebenshaltung. Das verlangt eine neue Ehrlichkeit von Hersteller und Konsument.

3

Instrumente

Paul J. Kohtes

Diagnose und Therapie: Die Diagnose ist die Therapie – Corporate Consciousness

> *»Wenn du ein Schiff bauen willst, so trommle nicht die Männer zusammen, um Holz zu beschaffen und Werkzeuge vorzubereiten oder die Arbeit einzuteilen und Aufgaben zu vergeben – sondern lehre die Männer die Sehnsucht nach dem endlosen Meer.«*
>
> Antoine de Saint-Exupéry

Ein Unternehmen ist heute nicht mehr allein durch seine Produktqualität und Serviceleistung im Markt erfolgreich. Von wachsender Bedeutung ist das Kommunikationsverhalten nach innen. Die Art, wie Ziele weitergegeben und Zusammenhänge erklärt werden, entscheidet über die Motivation der Mitarbeiter und letztendlich über den Erfolg des Unternehmens. Manager, die das verborgene Potential ihrer Mitarbeiter ernst nehmen und zu nutzen wissen, haben in Zukunft bessere Möglichkeiten, sich zu behaupten: Sie haben selbständig eine neue Unternehmensidentität geschaffen. Was sie dafür brauchen, ist vor allem ein funktionierendes Instrumentarium, um das offene und versteckte Bewußtsein des Unternehmens zur Entfaltung zu bringen.

Vom individuellen zum kollektiven Bewußtsein

Jeder Mensch trägt Bilder in seinem Kopf, die sein tägliches Verhalten beeinflussen. Doch damit sind keine kontrastreichen Fotos von Personen oder Landschaften gemeint, sondern ein ungeheuer komplexes System, das unsere individuellen Sinneseindrücke selektiert, evaluiert und in eigene Handlungsweisen umsetzt. Dieses diffuse Etwas bezeichnen wir häufig mit dem Begriff »Bewußtsein«. Es setzt sich zusammen aus Erfahrungen, Meinungen, Erlebnissen und Handlungsmustern, die wie bei einem Puzzle-Spiel ein ganz bestimmtes Gesamtbild entstehen lassen. Dieses Gesamtbild ist jedoch zu keinem Zeitpunkt endgültig und abgeschlossen, es befindet sich vielmehr in einem immerwährenden Entwicklungsprozeß.

Wahrnehmungsprozesse

Die Wahrnehmungen, die unser Bewußtsein prägen, laufen ständig ab, während wir mit den unterschiedlichsten Dingen beschäftigt sind. Wir können aber nur einen Bruchteil der Reize aufnehmen und organisieren, denen wir ausgesetzt sind. Wenn wir beispielsweise eine Straße überqueren, wirken eine Vielzahl von Geräuschen, Lichtreflexen, Gerüchen usw. auf uns ein. Wir nehmen jedoch nur wenige, selektierte Wahrnehmungen wirklich auf. Sie müssen in die jeweilige Situation passen und unserer Erwartungshaltung entsprechen. Das heißt, während wir auf das Motorengeräusch eines herannahenden Autos achten, werden wir das Lachen der Kinder auf dem nahegelegenen Spielplatz erst spät oder gar nicht bemerken. Wir nehmen also nur das wahr, wozu wir eine wirkliche Bereitschaft besitzen oder was unmittelbaren Handlungsbedarf erfordert.

Wahrnehmungs- und Bewußtseinsprozesse spielen eine wesentliche Rolle bei der täglichen Auseinandersetzung mit unserer Umwelt. Sie organisieren und verarbeiten bewußt aufgenommene Eindrücke und fassen sie zu einem Meinungsbild zusammen. Was für unsere Lebenswelt im allgemeinen gilt, hat natürlich auch für unseren alltäglichen Arbeitsbereich Relevanz. Menschen nehmen das Unternehmen, in dem sie tätig sind, in einer ganz bestimmten Art, bewußt und unbewußt, wahr. Ihre bewußten Eindrücke setzen sich aus rationalen Überlegungen und Bewertungen zusammen. Ihre unbewußten Eindrücke werden durch die Atmosphäre, den Führungs- und Kommunikationsstil im Haus geprägt. Neben dem

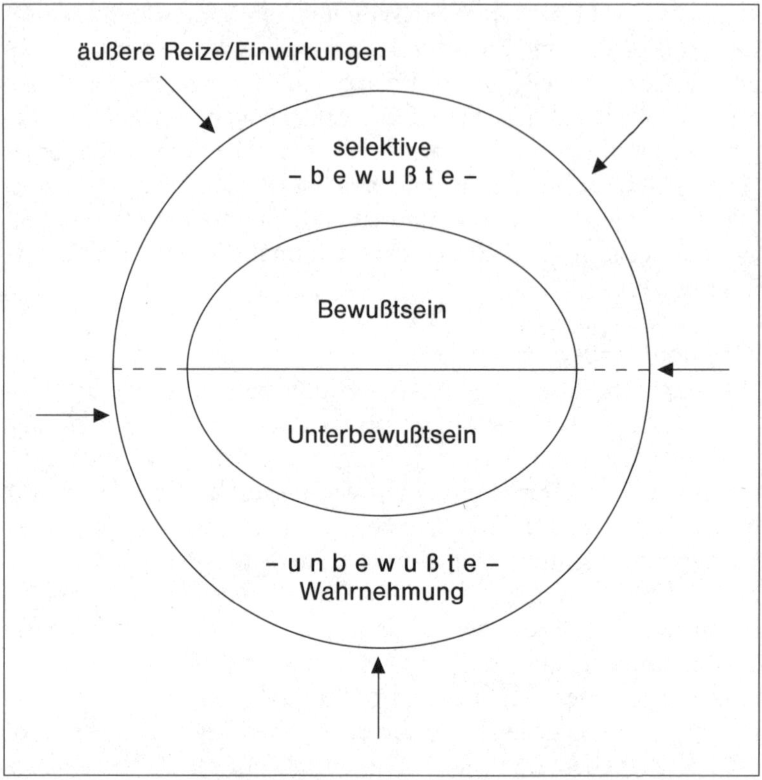

Abbildung 1: Einwirkungen von außen auf das Individuum

individuellen Bewußtsein entwickelt sich so auch eine allgemein vorherrschende, nicht reflektierte Meinung über das Unternehmen, die als das »kollektive Unterbewußtsein« aller Mitarbeiter bezeichnet werden kann.

Wahrnehmung und Kommunikation

Ein Unternehmen präsentiert sich nach außen und innen mit vielen Gesichtern. Wie die Mitarbeiter es wahrnehmen, läßt sich zumeist an den Informationsstrukturen und dem Kommunikationsverhalten ablesen.

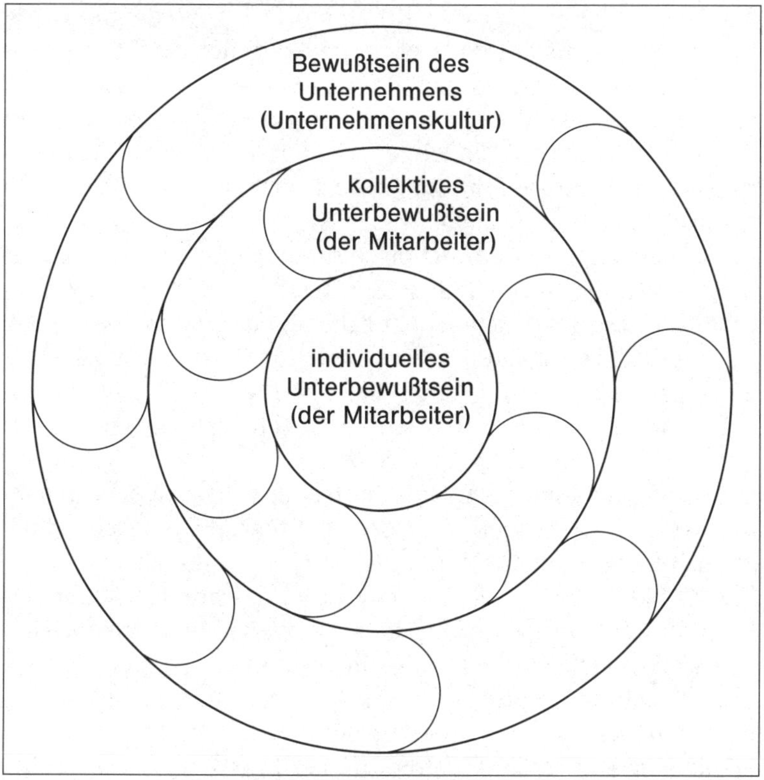

Abbildung 2: Corporate Consciousness

Kommunikation und Information, oft in einem Atemzug genannt, sind dabei sehr unterschiedliche Begriffe. Information bezeichnet die reine Weitergabe von Mitteilungen. Sie greift immer dann, wenn es um kurze Auskünfte, Anweisungen oder das schriftliche Festhalten eines Gesprächs geht. Informationen kann jedoch ein Mitarbeiter erhalten, ohne daß er weiß, wie er sie verstehen soll und welche Handlungsweise sich daraus konkret ableitet.
Anders bei der Kommunikation: Ihr Herzstück ist der Dialog. Und das heißt die Wahrnehmung der Einstellungen des Gesprächspartners, die Auseinandersetzung mit seiner Meinung und

die Überzeugung oder der Kompromiß. Im Vordergrund der Kommunikation steht der Prozeßcharakter, der dem gegenseitigen Gedankenaustausch dient. Im Laufe des Gesprächs kann sich die ursprüngliche Botschaft verändern und einen neuen Sinn bekommen. Diese Veränderung ist zwar nicht von Anfang an beabsichtigt, aber sie führt zumeist zu einer Bereicherung der ursprünglichen Aussage.

Im Gegensatz zur Information vermittelt die Kommunikation nicht nur Anweisungen und Ziele, sondern deren Sinn und Bedeutung. Wenn es um wesentliche Inhalte für das Unternehmen geht, ist es deshalb wichtig, durch Kommunikation Verständnis zu schaffen. Denn nur wenn die betroffenen Mitarbeiter hinter der Unternehmensphilosophie und -strategie stehen, können diese Ziele auch entsprechend umgesetzt werden.

Die japanische Mentalität zum Beispiel präferiert eine Unternehmenskultur, bei der vor allem der unterbewußte Konsens durch intensive Kommunikation (und Rituale) sichergestellt wird.

Traditionell steht seit der Aufklärung im Westen die Pflege des individuellen (Ober-)Bewußtseins im Vordergrund. Doch noch immer sind in vielen westlichen Firmen selbst die vordergründigen Sinn-Zusammenhänge - oft auch Führungskräften - unklar. Befragt man sie nach ihren Aufgaben oder denen ihrer Mitarbeiter, so erhält man die Aufzählung atomistischer Tätigkeiten, jedoch keine Gesamtdarstellung. Ein schönes Beispiel für verschiedene Denkweisen bei der Arbeit lieferte schon Peter F. Drucker in den 50er Jahren. Er verlegte das Unternehmen ins Mittelalter:

Ein Reisender begegnet auf seinem Weg drei Steinmetzen und fragt jeden von ihnen, was er da tue.

Der erste antwortet: »Ich bearbeite Steine.«

Der zweite: »Ich behaue gerade einen Eckstein.«

Aber der dritte gibt zur Antwort: »Ich baue eine Kathedrale.«

Die Kenntnis darüber, was das Unternehmen wirklich will und leistet, ist wesentlich für die Motivation und das Selbstwertgefühl der einzelnen Mitarbeiter. Denn nur wer weiß, wie wichtig seine Vorarbeit für die nächste Stelle oder Produktionsstufe ist, arbeitet entsprechend zu. Wer die Zusammenhänge kennt, hat mehr

Freude an seiner Tätigkeit und verschwendet seine Zeit nicht mit unproduktiver, unnötiger Arbeit.
Führungskräfte, die unter Kommunikation Flurgespräche unter Mitarbeitern oder deren private Telefongespräche verstehen, haben noch nicht begriffen, worum es geht. Kommunikation im Sinne von Corporate Communications schafft Klarheit über Aufgaben und Ziele des Unternehmens. Natürlich kostet sie Zeit, aber diese »Anfangs-Investition« zahlt sich längerfristig aus.
Nun scheinen das alles Binsenweisheiten zu sein, die von »fortschrittlichen« Managern gern hergebetet werden. Die Umsetzung solcher Erkenntnisse scheiterte jedoch allzuoft am Fehlen geeigneter Methoden, das Bewußtsein eines Unternehmens zu erfassen – und systematisch zu gestalten.

Ungenutzte Potentiale

Die Motivation der Mitarbeiter sagt wenig über deren Qualifikation und Ideenreichtum aus. Auch läßt sie keine Schlüsse auf die potentielle Veränderungsbereitschaft zu. Sie ist lediglich Spiegel eines bestimmten Führungskonzepts und Ausdruck einer momentan bestehenden Unternehmenskultur. Durch eine Image-Analyse läßt sich die Motivation, Meinung und Einstellung der Mitarbeiter statistisch erfassen. Jedoch hilft die reine IST-Analyse einem Unternehmen nicht aus etwaigen Identifikations-Schwierigkeiten heraus, sondern bestätigt nur empirisch die bekannte Problematik.
Wege aus Unternehmenskrisen, die auf Motivations- und Kommunikationsproblemen beruhen, bieten professionelle PR-Methoden wie *Führungskräfte-Workshops* und *Communications Audits*, bei denen Mitarbeiter zur Grundlage für betriebliche Innovation gemacht werden. Der große Vorteil dieser noch recht jungen Methoden liegt in der direkten Nutzung des Mitarbeiter-Potentials. Die Ideen, Vorstellungen und Visionen, die im Bewußtsein und Unterbewußtsein der Führungskräfte vorhanden sind, stellen die Basis für die Weiterentwicklung des Unternehmens dar. So werden sach-

liche, emotionale sowie fiktionale Elemente zusammengetragen, die eine Neuorientierung unternehmerischen Handelns erleichtern und eine Zielfestlegung ermöglichen.
Die Darstellung eines Unternehmens und seine verborgenen Potentiale lassen sich anschaulich an dem Schema eines Eisbergs aufzeigen: Sechs Siebtel sind unter Wasser (verborgen), ein Siebtel über Wasser (bekannt).

Therapie: Diagnose
Anders als bei von außen an das Unternehmen angetragenen Lösungsmöglichkeiten bieten Führungskräfte-Workshops und Communications Audits die Möglichkeit, »von innen heraus«

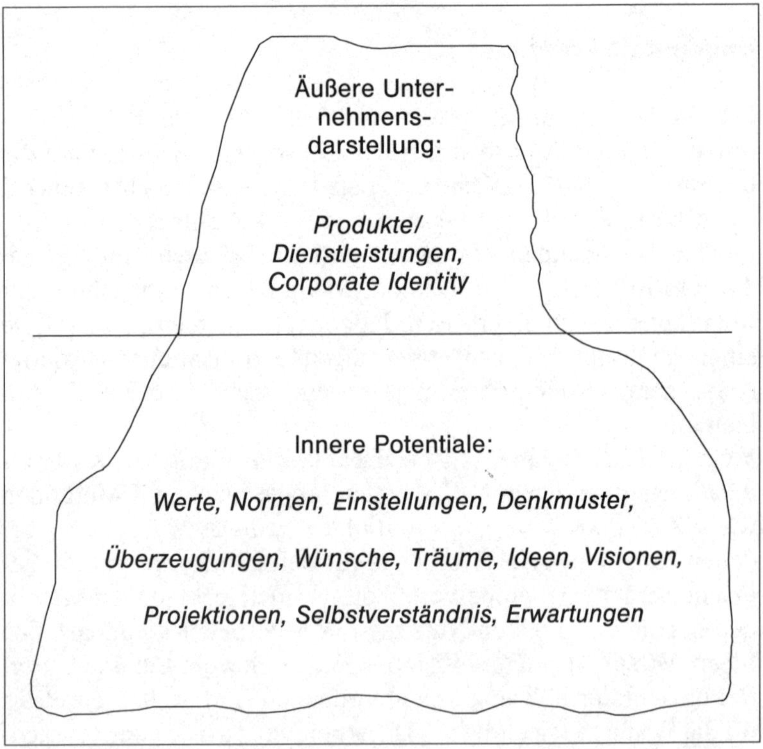

Abbildung 3: Unternehmensbewußtsein: Sechs Siebtel sind verborgen

etwas zu verändern. Dadurch werden Entscheidungen nicht nur von den Beteiligten getragen, sondern von ihnen selbst entwickelt. Das »Anzapfen« des eigenen Mitarbeiter-Potentials wird in Zukunft an Bedeutung gewinnen, denn nur ein Unternehmen, das an sich selbst glaubt und aus sich selbst heraus Ziele formulieren kann, wird sich langfristig im Markt behaupten.
Das persönliche Einbringen von Meinungen, Ideen und Projektionen ist dabei von zentraler Bedeutung. Nur so wird die Identifikation der Mitarbeiter mit dem Unternehmen gestärkt und ein »Wir-Gefühl« geschaffen. Eine solche Vorgehensweise läßt die Mitarbeiter selbst die zukünftigen Handlungsweisen entwerfen: Sie ist gleichzeitig analytische Diagnose und heilende Therapie zur Verbesserung des Unternehmenszustandes.

Communications Audit

Communications Audit ist eine Untersuchungsmethode, um Ziele und Vorstellungen insbesondere des Managements nach qualitativen Gesichtspunkten zu ergründen. Das Diagnose-Therapie-Instrument ist dabei der Dialog. Zwischen 60 und 90 Minuten dauert das vertrauliche Einzelgespräch, bei dem geschulte Berater die individuellen Erfahrungen und Zielvorstellungen der Führungskräfte in Erfahrung bringen. Themenschwerpunkt der Interviews sind Fragen zur Unternehmenskommunikation wie beispielsweise:

- Welche Potentiale birgt das Unternehmen?
- Wie sehen die langfristigen Unternehmensperspektiven aus?
- Wie verlaufen die Kommunikationswege innerhalb der Unternehmenshierarchie? Wie innerhalb einer Ebene?
- Welche Unternehmensziele gibt es, und wie werden sie bewertet?
- Gibt es eine Unternehmensphilosophie, oder woran orientieren sich die Mitarbeiter bei ihren Tätigkeiten?
- Wie wird die Unternehmenskultur erlebt und eingeschätzt?

- Wie wird der Auftritt des Unternehmens bei Kunden/in der Öffentlichkeit beurteilt?
- Wodurch ist das Verhältnis zu den Wettbewerbern gekennzeichnet?
- Wie denkt die Nachbarschaft/die Mitarbeiterschaft über die Aktivitäten und das Image des Unternehmens?
- Was sind die persönlichen Wert- und Zielvorstellungen?

Die oft komplexen Antworten zu diesen und ähnlichen Fragen werden zuerst protokolliert und dann nach vorher erarbeiteten Kriterien ausgewertet. Die Ergebnisse werden in einem Bericht festgehalten. Neben vielen Einzelergebnissen erhalten die Corporate-Identity-Spezialisten so einen roten Faden, der schon die strategische Leitlinie für die Zukunft beinhaltet: die Empfehlung für die künftige Kommunikationsstrategie.
Communications Audits haben sich in der Vergangenheit als hervorragende Möglichkeit bewährt, verborgene Ideenpotentiale aus dem Unternehmensinnern zu fördern. Nicht nur große Konzerne, sondern in zunehmendem Maße auch mittelständische Unternehmen machen von der großen Chance Gebrauch, die Zukunft in ihrem eigenen Unternehmen zu finden.
Die Kosten für eine solche Untersuchung liegen zwischen 50 000 und 250 000 Mark, abhängig von der Größe des Unternehmens und der Aufgabenstellung. Die Dauer des gesamten Verfahrens von der Erstellung der Frageleitfäden bis zur Präsentation der Ergebnisse variiert zwischen zwei und sechs Monaten.

Führungskräfte-Workshop

Ein Führungskräfte-Workshop ist oft ein Stück Gruppentherapie für das Management eines Unternehmens. Im Gegensatz zum Communications Audit werden die Führungskräfte nicht einzeln in vertraulichen Gesprächen befragt, sondern erarbeiten gemeinsam in Gruppen oder im Plenum Ziele für die Zukunft des Unternehmens.

Dabei werden anhand vorher zusammengestellter Begriffe und Fragen zum Thema Unternehmenskommunikation mehrere strukturierte Brainstormings organisiert und anschließend ausgewertet. Die Brainstorming-Runden haben jeweils unterschiedliche Schwerpunkte und verschiedene personelle Zusammensetzungen. Sie sind so aufgebaut, daß die Teilnehmer selbst ihre individuellen Äußerungen weitertragen und in assoziativer Weise ergänzen. So wird Un- bzw. Unterbewußtes ans Licht gebracht, Visionen werden entworfen, Ideen und Erwartungen geäußert.
Das Resultat ist ähnlich den Ergebnissen aus dem Communications Audit. Verborgene Potentiale über Selbst- und Wunschbilder des Unternehmens, die Philosophie, Kultur und Kommunikation werden aufgebrochen und weisen den Weg für die zukünftige Strategie.
Der Führungskräfte-Workshop hat jedoch einen entscheidenden Schwachpunkt, der besonders bei hierarchisch strukturierten Unternehmen deutlich hervortritt. Während bei der Einzelbefragung die Anonymität gewährleistet ist und die Interviewer keine firmeninternen Autoritätspersonen darstellen, kann beim gemeinschaftlichen Ideensammeln das Autoritätsgefüge Offenheit verhindern. Denn auch unter Führungskräften gibt es offene und verdeckte Hierarchien, die Einfluß auf die Äußerungen der anderen Teilnehmer ausüben. Auch sogenannte »Killerphrasen« tragen dann dazu bei, das Zutagetreten von Projektionen und Wünschen zu verhindern oder den Nebenmann ganz verstummen zu lassen.
Um solchen kontraproduktiven Entwicklungen vorzubeugen, bedarf es einer umfangreichen Planung des Workshops, die nur erfahrene Fachleute leisten können. Denn sie kennen die Möglichkeiten, ein konstruktives Brainstorming in Gang zu halten und zu bewerten, auch wenn Zielvorstellungen verschiedener Führungsetagen aufeinanderprallen. Allerdings: Der notwendige Zeitaufwand für die Beteiligten ist enorm und geht oft über einen für den einzelnen Mitarbeiter zumutbaren Rahmen hinaus.

Hoesch AG: Vom traditionellen Stahlkonzern zum modernen Industriegüterunternehmen

Wenn der Name Hoesch AG fällt, dachten noch vor wenigen Jahren die meisten Menschen ausschließlich an Hochöfen, Walzwerke und Stahlrohre. Diese spontanen Assoziationen resultierten aus einer langen unternehmerischen Kontinuität als Stahlkonzern; ein Image, das jahrzehntelang vom Unternehmen mit Stolz vertreten wurde, aber nun schon seit über einer Dekade nicht mehr der Realität entspricht. Auf die Stahlkrise in den 70er Jahren hatte Hoesch mit einem breit angelegten Restrukturierungsprogramm reagiert. Traditionelle Pfade des Stahlsektors wurden durch neue Technologien ergänzt; neue Unternehmensbereiche erschlossen sich durch Beteiligungen, Übernahmen und den Ankauf von Unternehmen.

Während die Hoesch AG mit ihrer veränderten Unternehmensstruktur auf Expansionskurs ging, kam es entscheidend darauf an, diese neue strategische Orientierung auch im Umfeld und bei den Mitarbeitern zu vermitteln. Das traditionelle Stahl-Image hatte – wie Untersuchungen ergaben – die Einschätzung von Hoesch so stark dominiert, daß hier eine problematische Diskrepanz entstehen konnte. Hoesch als Technologiekonzern? Das konnte sich damals keiner so recht vorstellen.

Der Anfang einer breit angelegten Image-Kampagne für die Durchsetzung des neuen Hoesch-Bildes wurde konsequent im eigenen Hause gemacht. In einem sogenannten Communications Audit wurden die Führungskräfte in den Prozeß der neuen Meinungsbildung von Anfang an mit einbezogen.

In Erweiterung des Communications Audits wurden aber auch Führungskräfte, Meinungsbildner, Kunden und die Standortbevölkerung repräsentativ befragt. Das Resultat: Die Befragten sahen Hoesch oft noch als reine Stahlschmiede. Im Management entstand dagegen die Vision von einem international tätigen Industriegüterkonzern mit gesunder Basis im Stahlbereich. In Zukunft sollte dieses Image verstärkt nach außen getragen werden und

Abbildung 4: Imagekampagne I

Hoesch als einheitlicher Konzern mit aufeinander abgestimmten Einzelfirmen auftreten. Um das Unternehmen präziser von Wettbewerbern abzugrenzen, wurden Differenzierungsmerkmale gesucht - und im Rahmen des Communications Audit gefunden. Hoesch gilt als ein besonders kundenfreundliches Unternehmen mit einer hohen Einsatzbereitschaft, auch individuelle Problemlösungen zu erarbeiten. Diese neue Positionierung spiegelte sich auch im neuen, einheitlichen Corporate Design für den gesamten Konzern wider. Das ursprüngliche runenförmige Firmenzeichen wurde durch die Wort-Bild-Marke HOESCH ersetzt.

Zukünftige Strategien

Das mit dem Projekt beauftragte Team hatte damit schon wesentliche Empfehlungen für die zukünftige PR-Strategie erarbeitet. Schwerpunkt der Arbeit war zunächst der Bereich der Führungskräfte und Mitarbeiter. Die Konzerntagung wurde zur Informationsbörse umfunktioniert, die Mitarbeiterzeitschrift aufgewertet und interne Newsletter eingesetzt. In einer späteren Phase folgte dann die Neuentwicklung der Standard-Medien wie Imagebroschüre, Unternehmensfilm bis hin zum Geschäftsbericht.
Auch in Imagekampagnen für Meinungsbildner zeigt Hoesch seitdem das neue Profil. Die wichtigen Themen der Zeit wie Globalisierung, Ressourcen, Kundenorientierung, Innovationskraft und Qualitätssicherung prägen die Anzeigen des Konzerns. Die Komplexität der Kompetenzfelder, Märkte und Branchen wird dabei durch Begriffe wie »fortschrittlich«, »weltoffen«, »verantwortlich«, »gemeinsam« und »zuverlässig« zusammengefaßt.
Das CD-Programm konzentriert sich auf die graphische Umsetzung der neuen Inhalte. Die einheitliche Rahmengestaltung für Anzeigen vom Schriftzug über die Schriftgröße bis zur Farbgebung ist ein Beispiel für das neue, homogene Auftreten am Markt. Es findet überall Niederschlag, wo sich Hoesch präsentiert: von der Visitenkarte bis zum Plakat. Dabei wurde darauf geachtet, daß im neuen Corporate Design ausreichend Raum für Kreativität und

Identifikation der Töchter bleibt. So haben die Stahl AG oder Hoesch Rohr AG Kampagnen mit ausgeprägt eigener Handschrift – im gemeinsamen Design-Rahmen.

Die inzwischen durchgeführten Meinungsbefragungen und Copytests bestätigen den angestrebten Imagewandel. Hoesch ist auf dem Weg zu einem Industriegüterkonzern mit eigenem Profil. Insofern kann Hoesch als Beleg dafür gelten, wie sich Unternehmensstrategie und Unternehmenskommunikation wechselseitig befruchten können.

Auf Messen treten die Konzernstruktur und die Aktivitäten des Gesamtunternehmens stärker in den Vordergrund. Stahl und Stahlveredelung, Verarbeitung und Industrietechnik, Handel und Dienstleistungen, Automation und Systemtechnik bilden ein abgerundetes Programm.

Die völlig überarbeitete Imagebroschüre hält die neue Unternehmensphilosophie fest: gesundes Wachstum, innovative Verfahren, Know-how-Transfer, Synergien. Diese Ziele werden anhand von zehn Kompetenzfeldern aufgearbeitet, die das Experten-Team erarbeitet hatte.

Die seit 1989 durchgeführten Erfolgskontrollen zeigten, daß durch die neue Kommunikationspolitik der Hoesch Konzern zusammenwächst. Die kontinuierlichen Kommunikationsmaßnahmen werden weiterhin wichtige Impulse nach außen und innen geben. Sie erleichtern die Zusammenarbeit zwischen den Tochtergesellschaften, erhöhen die Motivation der Mitarbeiter und stärken die Identifikation der Manager mit dem Unternehmen. Nicht zuletzt hat das Communications Audit dazu beigetragen, neue Ziele aus eigener Kraft zu formulieren.

Zuverlässig.

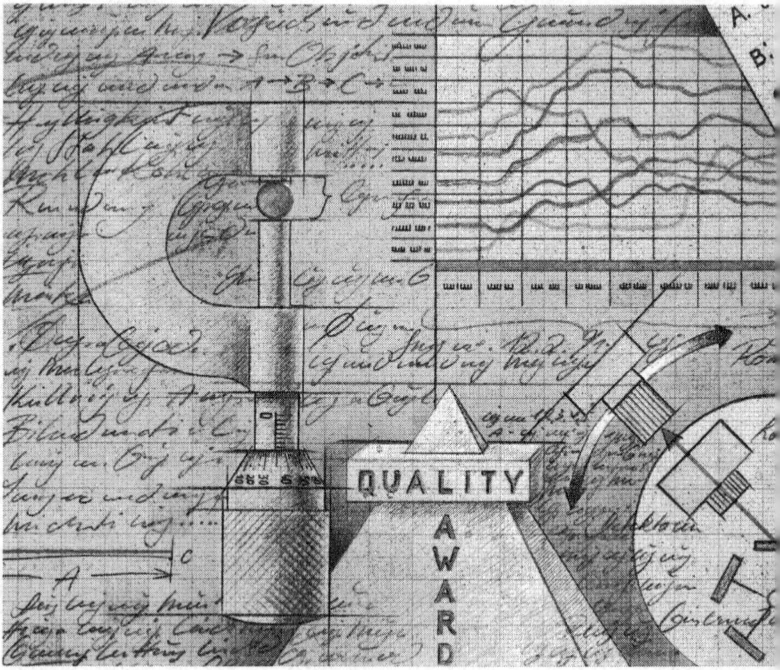

HOESCH · Stahl und Stahlveredelung · Fahrzeugtechnik · Fördern und Umschlagen · Bauen · Stahls

Fordern Sie zur umfassenden Information unsere Unternehmensbroschüre bei der Abteilung Marketing an.

Hoesch AG

Eberhardstraße 12, W-4600 Dortmund 1
Telefon (02 31) 8 41-0

Abbildung 5: Das neue Unternehmensimage mal dynamisch, mal verspiel aber immer Ausdruck einer besonderen Problemlösungskompetenz.

Profiliert in Spezialitäten.

Spezialprofile – ein Beispiel für ein hochwertiges Spezialprogramm, das sich durch Wirtschaftlichkeit, Qualität und Individualität auszeichnet.

Hoesch Spezialprofile werden nach verschiedenen Verfahren hergestellt: Warmwalzen, Warmstrangpressen, Blankziehen, Kaltprofilieren und Kunststoffummantelung.

Abnehmer dieser Spezi ist die gesamte stahlve tende Industrie, insbesc der Maschinenbau.

Ein weiteres Beispiel: w walzter Bandstahl, der f Vorteile bietet: gute Ba metrie; die Möglichkeit Kohlenstoffgehalte; seh Dicketoleranzen; Walzb auch großer Banddicke sogar bei schmalen Ab sungen; die Fertigung k Losgrößen sowie die M

2

1 3

Abbildung 6:
Ein Bild aus den Siebzigern: Der Stahlkonzern Hoesch.

geausbildung und
che Eigenschaften
weiligen Einsatz ein-

ndere Spezialität:
edern. Federn als
steile im Automobil-
ern neben Qualität
ässigkeit eine enge
ive Kooperation mit
en in Forschung und
ng.
h Hohenlimburg AG
en mit ihren Beteili-

gungsgesellschaften – zählt weltweit zu den führenden Federnherstellern. Sie ist damit ein bedeutender Partner der internationalen Automobilindustrie.

Diese Beispiele ließen sich fortsetzen: mit kaltgewalztem Bandstahl und Elektroband. Sie alle belegen, daß auch das individuelle Produkt-Programm große Märkte findet. Sofern es verläßlich ist in seiner Qualitätsnorm.

1. Warmgeformte Blatt- und Schraubenfedern.
2. Wickeln von Schraubendruckfedern mit Hilfe einer Leitrolle.
3. PKW-Hinterachse mit einer modernen Tonnenfeder.
4.–5. Preßmatrize mit einem Preßprofil-Querschnitt.
6. Profilierte Walzen für die Herstellung von warmgewalzten Spezialprofilen.
7. Blick in eine Profilieranlage für kaltgewalzte Spezialprofile.

4

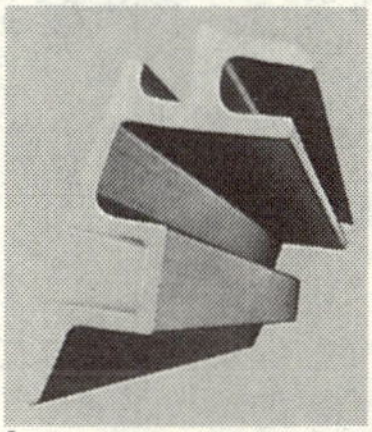

5

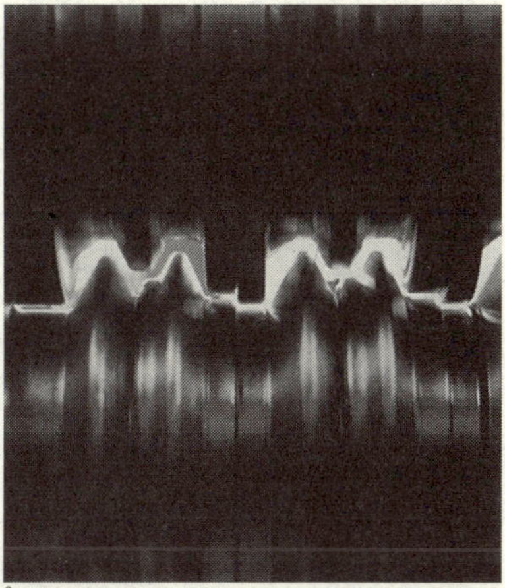

6

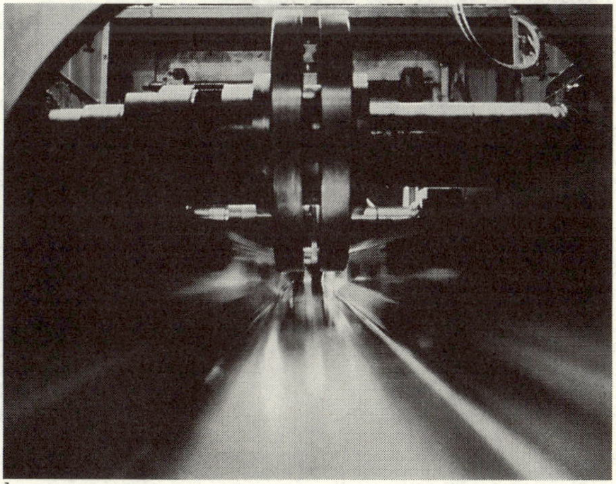

7

Hoesch heißt: Stahlspezialprodukte

Klingt gut

Gebäude brauchen ein festes Fundament. Aber manchmal auch mehr. Zum Beispiel das neue Kulturzentrum in Montpellier: Während drinnen gespielt wird, donnern draußen Schnellverkehrszüge vorbei. Doch von den Schwingungen der Schienen ist im Gebäude nichts zu spüren. Denn es lagert elastisch auf Fundamentfedern von Hoesch. Sie sorgen für ungetrübten Genuß. Die einzigen Schwingungen im Kulturzentrum kommen von der Bühne.

Fundamentfedern regulieren Schwingungen und verhindern dadurch Erschütterungen von Gebäuden, die in der Nähe von U-Bahn-Schächten und Eisenbahnlinien stehen. Sie werden auch zur Lagerung von Maschinen, Gebäuden und Kraftwerken in Bergbaugebieten und erdbebengefährdeten Zonen eingesetzt.

Starthilfe von Hoesch: Jedesmal, wenn eine Rakete vom Typ Ariane 3 in den Weltraum startet, sind Schraubendruckfedern von Hoesch dabei – allerdings nur kurz. Denn nach 42 Sekunden werden die Zusatztreibstofftanks der Rakete mit Hilfe der Federn abgesprengt und fallen aus fünf Kilometer Höhe zur Erde zurück.

Warm und kalt

Getriebeteile und Achsträger, Bremsfeststeller und Werkzeuge sind starken Beanspruchungen ausgesetzt. Das Material muß eine hohe Festigkeit aufweisen und sich gleichzeitig verformen lassen. Für diese Bauteile dient warmgewalzter Bandstahl von Hoesch Hohenlimburg zur Direktverarbeitung. Durch die Steuerung beim Walzen lassen sich die Eigenschaften des Materials exakt auf die spätere Anwendung abstimmen.

Elektroband, das ist Kaltband mit besonderen magnetischen Eigenschaften. Es wird für Elektromotoren und Generatoren eingesetzt. Unser Elektroband zeichnet sich durch Maßhaltigkeit und Planheit aus. Dadurch eignet es sich insbesondere für die automatisierte Verarbeitung auf schnellaufenden Stanzautomaten.

Wenn noch engere Toleranzen, noch speziellere mechanisch-technologische Eigenschaften und Gefügeausbildungen ver langt werden, bietet Hoesc Kaltband an.

Spritzgebäck aus Stahl

Ein Produktname ist Programm Spezialprofile von Hoesc Hohenlimburg lösen unter schiedliche Konstruktions- ode

Abbildung 7: Impressionen der Neunziger: Das international erfolgreich tätige Industriegüterunternehmen Hoesch.

ertigungsaufgaben – zum Beispiel im Waggon-, Fahrzeug- der Maschinenbau. Ein einges Spezialprofil erfüllt Funkonsanforderungen, die sonst ur durch mehrere Konstrukonsteile und teurere Fertigung alisiert werden können.

ls einziger Hersteller in der undesrepublik Deutschland roduziert Hoesch Hohenlimurg warmstranggepreßte Proe. Dieses Verfahren ist vereichbar mit der Herstellung on Spritzgebäck. Heißer Stahl ird mit einer Kraft von bis zu 000 Tonnen durch eine formebende Matrize zu einem Profilrang gepreßt. Auf diese Weise erden selbst hochwertige Edelstähle sowie Titan und andere Werkstoffe in kleinen Serien wirtschaftlich profiliert. Warmstranggepreßte Hoesch Spezialprofile aus Titan werden zum Beispiel zu Jet-Ringen für den Einsatz in Flugzeug-Turbinen hergestellt.

Schwarzes Gold

Spitzentechnologie ist gefragt, wenn Erdöl und Erdgas aus der Tiefe ans Tageslicht gefördert werden. Ob auf hoher See oder in der Wüste: Die größten Energiereserven lagern oft nur an schwer zugänglichen Stellen. Ölfeldrohre von Hoesch Rohr erfüllen höchste Qualitätsanforderungen wie engste Toleranzen und optimale Rundheit. Sie sind deshalb in vielen Ländern bei der Exploration und Förderung von Öl und Erdgas dabei.

Die Energieversorgung hängt wesentlich von Rohrleitungen ab – sie sind Versorgungsadern der Zivilisation. Hoesch Rohre garantieren eine sichere Versorgung mit Erdgas und Öl ebenso wie mit Trinkwasser. Mit bewährter Qualität vom Stahl bis zum fertigen Rohr.

Hoesch Gesellschaften in diesem Kompetenzfeld:

- Hoesch Hohenlimburg AG, Hagen
- Dittmann & Neuhaus AG, Witten
- Hoesch Rohr AG, Hamm
- Hoesch Tubular Products Corporation, USA
- Blefa GmbH, Kreuztal

Brau und Brunnen: Namensänderung – äußeres Zeichen für inneren Wandel

Die Dortmunder Union-Schultheiß Brauerei AG (DUS) änderte 1988 ihren Namen in Brau und Brunnen AG, weil der alte Name nicht mehr die Realität des Unternehmens widerspiegelte. Im Vorfeld hatte es lange kontroverse Diskussionen über die Imageänderung der größten bundesdeutschen Getränkegruppe gegeben. Der damalige Vorstand gab daraufhin ein Communications Audit in Auftrag, bei dem Führungskräfte und Repräsentanten wichtiger Zielgruppen interviewt wurden.
Das Resultat der umfangreichen Befragung über die Kommunikationsstrukturen im Unternehmen verdeutlichte, daß zehn Jahre nach der Fusion Dortmunder Union/Schultheiss der Zusammenschluß noch nicht im Bewußtsein der Mitarbeiter verankert war. Überdies brachte das Communications Audit die gravierenden Unterschiede zwischen Unternehmensbild und -wirklichkeit zum Vorschein. Denn während der Unternehmensname die Tradition zweier Bierbrauereien suggerierte, war die Firma längst zu einer diversifizierten Getränkegruppe gewachsen. Das Segment Wasser und Erfrischungsgetränke expandierte – vor allem durch Apollinaris – fortwährend und machte zum damaligen Zeitpunkt bereits vierzig Prozent des Umsatzes der Gruppe aus.

Motivation durch Partizipation

Neben diesem Mißverhältnis stellte das Projektteam einen hohen internen Bedarf an Orientierung und Integration bei der Belegschaft aller Firmen der Dortmunder Union Schultheiss Brauerei AG fest. Das Verhältnis der Holding zu den einzelnen Tochtergesellschaften mußte deshalb grundlegend verändert werden, um in Zukunft ein glaubwürdiges Image nach außen und innen aufzubauen. Der Ende 1986 berufene Vorstandssprecher Dr. Friedrich Ebeling widmete sich verstärkt dieser Aufgabe. Unter seiner Federführung wurde die Umstrukturierung des Konzerns zum Programm. Um möglichst viele Mitarbeiter an diesem Prozeß zu beteiligen, ließ er die Gesellschaften selbst, quer durch alle Führungsebenen, Namensvorschläge für die Unternehmensgruppe machen. So kamen bei einem Brainstorming im Spätherbst 1986 schon 600 Bezeichnungen zusammen. Dabei waren Kunstnamen wie »Metaqua« und »Ceraq« vertreten, Wortzusammensetzungen wie Dorlin (aus Dortmund und Berlin) und Anglizismen wie Interdrink.

In mehreren Runden wurde unter Mithilfe externer Berater der Kreis der in Frage kommenden Vorschläge kritisch geprüft. Am Ende blieben sechs Namen übrig. Die DUS legte diese potentiellen Neufirmierungen abschließend Journalisten, Bankern und Verbandsfunktionären vor. Die Bezeichnung »Brau und Brunnen Aktiengesellschaft« ging bei dieser Befragung mit Abstand als Gewinner hervor. Der Name wird den beiden wichtigsten Standbeinen der Getränkegruppe gerecht: der Brauerei und den verschiedenen nichtalkoholischen Getränkemarken.

Damit der Name »Brau und Brunnen AG« nicht nur alten Wein in neuen Schläuchen bezeichnete, ging mit der Betitelung eine dramatische Umstrukturierung des Unternehmens einher. Ein weitgehend dezentralistisches Konzept wurde realisiert, das sich für die Arbeit der Tochtergesellschaften als außerordentlich förderlich erwies.

Nach innen mußte die organisatorische und führungstechnische Neuorientierung vorangetrieben werden, um von Anfang an die Mitarbeiter der einzelnen Gesellschaften in die Brau und Brunnen AG zu integrieren und ein hohes Identifikationspotential zu ermöglichen.

Nach außen mußten die Tätigkeitsfelder des Unternehmens stärker herausgestellt werden. Die beiden Bereiche »Brau« und »Brunnen« galt es mit Inhalt zu füllen, am Markt zu positionieren und zu penetrieren.

Insgesamt kommen sich die Einzelgesellschaften so näher und bilden schließlich eine sinnvoll aufeinander abgestimmte Unternehmensgruppe. Die geplante Einbeziehung der Mitarbeiter in den Umstrukturierungsprozeß trägt Früchte, erfordert aber auch ein neues unternehmerisches Selbstverständnis. Offenheit und

Abbildung 8: Mosaik

Mitbestimmung sind Werte, die dabei die zukünftige Unternehmens-, und das heißt gleichzeitig Kommunikationspolitik prägen werden. Unternehmen, die diese Entwicklung frühzeitig erkannt haben, werden auch in den nächsten Jahren positiv im Bewußtsein der Menschen verankert sein.

Wachsende Unternehmen laufen heute mehr denn je Gefahr, ihre traditionelle Identität zu verlieren. Hier zeichnen sich bereits neue, flexible Unternehmensformen ab, die der sozialen Struktur des Menschen entsprechen: Kleinere, identifikationsfähige Segmente werden gebündelt zu größeren, stabilen Unternehmenssystemen. Die Kunst des Managements wird es sein, das rechte Maß zwischen Freiheit und Synergie zu finden, um so die gesunde Dynamik des Unternehmenskörpers in Gang zu halten.

Eine gemeinsame Zielsetzung verbindet und stärkt dabei das Gesamtunternehmen. Schon in der Bibel finden wir in dem Gleichnis vom Vater mit seinen sieben Söhnen ein Bild, das diese Kraft verdeutlicht. Der Vater bricht sieben einzelne Zweige durch. Sieben gebündelte Zweige sind dagegen unüberwindbar.

Erwin Staudt

Von der Vision zum Prozeß: Unternehmenskultur in der IBM – Immer neue Wege zu Spitzenqualität und Kompetenz

»THINK« - dieses Motto der IBM wurde über die Branche hinaus bekannt. Nicht per Zufall wurde dieses »DENKE« zum Erkennungszeichen unseres Unternehmens. Der einstige Chairman der IBM, Thomas J. Watson sr., setzte seinen Mitarbeitern diesen Ansporn zu Kreativität, intelligenter Leistung und Mut vor Augen. Das waren und sind die wichtigsten Elemente, die unsere Mitarbeiter täglich einbringen, damit unsere Kunden die Innovationen und Spitzenqualität bekommen, die sie selber zum Überleben in immer schnelleren Märkten brauchen.
Mehr denn je entscheiden die Faktoren Kundenfreundlichkeit und Spitzenqualität die Zukunft von Unternehmen - nicht nur in der Branche der Informationstechnologien. Der Vorteil für die IBM? Seit achtzig Jahren sind das die Säulen unseres weltweiten Erfolgs, die wir immer neu in Angriff nehmen. Kaum ein Unternehmen der Branche kann sich in unserem rasanten Markt auf so eine Basis stützen. Die Herausforderung? Immer wieder neue Wege zu finden, Mitarbeiter zu begeistern, auf die immer komplexeren Anforderungen des Marktes und der Kunden kreativ zu antworten. Und immer wieder neue Strukturen zu schaffen, die Mitarbeitern ermöglichen, ihr volles Potential dem Kunden zugute kommen zu lassen.
Die Herausforderung, der wir uns derzeit stellen? Eine das ganze Unternehmen umfassende Qualitätsstrategie umzusetzen. Das Ziel heißt Null-Fehler-Qualität im Jahre 1994. Auf der Basis unserer Unternehmenskultur nehmen wir die Wünsche und Anforderungen unserer Kunden zum Maßstab für jedes Etappenziel, das wir auf dem Weg dahin erreichen wollen. Denn, so Hans-Olaf

Henkel, Vorsitzender der Geschäftsführung der IBM Deutschland: »Wer heute einem Kunden nicht dienen kann oder will, wird morgen seinen Lebensunterhalt nicht mehr verdienen können.«
Wie wir den Kunden am besten dienen, müssen wir immer wieder neu von ihnen erfahren, denn: »Qualität ist kein Besitzstand. Sie muß täglich neu erarbeitet werden. Es gibt nichts, was man nicht noch besser machen könnte. Qualitätsverbesserung bedeutet, daß wir uns visionäre Ziele setzen müssen - und daß wir jedesmal, wenn wir diese Ziele erreicht haben, die Meßlatte noch einmal etwas höher legen. Manchmal scheint es schwer, eingefahrene Wege zu verlassen. Aber es gibt nichts in unserem Unternehmen, was wir nicht beeinflussen und positiv verändern könnten.«
Auch wenn neue Wege zu unserem Geschäft gehören - die Kunden der IBM wollen und bekommen seit Jahren nicht nur innovative Gesamtlösungen in der Informationstechnologie. Sie wollen sich darauf verlassen, daß ihre hohen Investitionen in diese Technologie, die sich in atemberaubendem Tempo entwickelt und verändert, über Jahre geschützt sind. Für die IBM heißt dieser Kundenwunsch, daß wir seit Jahrzehnten im Wettstreit um Spitzenpositionen in neuen Technologien nicht auf Kosten der Kunden kurz- und mittelfristige Markterfolge anstreben, sondern beispielsweise den Schutz der Kundeninvestitionen als wichtige Priorität beibehalten.
Das Zentrum unserer Bemühungen um den Kunden? Unsere Mitarbeiter. Hans-Olaf Henkel faßt das so zusammen: »Nur mit zufriedenen und kompetenten Mitarbeitern bekommen wir auch zufriedene Kunden.«
Mitarbeiter erbringen Spitzenleistungen für ihre Kunden und für ihr Unternehmen, wenn sie sich stolz damit identifizieren, wenn sie sich aus ihrer Sicht sinnvoll einbringen können und wenn sie Freude an der Arbeit haben.
Die Basis für zufriedene und kompetente Mitarbeiter: eine Unternehmenskultur, die über einen Zeitraum von achtzig Jahren zu einem System von klaren, gelebten und erlebbaren Werten wuchs. Die Grundlage: Respekt vor dem einzelnen, Fairneß und Transparenz für ein offenes Betriebsklima, das Kritik zuläßt und fördert.

Denn Mitarbeiter, die innerlich kündigen oder Angst um ihren Arbeitsplatz haben, setzen ihre Kreativität nicht voll ein. Die beste Qualitätskampagne bleibt erfolglos, wenn Mitarbeiter sie nicht begeistert umsetzen und mit Leben füllen können für die Kunden. Viele der Werte, die die IBM zu einem weltweit erfolgreichen Unternehmen machten, sind noch immer Richtschnur unseres Handelns. Die Positionierung der IBM im Spannungsfeld Kunde, Mitarbeiter und Gesellschaft wird in unseren Unternehmensgrundsätzen deutlich:

- Achtung vor den Rechten und der Würde jedes Mitarbeiters.
- Hervorragende Qualität als Kennzeichen des Unternehmens.
- Dienst am Kunden.
- Effektive Führung.
- Verpflichtung gegenüber den Aktionären.
- Faires Verhalten gegenüber Lieferanten.
- Verantwortung gegenüber der Gesellschaft.

Was bedeuten diese Werte konkret? Respekt vor dem einzelnen heißt für uns: Durch viele harte Zeiten in der Branche und noch heute hält die IBM unbeirrt an ihrer Vollbeschäftigungspraxis fest. So schlossen wir das Werk Hannover, ohne daß ein einziger Mitarbeiter seinen Arbeitsplatz in der IBM verlor. Durch umfassende Schulung und Betreuung der Mitarbeiter wurde daraus ein erfolgreiches Software- und Servicezentrum für unsere Kunden. Der Lohn für die hohen Kosten? Mitarbeiter, die sich loyal und engagiert für die IBM einsetzen. Das bestätigen unsere regelmäßigen Mitarbeiter-Umfragen und unsere niedrige Fluktuationsrate.
Auf der Grundlage dieser Werte setzen wir uns jährlich neue Prioritäten. Für das Jahr 1991 waren dies:

- Kundenfreundlichstes Unternehmen werden.
- Wettbewerbsfähigkeit sichern.
- Mehr wissen und können.
- Besser zuhören und erklären.
- Für neue Bundesländer engagieren.

Werte und Prioritäten auf dem Papier bringen uns und unseren Kunden gar nichts, wenn es um Spitzenleistungen geht. Werte müssen gelebt und umgesetzt werden. Der erste Schritt dazu ist Kommunikation nach innen und außen, die in der IBM eine große Rolle spielt. Unsere Führungskräfte und Mitarbeiter tauschen sich daher regelmäßig persönlich aus: in Führungskonferenzen und Abteilungsbesprechungen oder in Einzelgesprächen mit Mitarbeitern zur Beratung, Förderung oder Zielvereinbarung, um nur die formellen Kanäle zu nennen. Dieser Dialog ist wichtig, gerade wenn es um die Qualität des Endproduktes geht, denn Spitzenleistung kann nicht angeordnet werden. Sie entsteht durch die Motivation jeder einzelnen Person, sich kreativ mit ihrer Leistung für ein herausragendes Endergebnis einzusetzen.

Unterstützt wird dieser Dialog durch Kommunikationskanäle, die allen Ebenen und Funktionen genau die Information zur Verfügung stellen, die die Arbeitsgestaltung optimal ausrichten, ohne die Mitarbeiter einer unkontrollierten Informationsflut auszusetzen. Datenbanken und »online« verfügbare tagesaktuelle Informationen für jede Funktion sind neben traditionellen Kommunikationskanälen wie Mitarbeiterzeitschriften zentrale Informationsquellen.

Die »Top-down«-Kommunikation ist jedoch nur eine Seite. Will man neue Wege zu Qualität und Spitzenleistungen, sind Impulse von unten nach oben entscheidend. Denn Hans-Olaf Henkel erfährt immer wieder: »Am besten kennen sich die Mitarbeiterinnen und Mitarbeiter ›unten‹ aus, die in unmittelbarer Nähe des Kundenproblems stehen. Deswegen werden wir ihnen zukünftig noch mehr bei der Lösungsfindung zuhören. Dabei wird sich die eine oder andere Führungskraft auch in ihrem Selbstverständnis überprüfen müssen. Damit wir alle ein wenig näher an die Probleme rücken, werden wir auch unsere Hierarchie in Frage stellen. Ebenso erzeugt eine flachere Struktur unserer Organisation eine breitere Berichtspanne.«

Die Maxime »Besser zuhören und erklären« zeigt die Bedeutung, die guter zwischenmenschlicher Kommunikation quer durch die IBM zukommt. Unsere lang erprobten formellen Kanäle für die

Kommunikation von unten nach oben unterstützen den persönlichen Dialog und sorgen für einen fundierten Informationsaustausch. Dazu gehören nicht nur Vorschläge für Verbesserungen, die es bei uns wie in vielen Unternehmen gibt, wo Mitarbeitervorschläge zu Qualitätsverbesserungen und zur Erhöhung der Wirtschaftlichkeit belohnt werden. Wir haben effektive Kritik- und Beschwerdekanäle, so das »Offen-Gesagt-Programm«, wo Mitarbeiter auch unter Schutz ihrer Identität kritisch mit der Geschäftsleitung diskutieren. Außerdem führen wir regelmäßig Meinungsumfragen unter unseren Mitarbeitern durch, um Schwachstellen in der Führung und in der IBM allgemein rechtzeitig zu erkennen. Fühlt sich ein Mitarbeiter nicht fair behandelt, kann er oder sie durch ein »Open-Door«-Programm an der Unternehmensspitze Rechte einklagen, ohne Schaden in der Karriere zu nehmen. Wir sind stolz auf diese Kanäle, weil Kritik- und Konfliktfähigkeit Grundlagen sind für ein kreatives Betriebsklima. Denn nur Mitarbeiter, deren Ideen und Belange ernst genommen und umgesetzt werden, wollen verantwortungsvoll im Unternehmen partizipieren.

Stichwort Partizipation und Verantwortung: In unserer Personalpolitik wollen wir auch im Hinblick auf unser Ziel Spitzenqualität neue Wege einschlagen. Denn wenn zufriedene Kunden unser Hauptziel und unser Maßstab sind, müssen Mitarbeiter mehr Vollmachten und mehr Verantwortung haben, um im Sinne der Kunden Entscheidungen treffen zu können. Ein Mehr an Verantwortung für die Mitarbeiter oder »Empowerment«, wie wir das nennen, ist Teil unserer aktuellen Bemühungen, eine flachere, flexiblere und kundenfreundlichere IBM zu werden. Die Weichen dazu stellten wir 1989 mit einer Initiative für mehr Unternehmertum im Unternehmen.

Dieses »Intrapreneurship«, wie die IBM Corporation diese Initiative bezeichnete, entspricht nicht nur unserer Strategie, sondern auch dem Wertewandel der Mitarbeiter. Denn Einkommen und Aufstiegsmöglichkeiten reichen nicht mehr aus, Mitarbeiter für Unternehmensziele zu gewinnen. Freiräume für Eigeninitiative und Engagement sind gefragt, damit Kreativitätspotentiale für die Kunden und die IBM frei werden können.

Mehr Verantwortung heißt auch, abteilungsübergreifend zu denken und zu handeln. Crossfunktionale Teams sind daher ein weiterer Weg, den wir ausbauen. Denn die Wissensbreite und die Wissenstiefe eines Teams übertreffen alle Einzelanstrengungen. Realität ist das seit einiger Zeit in den Werken, wo Produktionsleute, Ingenieure und Techniker für einen Produktionsabschnitt gemeinsam verantwortlich sind. Das Ergebnis: kürzere Durchlaufzeiten, geringere Fehlerquoten und Fehlerkosten und höhere Mitarbeiterzufriedenheit. Das heißt, eine das Gesamtunternehmen umfassende Qualitätsstrategie erhöht nicht nur die Qualität und senkt die Kosten. Sie erhöht auch die Motivation und damit die Produktivität. Der weitere Aufgaben- und Kompetenzspielraum soll daher, wo möglich, im Gesamtunternehmen die Regel werden.

Mehr Kompetenz und Flexibilität heißt auch, daß Mitarbeiter mit geeigneter Aufgabenstellung zwei Arbeitsplätze haben können, wenn sie wollen: einen zu Hause und einen im Büro. Denn IBM-Personalchef Hans-Werner Richter will davon abkommen, Leute für ihre Anwesenheit zu bezahlen. Die Arbeitsergebnisse für den Kunden sind das Wesentliche, und die sehen bei dieser neuen Arbeitsform mit weitgehend freier Wahl von Arbeitszeit und Arbeitsort gut aus. Die Testphase, an der Mitglieder der Geschäftsführung ebenso teilnahmen wie Mitarbeiter aus dem Außendienst, ergab höhere Produktivität, mehr Engagement und mehr Freude an der Arbeit. Per Zugriff auf unser weltweites Netz sind die Mitarbeiter, wann sie wollen, in das Unternehmensgeschehen eingebunden. So gelingt auch eine bessere Vereinbarung von Familie und Beruf.

Als Steuerinstrument für Qualität und Spitzenleistung kommen aber neben diesen neuen Ansätzen unsere traditionellen Personalprogramme noch voll zum Tragen. Unsere Stärke, die wir bei immer knapper werdenden Spitzenkräften auf dem Arbeitsmarkt voll einsetzen, ist die Attraktivität der IBM als Arbeitgeber. Es ist unser Ziel, auch in der Zukunft zu den Spitzenspielern auf diesem Feld zu gehören.

Denn wenn es darum geht, Mitarbeiter systematisch zu fördern

und vielfältige Entwicklungsmöglichkeiten und Herausforderungen zu bieten, die auch Freude an der Arbeit machen, greifen unsere langjährig erfolgreich erprobten Programme. Transparente Leistungsbewertung, gemeinsame Zielsetzung und eine Atmosphäre der Offenheit und Fairneß sind selbstverständliche Grundpfeiler erfolgreicher Zusammenarbeit.
Die systematische Förderung der Mitarbeiter zur vollen Entwicklung ihrer Talente ist die Basis für Spitzenleistung. Und Kompetenz ist die Voraussetzung für zufriedene Kunden. Daher drücken IBM-Mitarbeiter durchschnittlich 13 Tage pro Jahr die Schulbank in Aus- und Weiterbildung. Ein Bildungsangebot für die Freizeit steht interessierten Mitarbeitern zusätzlich offen. Der hohe Wert der Qualifikation: Fach- und Führungslaufbahn haben in der IBM die gleiche Wertigkeit, Hierarchien werden nicht betont.
Unser Corporate Design ist sichtbarer Ausdruck unserer Werte Qualität und Spitzenleistungen auf der Basis fairen Umgangs mit Mitarbeitern, Kunden, Lieferanten und dem gesellschaftlichen Umfeld. So setzt die IBM weltweit auf harmonische Eingliederung ihrer Bauten in das landschaftliche und städtebauliche Umfeld statt auf Einheitsarchitektur, und zwar sowohl in der Form als auch in der Wahl des Baumaterials.
In den Innenräumen legen wir Wert auf Qualität und Funktionalität und auf kommunikative Strukturen. Das zeigt sich besonders in den Räumen, wo es um direkten Kundenkontakt geht, so im Zentrum für Unternehmenskommunikation in der Hauptverwaltung in Stuttgart und im Kundenberatungszentrum im Böblinger Labor.
Auch unsere leistungs- statt hierarchiebezogene Unternehmenskultur wird visuell und ästhetisch umgesetzt. Die Flure und Räumlichkeiten der Geschäftsführung unterscheiden sich kaum von denen der anderen Führungskräfte und Mitarbeiter. So sind Kunstwerke wie Gemälde und Skulpturen nicht zu Repräsentationszwecken bei der Geschäftsführung untergebracht, sondern vor allem in öffentlich genutzten Räumen wie in Eingangshallen, Konferenzzimmern, Speiseräumen, Pausenzonen und Fluren im gesamten Unternehmen. Selbstverständlich sind die Speiseräume

»Think«: das Motto der fünfziger Jahre.
Thomas J. Watson sr.

Moderne Architektur im städtebaulichen Umfeld: Verwaltungsgebäude von IBM in Berlin

Das IBM-Bildungszentrum in Herrenberg: harmonische Eingliederung in die Landschaft

Brücke zwischen Arbeit und Kunst:
das Kunstkonzept der IBM

Kundenorientierung bei Bauten und Einrichtungen:
das Zentrum für Unternehmenskommunikation

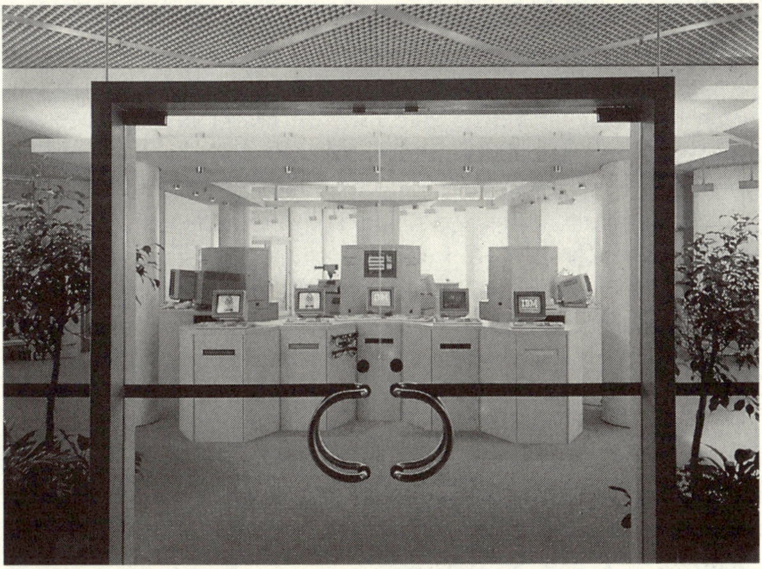

Das Kundenberatungszentrum im Labor Böblingen

Der Hauptstand der IBM Deutschland
auf der CeBIT-Messe in Hannover

nicht nach Hierarchien im Unternehmen getrennt. Alle Mitarbeiter bis zur Geschäftsführung genießen am gleichen Tisch die gleiche Menüauswahl, auf deren Qualität wir großen Wert legen. Auch der visuelle Auftritt der IBM im Markt und auf Messen entspricht dem Qualitäts- und Kundenfreundlichkeitsgedanken. So sind in der Werbung der Informationswert und die Verständlichkeit unserer komplexen High-Tech-Produkte eine Priorität. Auf Messen achten wir auf eine kommunikationsfreundliche Architektur und ergonomische Einrichtung der Vorführplätze, die ästhetisch ansprechend ist. Und schließlich erfüllen unsere Produkte in ihrem Design strengste Maßstäbe an Ergonomie, Sicherheit und Ästhetik - drei Bereiche, in denen wir viele Auszeichnungen entgegennehmen konnten. Der Nutznießer: unsere Kunden. Sie haben hohe Anforderungen an Sicherheit und Produktivität. Aber die Arbeit mit dem Computer soll auch Freude machen. Da werden unsere Spitzendesigner auch höchsten Ansprüchen gerecht.

Eine systematische Ausrichtung auf Qualität und Spitzenleistungen muß also alle Unternehmensbereiche von der Produktion bis zur Kommunikations- und Personalpolitik auf der Basis einer starken Unternehmenskultur einbeziehen. Unterstützt werden muß diese Strategie durch optimale Organisationsformen und Strukturen im Unternehmen, um ganz zum Tragen zu kommen.

Kundenorientiertes Denken und Handeln bei Mitarbeitern setzt voraus, daß sie auch in Verwaltungsprozessen und indirekten Bereichen nicht nur die Zuständigkeit ihrer Abteilung oder ihres Bereichs kennen. Sie müssen auch die vor- und nachgelagerten Bereiche überblicken, um sich bewußt werden zu können, welchen direkten Einfluß ihre Arbeit auf die Zufriedenheit eines Kunden hat, den sie vielleicht nie zu sehen bekommen. Möglich wird sie für alle durch eine ganzheitliche Sicht von Geschäftsabläufen über Bereichs- und Abteilungsgrenzen hinweg.

Zur Darstellung, Analyse und Optimierung dieser Geschäftsabläufe hat die IBM eine eigene Methode entwickelt, die sie seit 1985 einsetzt: das Geschäftsprozeß-Management. Analysemethoden und Meßtechniken, die aus der Produktion bekannt sind, wurden auf die Steuerung von Verwaltungsabläufen wie Lieferung und Rechnungsstellung übertragen. Um Produktivitätsreserven und Verbesserungen aus Kundensicht festzustellen, betrachten wir diese bereichsübergreifenden Gesamtabläufe mit produktionstechnischen Methoden; denn meßbare Eingaben, meßbare Wertschöpfung und meßbare Ausgaben gibt es auch hier.

Viele Meßpunkte machen dabei Einzelprozesse für den Gesamtablauf transparent und zeigen Optimierungsmöglichkeiten auf: Voraussetzung für Qualitätsverbesserungen, die die Kunden sehen. Denn am Ende jedes Geschäftsprozesses steht der Kunde, der die Produkte oder Dienstleistungen kauft, die durch viele IBM-interne Einzelprozesse entstehen.

Die Effizienz der Prozesse wird in international gültigen Bewertungsstufen gemessen, die jährlich von Mitgliedern der Geschäftsführung und der Qualitäts- und Fachbereiche definiert werden. Die höchste Wertung bedeutet, daß der Geschäftsprozeß bei minimalen Kosten im Sinne des Kunden optimal läuft. Die transparente Darstellung eines solchen Ablaufs quer durch das Unternehmen ermöglicht dabei allen Mitarbeitern, deutlich zu sehen, welche Rolle ihre Arbeit im Gesamtablauf spielt und wie sie zur Optimierung nicht nur ihrer Einzelaufgabe, sondern des Gesamtergebnisses beitragen.

Die Teileversorgung unserer Kunden ist ein anschauliches Beispiel. Für eine ununterbrochene Systemverfügbarkeit beim Kunden ist eine optimale Teileversorgung unbedingte Voraussetzung. Dazu sind etwa 150 000 verschiedene Teile in den IBM-Geschäftsstellen in ganz Deutschland sowie in europäischen Zentrallagern verfügbar, die innerhalb von 24 Stunden vor Ort beim Kunden eingebaut werden können. Kunden wünschen geringe Ausfallzeiten. Das heißt für uns, die Zusammenarbeit zwischen den Lagern sowie dem Bereich Finanzen, den Labors, den Werken und dem Datenzentrum optimal zu gestalten.

Dies sind die Grundlagen, auf denen das aktuelle Qualitätskonzept der IBM basiert. Denn John Akers, Chairman der IBM Corporation, setzte uns für die 90er Jahre ein herausforderndes Ziel: »Wir wollen, daß jedes IBM-Produkt, jede unserer Dienstleistungen, jeder Kontakt mit unserem Unternehmen aus Kundensicht perfekt ist. ›Market Driven Quality‹ setzt bei allem, was wir tun, hervorragende Leistungen voraus - in den Beziehungen zu unseren Kunden, in unseren Geschäftsprozessen, aber ganz besonders in der Qualität unserer Angebote.«

Konkret und meßbar heißt das: Null-Fehler-Qualität im Jahr 1994. Auf der Basis unserer strategischen Ziele, die in unserer Unternehmenskultur und unseren Geschäftsgrundsätzen offenbar werden, setzten wir uns operative, meßbare Einzelziele in allen Bereichen und Ebenen des Unternehmens.

Die ersten neuen Schritte zur Null-Fehler-Qualität und zur Spitze in Sachen Kundenfreundlichkeit nahm die Geschäftsführung Anfang 1991 in Angriff. Hans-Olaf Henkel, Geschäftsführungsvorsitzender, steckte sich persönlich meßbare Qualitätsziele, die die Kundenzufriedenheit direkt oder indirekt beeinflussen. Sie umfassen alle Unternehmensbereiche von der Qualität der Kundenlösungen und Dienstleistungen über die Erhöhung der Kompetenz und Mitverantwortung aller Mitarbeiter bis hin zu kürzeren Durchlaufzeiten in Entwicklung und Produktion. Besonderen Wert legte er auf die starke Identifikation der Führungskräfte mit diesen Qualitätsbemühungen. Daher verfolgt jede der 3000 Führungskräfte 1991 mindestens ein meßbares Qualitätsziel, das sowohl die Unternehmensziele als auch die operativen Bereichsziele unterstützt.

Ebenso setzten sich alle Mitglieder der Geschäftsführung Qualitätsziele, die in ihren jeweiligen Unternehmensbereichen in operative Ziele und meßbare Resultate für jede Funktion und Abteilung umgesetzt wurden. Meßgrößen sind beispielsweise Fehlerraten, Fehlerkosten, Prozeß- und Durchlaufzeiten und vor allem die Kundenzufriedenheit, die wir uns regelmäßig als Spiegel vorhalten, um den wirklichen Erfolg unserer Bemühungen messen zu können. Der Wert der Meßbarkeit und Statistiken? »Je genauer man seinen Maßstab kennt, desto besser kann man ihm gerecht werden«, erklärt Hans-Olaf Henkel. Und außerdem: Als besonderen Ansporn ließ sich die IBM Deutschland für das Jahr 1991 auf einen Qualitätswettbewerb mit der IBM Japan ein. Zu den Kriterien, die IBM weltweit mit vergleichbaren Methoden mißt, gehören Durch-

laufzeiten, Fehlerraten, die Zufriedenheit der Kunden mit termingerechter Auslieferung, mit der Rechnungsstellung und mit dem Wartungsservice.
Alle Abteilungen, Arbeitsgruppen und einzelne Mitarbeiter wurden ganz in diese Qualitätsstrategie eingebunden, durch Einzelarbeitsziele, die als Zahnradwerk die Gesamtqualität sichern. Die Identifikation mit der neuen Strategie durch das ganze Unternehmen wurde durch umfassende Kommunikation und Diskussion vorbereitet und begleitet. Damit liegt die Verantwortung für die Verbesserung der Qualität im Management der Linien und nicht in eigens dafür geschaffenen Abteilungen oder Funktionen. IBM-Qualitätsberater und ein Qualitätsbeirat aus einzelnen Unternehmensbereichen beraten jedoch die Geschäftsführung und erarbeiten die Vorschläge für das Qualitätskonzept und die optimale Realisierung im Unternehmen.
In der Umsetzung der Strategie spielt die Erfolgskontrolle eine Schlüsselrolle. Regelmäßige Soll-Ist-Vergleiche ermöglichen es, hartnäckige Schwachstellen zu erkennen und auszuräumen. Eine Methode zur Schwachstellenanalyse mit dem Ziel Null-Fehler-Qualität, die sich als Diagnoseinstrument von Großunternehmen in den USA hervorragend bewährte, ist die Malcolm-Baldrige-Analyse. Auf dieser Basis können verschiedene Unternehmen miteinander verglichen werden. Der Sieger erhält den Malcolm Baldrige Quality Award, die höchste Auszeichnung für Qualität, die in den USA einmal jährlich von der Regierung vergeben wird. Die Auszeichnung ist seit 1987 gesetzlich verankert und wird nicht für die Qualität eines Produktes, sondern für die Qualität der Unternehmensprozesse vergeben, die Kundenzufriedenheit langfristig sicherstellen. Die Bewertungskriterien ändern sich daher mit den Anforderungen der Kunden und zeichnen ein Idealbild des Unternehmens der 90er Jahre. 1990 wurde der Malcolm Baldrige National Quality Award an die IBM Rochester verliehen.
Die IBM Deutschland führt diese Qualitätsanalyse seit 1991 durch, um Schwachstellen in Geschäftsabläufen zu ermitteln.
Sieben Kategorien werden dabei bewertet:

① Führung: der Erfolg der Geschäftsleitung, Qualität als Grundwert im Geschäftsalltag zu etablieren.
② Informationsnutzung: die Effektivität, mit der eine Firma Qualitätsverbesserungsmöglichkeiten feststellt und plant.
③ Strategische Qualitätsplanung: Werden Qualitätsanforderungen von Kunden effektiv ins Unternehmen integriert?
④ Beteiligung aller Mitarbeiter: Werden die Potentiale aller Mitarbeiter wirklich voll genutzt?
⑤ Qualitätssicherung bei Produkten und Dienstleistungen: Werden dabei ständige Qualitätsverbesserungen erreicht?
⑥ Qualitätsergebnisse: Lassen sich Qualitätsverbesserungen quantitativ feststellen?
⑦ Kundenzufriedenheit: Stellen wir Kundenanforderungen effektiv fest, und können wir diese Anforderungen erfüllen?

Nach der Schwachstellenanalyse und Fehlerdiagnose schafft das höhere Management die Rahmenbedingungen, die es den Fachabteilungen und ihren Mitarbeitern ermöglichen, Abläufe eigenständig zu verbessern. Denn nur an der Basis können Abläufe nachhaltig optimiert werden, wo nach bereichsübergreifenden Gesprächen Vorgehenskataloge gemeinsam in Angriff genommen werden. Unsere Erfahrung ist, daß die immer wieder neue Auseinandersetzung mit der Qualitätsfrage stark motiviert, wenn die Ziele so klar definiert sind wie im Malcolm-Baldrige-Modell.
Wiederum ist es die bereichsübergreifende Sicht und Kommunikation, die es allen ermöglicht, Gesamtabläufe zu begreifen und so die eigene Aufgabe in neuem Licht zu sehen und im Sinne eines effektiveren Ganzen neu zu gestalten. Auch hier sind Fortschritte meßbar. Denn die Bewertung erfolgt über ein Punktesystem, und Jahr für Jahr kann jeder Bereich festlegen, wieviel Punktefortschritt als nächstes Anlaufziel dienen soll.
Aber die eigentliche Entscheidung über Qualität treffen unsere Kunden. Daher messen wir vierteljährlich, wie zufrieden sie mit unserem Unternehmen sind und wie sie unsere Produkte und Dienstleistungen, Vertriebsbeauftragten und Systemberater sowie die Abwicklung der Aufträge und das Eingehen auf ihre Informa-

tionswünsche beurteilen. Dieser »Customer Satisfaction Survey« zeigt uns sofort, wo Schwachstellen auftauchen oder wo wenig Fortschritte zu verzeichnen sind.
Das aktuelle Qualitätskonzept mit Ziel Null-Fehler-Qualität zeigt, wie wir alle Bereiche und Ebenen der IBM einbeziehen, wie wir gute Elemente unserer Unternehmenskultur als Basis für ganz neue Wege nehmen. Wir stellen viele traditionelle Strukturen und Handlungsweisen in Frage, um dieses große Ziel zu erreichen. Gute Kommunikation - gut zuhören und erklären - und unsere Maxime »DENKE« spielen aber noch immer die Hauptrolle, wenn wir wirkliche Durchbrüche in allen Geschäftsabläufen und meßbare Verbesserungen auf unserem neuen Weg zur Spitzenleistung erreichen wollen. Kundenzufriedenheit auf Dauer - das ist besonders im schnellen Markt der Informationstechnologie ein schwieriges Ziel. Für kurzfristige Markterfolge setzen wir das nicht aufs Spiel. Denn bei allen Erfolgen, die uns bescheinigt werden, gilt: Die höchste Auszeichnung in unserem Qualitätswettbewerb ist die Zufriedenheit unserer Kunden. Und zwar nicht erst, wenn wir uns am Ziel dünken, sondern auf jedem Schritt des Weges, den wir dorthin zurücklegen.

Gerd Gerken

Methoden und Mittel der Identitätsfindung: Großer Wandel bei der Identität

Alles, was mit Identität zusammenhängt, hat derzeit große Konjunktur im Management. Und das hat seinen Grund: Je mehr sich die Gesellschaft in Fragmente auflöst, um so diversifizierter werden die Produkte und ihr Nutzen. Je diverser alles wird, um so unidentischer wird es.
Wir haben seit einigen Jahren den Trend der *Gleichzeitigkeit des Ungleichen*, und zwar in allen Industrienationen. Deshalb gibt es auch in allen Volkswirtschaften vielfältige Bemühungen, den Weg zurück zur geschlossenen Identität zu finden.
Bisher war dieser Identitäts-Trend ganz klar und eindeutig: Identität als Ergebnis der *Wiederholung von Gleichem*, als Ergebnis einer Verfestigung von Formen zur Wiedererkennung. Identität durch die Kette identischer Impulse.
Diese Auffassung von Identität liegt den meisten Marketing-Planern und Werbeleuten sehr am Herzen, weil diese Identität letztlich auf etwas Festes zielt . . . auf etwas *Berechenbares.* Und das paßt zum kartesianischen Denken, das auf Regelhaftigkeit und lineare Wiederholbarkeit ausgerichtet ist.
Ganz typisch für diese Auffassung von Identität ist das, was zum Beispiel kürzlich P. Joan Drost, der Marketing-Direktor von Laura Ashley, in einem W&V-Interview beschrieb. Für ihn ist Identität »wichtiger als Anpassung«. Für ihn ist die Identität im Inneren (Kultur) und die Identität in der Marke nach wie vor *durch Konzentration* auf immer gleiche Merkmale gekennzeichnet. Identität durch den Verzicht, mit den Strömungen der Gesellschaft mitzufließen. Also . . . *Identität durch gezielte Verhaltens-Statik.*
Deshalb will Drost auch ganz *bewußt Distanz zum Markt* mit seinen

vielfältigen Strömungen und Trends. Wörtlich: »Wir schauen nicht sehr darauf, was im Markt nachgefragt wird.« Hier wird es ganz klar: nicht Kundennähe, sondern Identitäts-Pflege.
Genau das ist die *alte Auffassung* von Identität. Statt sich mit den gesellschaftlichen Trends strukturell und inhaltlich zu koppeln, koppelt man sich von den Trends ab. Der *Zeitgeist* wird aus dieser Sicht zum Gegner der Identität. Und die Diversität der Produkte wird aus dieser Sicht zu einer negativen Anpassung, die zur Auflösung führt.
Nun mag diese kartesianische Auffassung von Identität bei Laura Ashley noch seinen Sinn haben, weil diese ja schließlich »geistige Antiquitäten« verkauft, und zwar im Heimtextil-Bereich und bei der Damenoberbekleidung. Die Produkte von Laura Ashley sind im Grund so weit zurückgeblieben, daß sie ein eigenständiges Museum ihrer selbst bilden. *Nostalgie*, die dadurch attraktiv wird, daß sie sich immer wiederholt.
Nun gibt es aber heute nur wenige Branchen, in denen man Nostalgie und Unbeweglichkeit so souverän verkaufen kann. Die meisten Märkte sind in den achtziger Jahren längst umgekippt in Richtung Zeitgeist und *»soziale Mode«*.
Das Interessante ist nun, daß die meisten Manager trotzdem noch gar nicht bemerkt haben, daß ihr Konzept von »Identität« statisch ist, während die Märkte längst zeit-dynamisch geworden sind. Die meisten Fachbücher, die über »Identity« in den letzten Jahren erschienen sind, sind aus dieser Sicht unbrauchbar, weil sie von einem falschen Modellbegriff der Identität ausgehen, nämlich Identität als Selbst-Wiederholung. *»Identity« als Selbst-Treue.*
Aber in fließenden Märkten, die durch Zeitgeist und soziale Mode gekennzeichnet sind, gibt es eine völlig andere Forderung an Identität. Dort fordern die Konsumenten, daß die Produkte und ihre »Werte-Verpackung« identisch sein sollen mit den Sozio-Trends und den sozialen Interpretationen des Zeitgeistes und der Szene. *»Identity« als Abbild der Zeit-Dynamik.*
Wir erkennen also eine mächtige *Trendwende in Sachen Identität*:

Identität ist nicht mehr die Selbst-Ähnlichkeit durch Wiederholung des Gleichen.

Identität ist die Integration in sozialen Wandel und Zeitströmungen: Identität heißt, identisch zu sein mit den dominierenden Werte-Mustern und Lifestyles.

Identität wird hier also geboren aus *Wandlungen und Anpassungen.* Diese neue Auffassung von Identität zieht ihre Kraft aus der maximalen *Verschmelzung mit dem Neuen*, das in der Gesellschaft immerzu angesagt ist. Diese Auffassung von Identität lebt nicht mehr von der Addition des Gleichen, sondern von der *Qualität des Mitfließens* zum Ungleichen.

Damit wird die neue Auffassung von Identität zeitlich und zugleich *zukunftsabhängig.* Und damit erleben wir jetzt bei der Marken-Identität, aber auch bei der Unternehmens-Identität das gleiche, was die Fertigung in den letzten zehn Jahren schon erlebt hat: *den Einbruch der Zeitlichkeit.*

Betrachten wir einen prototypischen Fall. Es handelt sich um das *Tauro-Konzept* von Wolfgang Marquardt. Bisher hatte er auf Discount-Möbelmärkte gesetzt (»Roller«). Die hat er jetzt verkauft und etwas völlig Neues gemacht: den Einzug von *High-Speed* ins Möbel-Marketing gefördert.

In der absatzwirtschaft 12/89 hat der Unternehmer Marquardt sein epochemachendes Experiment beschrieben. Seine Tauro-Idee: Möbel von Mensch zu Mensch, das heißt, Regale, Schränke und Küchen werden *dort produziert, wo der Bedarf entsteht.* Warum?

Marquardt hat wie kein anderer Unternehmer in der Möbelbranche erkannt, daß *Zeitgeist und CIM-Intelligenz* immer mehr aufeinander zulaufen. Mit anderen Worten: Je intelligenter die Produktions-Technologie ist, um so fließender kann die Produktion werden. Der Produzent braucht sich nicht mehr - wie bei Laura Ashley - vom Markt abzukoppeln, um seine Identität und Linie zu wahren, sondern er kann sich *wie ein Chamäleon* immer flexibel auf die Eigendynamik der Konsum-Wünsche einstellen.

Identität durch Mitfließen.
Identität durch besseres Anpassen.

Marquardt weist darauf hin, daß das Marketing-Übel in der Möbelwirtschaft seit vielen Jahren darin bestand, »daß wir immer dann die Möbel haben, wenn *kein Bedarf* da ist, und wenn Bedarf da ist, haben wir keine Möbel«. Wer je zwölf Wochen auf einen Sessel gewartet hat, weiß, daß das stimmt.
Die Ursache für dieses groteske Mißmanagement liegt in einer völlig *falschen Auffassung der Märkte.* Marquardt weiß: »Es gibt keine Massenmärkte mehr, sondern viele Segmente. Es muß daher schneller reagiert werden. Ich gehe sogar so weit, daß ich sage, *der Kunde ist nicht mehr beplanbar.*«
Genau darum geht es: Der Bedarf ist so hüpfend, so unkalkulierbar und so dissipativ (zerstreuend) geworden, daß man sich *nicht mehr linear auf ihn einstellen kann*, weder in der Produktion noch im Marketing und Verkauf.
Deshalb muß ein neues Konzept her, das Marquardt wie folgt beschreibt: »Wir müssen statt dessen versuchen, daß die Wünsche von außen herangetragen werden können und daß wir in der Lage sind, *mit diesen Wünschen mitzufließen und diese Wünsche sofort zu befriedigen.*« Also setzt Marquardt auch auf »Mitfließen«.
Das ist sicher ein extremes Konzept von Anpassung. Mehr Qualität und mehr Identität durch bessere Anpassung. Mehr Wettbewerbs-Kraft durch bessere Anpassung.
Deshalb gibt man im Rahmen des Tauro-Konzeptes auch eine *neue Zeit-Garantie* . . . die Markenartikel-Industrie ist also auf dem Weg, »*just in time*« als neue Garantie-Dimension zu entdecken. Und dazu gehört unbedingt, wie Marquardt sagt, »die Orientierung an modischen Trends«.
Hieran erkennt man klar den Unterschied zwischen Laura Ashley und dem Tauro-Konzept. Bei Laura Ashley entstehen Qualität und Identität durch den konsequenten Verzicht auf Wandlung und Anpassung. Das ist die alte Idee der Identität. Bei Tauro entstehen Qualität und Identität durch das Hase-und-Igel-Syndrom:

Man ist immer da, wo gerade der Bedarf ist.
Die produktionstechnische *Intelligenz*, die Marquardt aufgebaut hat, ist beeindruckend. Er setzt CNC-gesteuerte Bearbeitungs-Zentren ein. Die Geräte verfügen über dreißig Werkzeuge. »Jedes Werkzeug kann in einer halben Sekunde gewechselt werden. Das macht ein Mann allein. Der Arbeitsvorgang wird über BAR-Codierung gesteuert. Nach jedem Auftrag erstellen wir BAR-CODE-Etiketten. Diese Etiketten laufen mit den einzelnen Werkstücken mit. Wir können auf diese Weise drei Teile pro Minute bearbeiten. Die Industrie plant immer für eine Woche. Wir planen täglich, denn wir gehen vom Kunden aus.« Genau das ist der Trend zum »*Intelligenz-Wachstum*« in Produktion und Marketing. Wer diesen Intelligenz-Schritt schafft, braucht keine Angst zu haben vor der kommenden *Diversität der Märkte*, und er braucht nicht zu fürchten, daß seine Identität kaputtgeht, nur weil er all das mitmacht, was die Konsumenten, Szenen und Moden von ihm verlangen. Marquardt dazu: »Wir sind nicht mehr gezwungen, das zu verkaufen, was vorher produziert wurde. Die Produktion läuft parallel zur Konkretisierung des Bedarfs.«
Im Grunde findet bei Tauro das Verkaufsgespräch inmitten einer elektronischen Groß-Schreinerei statt. Während Kunde und Verkäufer im Dialog sind, wird das produziert, was man kurze Zeit später nur noch aufzuladen braucht. Perfektes Just-in-time-Konzept. High-Speed-Management in Reinkultur. Sicher . . . das Tauro-Konzept ist nur ein erstes mutiges Pionier-Konzept, und so etwas funktioniert nicht auf Anhieb in allen Branchen. Aber hätten Sie geglaubt, daß man so etwas gerade bei Möbeln machen kann?
Peter F. Drucker, der bekannte Management-Berater aus den USA, hat kürzlich in BILANZ über die 90er Jahre nachgedacht. Und auch er sieht ganz eindeutig den *Einbruch des Zeitgeistes in den Bedarf* und damit den Einzug des Trend-Managements in die Unternehmen. Drucker: »Manager müssen nicht nur um die entscheidenden Trends von morgen wissen, sondern auch kompromißlos danach handeln und ihre Unternehmen entsprechend ausrichten. Je schneller, desto besser, denn die Zukunft ist schon passiert.«
Alle Berater und Praktiker, die jetzt Trend-Management und Just-

in-time-Marketing empfehlen, sagen im Grunde immer das gleiche:

Die Unternehmen müssen auf Trends ausgerichtet werden statt auf Ziele.

Qualität und Identität entstehen durch die Qualität des Mitfließens und nicht durch den Verzicht, sich mit dem unruhigen Umfeld zu verschmelzen (Selbst-Bewahrung).

Das kommende High-Speed-Management ist im Grunde nur eine Verschärfung dessen, was in den 80er Jahren in den USA als »*Change Management*« praktiziert worden ist. Interessant ist nun, daß sich dieses Change Management in Deutschland so gut wie gar nicht durchgesetzt hat. In Japan aber sehr. Mitsubishi und andere Unternehmen haben Mitte der 80er Jahre ganz bewußt umgeschaltet auf ein *trend-gestütztes Markt-Management*, um möglichst *vor dem Bedarf* operieren zu können und nicht mehr nach dem Bedarf. Besonders in Japan hat man in den letzten Jahren erkannt, daß es nicht mehr möglich ist, *den Bedarf exakt zu prognostizieren* und anzuzielen, weil es zu viele Bedürfnisse gibt, die sich eher paradox und chaotisch, das heißt im Sinne des »offenen Werdens« verhalten. Da man nicht weiß, welcher Bedarf mit welcher Stabilität vorhanden sein wird, verzichtet man in immer mehr japanischen Unternehmen auf das *Management by Objectives*. Warum?

Ziele, die nicht stabil bleiben können, taugen nicht mehr als Ziele.

Die deutschen Unternehmen haben sich bisher sehr schwer mit diesem Schritt zum Change Management getan. Meine eigenen Analysen hierzu haben gezeigt, daß dahinter fast immer ein bewußtes oder unbewußtes Identitäts-Problem steht. Sehr häufig habe ich gehört: »Wenn ich mit allen Markt-Trends mitgehe, *verliere ich meine klare Linie* und damit mein Wettbewerbs-Profil.« Ganz offensichtlich glauben viele Unternehmer und Manager in

Deutschland, daß das Mitfließen zur Selbstaufgabe führt. Mitfließen als Schwächung.
Das asiatische und japanische Denken ist dagegen durch den historischen Taoismus ganz grundsätzlich auf Fließen programmiert. Für den Japaner ist *Anpassung die Voraussetzung für Identität.* Für den Deutschen ist Anpassung eher das Ende der Identität.
Da nun aber alle Welt auf High-Speed umschaltet, droht hier eine ernste Gefahr für die deutsche Wirtschaft. Man kann das am besten am Beispiel des internationalen *Pkw-Wettbewerbs* zeigen. Die Japaner haben in den letzten Jahren die Modell-Politik bei Autos immer konsequenter auf Zeitgeist, das heißt auf *kurze Sättigungs-Intervalle* und innovative Sozio-Moden umgestellt.
Der Golf Nr. 1 hielt von 1974 bis 1983. Der jetzt laufende Golf soll die Zeitspanne zwischen 1983 und 1991 ausfüllen. In der gleichen Zeit hat sich der Honda Civic viermal neu präsentiert. Er hat sich also zweimal mehr den aktuellen Strömungen und den technischen Neuerungen anpassen können. In Japan braucht man zwischen 20 und 24 Monate für ein neues Auto, in Deutschland 36 bis 40 Monate.
Natürlich birgt dieses Tempo auch Qualitätsgefahren wie derzeit gerade beim Lexus von Toyota. Das japanische Verkehrsministerium MOT agitiert derzeit heftig gegen Pfusch und technische Spielereien, die zu Lasten der Sicherheit gehen. Aber langfristig wird man die Qualität dem Tempo der Modellwechsel anpassen können.
Hinter den deutschen Autos steht eine völlig andere Auffassung von Identität und Qualität. Das wird am Beispiel von Mercedes Benz sehr deutlich. Dort denkt man in klassischen Perfektions-Zyklen analog der *Metapher des »Ausreifens«.* Als der Mercedes-Vorstand Hubbert kürzlich bei der Tokyo Motor Show war, sprach er sehr abfällig von der *»Fließband-Kreativität«* der Japaner, die in immer kürzeren Zyklen immer mehr und immer unterschiedlichere Autos auf den Markt bringen. Die Japaner machen *Tempo-Management und zugleich Fragmentierungs-Management*: mehr Unterschiede in kürzerer Zeit.
Damit beweisen die Japaner, daß sie erkannt haben, wie grundle-

gend sich die Charakteristik des Wettbewerbs in den 90er Jahren verändern wird: *von der Kostenführerschaft hin zur Innovations-Führerschaft.*
Hubbert deutete das in einem Interview völlig anders. Er sah bei den Japanern »eine gewisse Orientierungslosigkeit«. Und der BMW-Entwicklungsvorstand Wolfgang Reitzle war ebenfalls eher verwirrt über die Vielfalt neuer Modelle und Ideen aus Japan: »Was ich nicht erkennen kann, ist irgendeine klare Linie. Es hat den Anschein, die Japaner probieren alles, versuchen alles. Und wenn man alles macht, ist die Wahrscheinlichkeit groß, daß dann auch was Tragfähiges dabei herauskommt.«
Die Analyse der letzten Tokyo Motor Show bestätigt das: Ein *extremer Mut zum Risiko* ist bei den Japanern zu beobachten. Im Grunde spielen sie *Evolution* in perfekter Form. Alles, was machbar ist, wird gemacht. Und erst danach wird per Trial and error ausprobiert, was geht und was versagt.
Man zielt also bewußt *auf die Dynamik vor dem Bedarf*, um dann später mit dem Bedarf mit-surfen zu können. Und dieses »Surfen mit dem Zeitgeist« macht man extrem professionell. Ein Beispiel: Vor einigen Monaten war Gold in allen Formen angesagt. Prompt brachte die Zeitgeist-Uhr Swatch eine Gold-Swatch raus. Suzuki brachte einen neuen Mini-Roadster, der total golden war. Zeitgeist in perfekter Form. Die Japaner haben erkannt, daß das Design dabei ist, zum Status-Symbol zu werden. Motto: *Form follows Marketing.* Das Design wird in den neunziger Jahren immer mehr dem Showbusineß folgen. Die Autos also auch.
Die amerikanischen und europäischen Pkw-Hersteller brauchen heute immer noch sechs bis sieben Jahre, um eine neue Wagen-Generation von der ersten Idee bis zur Serienreife zu führen. Die japanischen Hersteller schaffen das in vier Jahren. Die Sub-Modelle der Japaner können in der Zeit von einem halben bis einem Jahr hergestellt werden. Und genau da will man hin: Je schneller die Zyklen, um so modischer können die Autos werden. Typisch dafür ist zum Beispiel die neue Celica von Toyota. Sie folgt optisch dem ganz *aktuellen Futurismus-Stil*, der jetzt gerade im Möbelbereich seinen ersten Triumph feiert (siehe die Möbel von Massimo Iosa-Ghini).

Man weiß nicht, ob die Celica so laufen wird. Man versucht es einfach. Das ist *praktizierte Selbst-Referenz*: Die Dinge werden möglich, weil man sie gewagt hat. Man hat Erfolg, weil man *vor dem Bedarf* operiert. Das gleiche macht Toyota bei seinem nächsten Super-Sportwagen, dem 4500 GT. Man baut kein Auto, das auf den jetzigen Bedarf ausgerichtet ist, sondern bringt eine völlig neue Dimension in der Optik: Trial and error . . . eine wichtige Voraussetzung für den Erfolg in turbulenten Märkten, die längst auf Tempo-Führerschaft umgeschaltet haben. Und das bedeutet: *Mut, systematisch zu managen.*

Daß sich dieser Mut auszahlt, sieht man an den Erfolgen der Japaner in den USA. 1989 kam es dort zur Trendwende: Erstmals verkaufte ein Japaner die meisten Autos im Land der unbegrenzten Möglichkeiten . . . Honda mit dem Accord. Er löste den Ford Escort ab.

Der gleiche Mut zum *Markt-Machen, bevor er da ist*, zeigt sich am Beispiel der Freizeit-Cars. Die van-, fun- und fan-cars (wirtschaftswoche) sind inzwischen eine renditeträchtige Welle, die von den bedarfs-orientierten deutschen Herstellern schlichtweg verschlafen wurde. Die Hobby-Cars haben nunmehr »ihren Nischenplatz durch *Millionen-Stückzahlen* verlassen« . . . aber nun ist es für die deutschen Mitbewerber fast zu spät, um glaubwürdig und faszinierend aufzuspringen.

Im neuartigen Tempo-Wettbewerb mit Trial-and-error-Charakter gibt es ganz offensichtlich sehr dezidierte und frühe *Points of no prestige.* VW wird wohl erst 1993 mit lustigen Space-Cars auf den Markt kommen, rund 13 Jahre zu spät. Kein Mensch weiß, ob diese Welle dann noch groß genug ist. Fazit:

Wer mit den Wellen surfen will, muß die Welle mit erfinden. Ohne Risiko geht das Surfen nicht.

Wie gesagt: Dahinter steckt ein *anderer Umgang mit Qualität und Identität.* Dieses Trial-and-error-Konzept kann nur derjenige praktizieren, der seine Auffassung von Identität transformiert hat: von der starren Identität zur fließenden Identität.

Vielleicht lohnt an dieser Stelle ein Blick auf Sony, weil das nun wirklich ein Unternehmen ist mit großem Marken-Prestige und mit vorbildlicher internationaler Markenführung. Man hat also eine faszinierende Identität . . . aber eben eine andere.
Wie Ron Sommer, der ehemalige Deutschland-Chef von Sony, sagte, hatte sich Sony voll und ganz auf Fragmentierung, Diversität und Individualisierung eingestellt. Für die 90er Jahre erwartete er eine weitere Verstärkung der Trends zur »*Individualisierung der Produkte*«. Es wird nicht darum gehen, einen Walkman zu haben, es wird darum gehen, *seinen eigenen Walkman zu haben*, einen Walkman, der sich von anderen unterscheidet.
Sony bringt deshalb in jedem Jahr ein gutes Dutzend neuer Walkman-Typen heraus. Und international ist das noch »verrückter«. In jedem Land gibt es völlig eigene Entwicklungen und separate Trend-Linien. Man folgt dem *Prinzip der Selbst-Referenz:*

Alles entwickelt sich durch Anreiz und Sättigung aus sich selbst heraus. Es wird nicht mehr strategisch und damit langfristig vorgeplant.

Voraussetzung für dieses neuartige Tempo-Management ist aber die andere Konzeption von Identität:

Je unterschiedlicher ich bin, um so mehr bin ich im Mainstream des Erfolges.

Prof. Helmut M. Schmitt-Siegel

»Nur der Schein trügt nicht«

Bausteine eines Erscheinungsbildes: Die wachsende Bedeutung von Corporate Design beim Aufbau einer unverwechselbaren Unternehmensidentität.

Corporate Identity nennt sich die ›Wunderdroge‹, die angeschlagene Großkonzerne heilen und kränkelnde Unternehmen aus ihrer Hilf- und Bedeutungslosigkeit retten soll, nachdem immer mehr der üblichen Mitarbeitermotivations- und Marketinginstrumente - dank Wertewandel - zu versagen scheinen. Und wie bei allen Wundermitteln ziehen nun jahrein, jahraus die Künder und Scharlatane durch das Land, ihrer Klientel Allheilung versprechend, ohne deren Malaise je genau diagnostiziert zu haben. Seit geraumer Zeit hat sich ein noch wohlklingender Glücksbringer, die *Unternehmenskultur*, hinzugesellt. Mir scheint, über kein ›Management by . . .‹ ist in den letzten 20 Jahren in Wirtschaftsjournalen, Management-Blättern, ja sogar Publikumszeitschriften soviel Blödsinn verbreitet worden wie gerade über *Corporate Identity* und *Unternehmenskultur*.

Ich werde versuchen, mit diesem Beitrag hier ein wenig Klarheit zu bringen in das Wirrwarr der Begriffe, der Ansprüche und Wirklichkeiten. Als ein seit über 20 Jahren praktizierender Gestalter und Berater in den Bereichen Kommunikation, Design, Innenarchitektur wird das Instrument *Corporate Design* im Mittelpunkt meiner Betrachtungen und Klärungsversuche stehen. Als Sozialpsychologe interessieren mich dabei primär die Zielsetzungen *Identifikation* und *Motivation*. Zur Veranschaulichung meiner Sicht von Gestaltung und Motivation vorab ein Zitat von Saint-Exupéry:

»Wenn du ein Schiff bauen willst, so trommle nicht die Männer zusammen, um Holz zu beschaffen und Werkzeuge vorzubereiten oder Arbeit einzuteilen und Aufgaben zu vergeben, sondern lehre die Männer die Sehnsucht nach dem endlosen Meer.«

Es ist nicht einfach, den Geheimnissen von Identifikation und Motivation auf die Spur zu kommen. Mich persönlich fasziniert immer wieder die Tatsache, daß Jahr für Jahr Menschen in diesem - doch sehr materiell orientierten - Land ehrenamtliche, unbezahlte Dienstleistungen im Wert von mehreren Milliarden DM erbringen: im kirchlichen, sozialen, kulturellen und politischen Bereich. Unternehmer - aber auch öffentliche Arbeitgeber - sollten nicht neidvoll auf diese offensichtlich sinnstiftenden Tätigkeitsfelder blicken, sondern daraus für ihre identifikations- und motivationsfördernden Bemühungen bei Aufbau und Pflege ihrer Unternehmenskultur lernen.

Ein konkretes Beispiel: *Esprit.* Ein Blick genügt, um die Einkaufsinseln des amerikanischen Modeimperiums in den großen, unübersichtlichen Kaufhäusern oder die traumhaft-schönen Shops im Dschungel der Millionenstädte zu entdecken. Diese Oasen sensibler Alltagsästhetik verlocken mich immer zu einem Abstecher. Dabei sind die Motivationsmittel so überzeugend einfach: Heller Parkettfußboden hat langweilige Linoleumfliesen abgelöst. Weite Flächen laden zum unbeengten Stöbern ein. Die bunten Farben der Kollektionen präsentieren sich geschmackvoll abgestimmt auf multifunktionalen Stellwänden. Indirekt ins rechte Licht gerückt, strahlen gutgekleidete Menschen von der Wand. Junge Verkäuferinnen kommen freundlich lächelnd auf mich zu. Seit über 20 Jahren behauptet sich die Marke Esprit als Begriff für junge und witzige Mode auf dem internationalen Markt. Nicht nur für diese Branche ein beachtlicher Erfolg. Mit dem konsequenten Aufbau eines spezifischen Firmenimages schufen die Manager des Unternehmens eine Basis, von der sie das jeweils zeitgemäße Bild der Marke Esprit ableiten. Dabei verläßt sich das Modehaus aus San Francisco nicht auf ungeschriebene Gesetze, sondern hat sich ein umfangreiches Regelwerk gegeben. Image, Produkte und Verkaufsumgebung sollen gleichberechtigt in die Firmenstrategie einfließen.

Jeder Pullover, jede Tasche, aber auch jedes Werbeplakat und jeder Schuhkarton repräsentieren das Gesamtunternehmen. Mit jeder Kollektion, den dazugehörigen Verpackungen und Werbematerialien reagieren die Gestalter auf Trends und behalten doch die Grundzüge des Esprit-Designs bei. Über diesem Konzept steht als oberste Leitlinie der enge Kontakt zwischen Mitarbeitern und Kunden. Esprit-Macher und Esprit-Käufer verschmelzen zu einer Familie. Deshalb arbeitet das Unternehmen ausschließlich mit Designern, *»die Produkte im Stil von Esprit entwerfen, sich aber gleichzeitig mit dem Lebensstil und den Wertvorstellungen unserer Kunden identifizieren können«*. Konsequenterweise setzt sich diese Politik in anderen Unternehmensbereichen fort. Gesucht sind Mitarbeiter, *»die unsere Firmenkultur verstehen, deren Wertvorstellungen mit den unseren kompatibel sind, die sozial, politisch, ästhetisch, beruflich und sogar sportlich (!) genauso denken wie wir«*. Eben – ›Esprit de Corps‹.

Eine unverwechselbare Unternehmenskultur: Das ist der Grundstein für den Erfolg, den der ursprüngliche Firmenname *Esprit de Corps* nicht besser beschreiben könnte. Die beiden amerikanischen Berater Tom Peters und Robert Waterman definierten die Prinzipien der Unternehmenskultur 1982 in ihrem Bestseller ›Auf der Suche nach Spitzenleistungen‹ und lieferten die bis heute knappste Definition: *»Unternehmenskultur ist sichtbar gelebtes Wertesystem.«*

So ungewohnt Termini wie Kultur und Wertesystem im Zusammenhang mit Marktdurchsetzung, Innovationskraft und Effektivität klingen, die dahinterstehenden Überlegungen erweisen sich als idealer Ansatz für die Defizitanalysen vieler Organisationen. Untersuchungen von Projektbeispielen beweisen, daß nicht Produkte, sondern Grundsätze, Handlungsweisen, Werte und Normen die individuelle Unternehmenspersönlichkeit ausmachen. Das Beispiel Esprit zeigt das in plastischer Weise.

Mitarbeiter, aber auch Geschäftspartner, Kunden und Meinungsbildner haben emotionalen und visuellen Zugang zu den Esprit-Werten. Im Gegensatz dazu besitzen viele Firmen kein definiertes Wertesystem, andere deklarieren eines, ohne es zu leben, oder

verstehen es nicht, Werte nach innen und außen sichtbar zu machen.
Einer genaueren Definition bedarf ein weiterer Begriff der modernen Management-Theorie, die vielgepriesene ›Corporate Identity‹ (CI). Eine *Unternehmensidentität* als Teil einer ganzheitlichen Unternehmenskultur ist keine käufliche Ware, sondern wie Klugheit und Weitsicht eine ideale Zielvorstellung, eine Vision, für eine Unternehmenspersönlichkeit mit einem klaren, gewachsenen Selbstverständnis. Ein solches Unternehmen wird als abgerundete, autonome Persönlichkeit mit positivem Image erlebt.
Um als glaubwürdige Institution angesehen zu werden, ist das bewußt gestaltete, einheitliche Erscheinungsbild heute mehr denn je ein notwendiges Mittel und zur Erreichung einer unverwechselbaren Identität unverzichtbar. Diese Identität wird aber nur erreicht, wenn Visionen, Denken, Handeln, Ausdrücken *und* Darstellen jedes einzelnen an einem gemeinsamen Identitäts-Konzept ausgerichtet sind, bei dem sich im formulierten Selbstverständnis Leitbild und unternehmenspolitische Grundsätze widerspiegeln. Erst auf dieser Basis können kommunikative und gestalterische Maßnahmen geplant, entwickelt und eingeführt werden, um nach außen glaubwürdig zu wirken. Professor Schmittel faßt es in dem Buch ›Marktfaktor Design‹ so zusammen: *»Fehlendes oder verblassendes Selbstverständnis führt zu einem verlogenen Bild oder aufgesetztem Corporate Design.«*
»Nur der Schein trügt nicht«, sagte Paul Klee und liefert damit die knappste Begründung für die Entwicklung von Corporate-Design-Programmen. Corporate Design ist das optische Konzentrat eines inhaltlichen, sozialen Konzeptes, einer Weltanschauung, eines gesellschaftlichen Auftrages, eines Parteiprogramms, einer religiösen Glaubensrichtung, einer Veranstaltungskonzeption, einer Unternehmensphilosophie, kurzum eines formulierten Selbstverständnisses. Corporate Design ist lediglich *ein*, wenn auch wichtiges Mittel zur Identitätsfindung und -bildung. Es ist das geplante, umfassende Designprogramm, das alle Objekte, Dienstleistungen und Einrichtungen eines makro-sozialen Systems mit einheitlichen - aber nicht unbedingt gleichen - und klaren Gestaltungs-

merkmalen prägt. Dabei ist gleichgültig, ob es sich um Unternehmen, Organisationen, Institutionen, Parteien, Kirchen, Städte, Messen und Kongresse handelt. Corporate Design ist Identitäts*dokument.*

Als direkte Vorläufer des Corporate Design gelten die Markenbilder des anbrechenden 20. Jahrhunderts. Bekannte Beispiele sind die Arbeiten von Hans Domizlaff für Reemtsma und Siemens und die des deutschen Architekten Peter Behrens für die Berliner AEG. In seiner Funktion als künstlerischer Beirat entwarf Behrens 1907 gemeinsam mit Mies van der Rohe, Walter Gropius und Alfred Meyer ein umfassendes Konzept für das visuelle Erscheinungsbild der Allgemeinen Elektrizitäts-Gesellschaft. Es beinhaltete die Gestaltung der Gebäude, der Produkte und des Werbematerials. Behrens' funktionales Design, das einige Jahre später in die reine Form des Bauhaus mündete, setzte Maßstäbe für das 20. Jahrhundert. In elektrischen Kesseln, Leuchten, Briefbögen und Werbeplakaten spiegelte sich der neue, moderne Stil. Die AEG war zu diesem Zeitpunkt eines der mächtigsten Industrieunternehmen in Deutschland. Um diese Position zu fördern, entschloß sich die Firmenleitung unter Emil und Walter Rathenau sowie Paul Jordan zu einem breiten Programm kommerzieller und kultureller Zielsetzungen. Sowohl die Auftraggeber als auch Behrens gingen bereits damals davon aus, daß *»künstlerischer Geschmack von weitreichender symptomatischer Bedeutung für unsere Zeit sei«.* Dahinter steckte die Annahme, daß gutes Produktdesign mit hoher Leistung assoziiert wird und so Wettbewerbsvorteile bringt. Die von AEG vorgeführte Industriekultur, ein Vorbild für heutige Corporate-Design-Konzepte, verschwand in den Wirren des Ersten Weltkrieges und wurde nicht wieder aufgegriffen. Erst nach dem Zweiten Weltkrieg begann international eine rasche Entwicklung, denn immer mehr Unternehmen erkannten die Notwendigkeit eines gut gestalteten und vor allem adäquaten, einheitlichen Firmenbildes.

Hundert Jahre moderner Industriegesellschaft haben zu einer Überfülle von Waren und Dienstleistungen geführt, die sich kaum voneinander unterscheiden. Massen von sogenannten ›Me-too-Produkten‹, die beliebig austauschbar sind. Die drei klassischen

Wettbewerbsvorteile, besser, billiger oder anders, verlieren an Bedeutung. Zudem läßt steigender Konkurrenzdruck derartige Vorteile immer seltener zu. Statt dessen beeinflußt die Werthaltung, die ein Produkt verkörpert, und der emotionale Nutzen, den es verspricht, die Kaufentscheidung.

Bei komplexeren Produkten wie spezialisierten Computerlösungen oder Dienstleistungsangeboten von Banken oder Versicherungen kann der Verbraucher die faktischen Leistungsmerkmale nur schwer überprüfen und einschätzen. Symbolische und psychologische Leistungsfaktoren geraten zum einzigen Unterscheidungskriterium. Nicht die tatsächlichen Merkmale eines Produktes, sondern seine psychologische und symbolische Qualität stehen im Mittelpunkt der Kaufüberlegungen. Image, Symbolwert und Nutzenversprechen geben den Ausschlag für die Wahl, deren Erfolg oder Mißerfolg ja erst im nachhinein erfahrbar ist. Das positive Image eines Produkts oder Unternehmens hilft, den unsicheren Zeitraum zwischen Entscheidung und Erfolg zu überbrücken.

Die Verbindung von Sachaussagen mit emotionalen Werten, um eine langfristige Bindung des Käufers an ein Produkt zu erreichen, nutzt die Konsumgüterindustrie bereits seit mehreren Jahrzehnten bei der Etablierung von Markenartikeln. Persil, Nivea und Rama sind Marken mit mehr als 50jähriger Geschichte, in deren Werbung sich die jeweiligen emotionalen Werte der Gesellschaft widerspiegeln. Produkte bleiben nicht länger anonyme Gebrauchsgegenstände, sondern bieten die Möglichkeit zur Identifikation. Der Hersteller verbürgt sich für Zuverlässigkeit und Qualität seiner Waren. Es scheint daher in Zeiten immer gleicherer Waren sinnvoll, die Produktphilosophie des Markenartikels auf das Herstellerunternehmen zu übertragen.

Ein weiterer Faktor in der Entwicklungsgeschichte vom Markenartikel zum Identitäts-Konzept ist der Verlust von Gründerpersönlichkeiten. Während früher der Eigentümer Stil und Image seines Unternehmens repräsentierte, führen heute Managementgremien die Geschäfte, deren Mitglieder im Prinzip austauschbar sind.

Unternehmer wie Bosch, Zeiss, Henkel, Krupp, Daimler und Benz prägten das Erscheinungsbild ihrer Firmen sowohl durch hervorra-

UK/UI/CD Gestaltung von CD-Programm

Fernziel: **Glaubwürdige, unverwechselbare Unternehmenskultur**
Sichtbar gelebtes Wertesystem

Nahziel: **Unternehmensidentität**
Identität von Fremd- und Selbstbild

Mittel: **Corporate-Design-Programm**
Harmonisierung von Inhalt und Form, unternehmerischem Der Handeln und Darstellen

1 Analyse der I S T -Identität

Erheben und Bewerten von:
Vergangenheit,
Kompetenz,
Konstitution,
Temperament,
Zielen,
Bedürfnissen,
Einstellungen.

2 Definition der S O L L -Identität

Formulieren des Selbstverständnisses mit Leitbild und unternehmenspolitischen Grundsätzen (Einstellungen, Werthaltungen, Normen, Tabus etc.)

Festlegen der Persönlichkeitsmerkmale

3 Erstellen eines Massnahmen-Kataloges

Einrichten einer Stabsstelle *Unternehmenskultur/ Kommunikation/Design*

Realisieren eines *Kooperativen Führungsstils*

Durchführen von *UI-Workshops*

Entwickeln einer einheitlichen *Kommunikationsstrategie*

Entwickeln des Darstellungsprogramms *Corporate Design*

4 Corporate-Design-Programm

Produkt-Desigr
Geschäftsdruck
Formulare
Info-Broschüre
Werbung
Messe-Präsenta
Beschriftungen
Sprache/Verha
Architektur
Betriebsversam
Formulare
Orientierung
Arbeitsplatzge
Funktionsbeze
Jubiläen
Feste

Maximen: **spezifische** Glaubwürdigkeit Signifikanz Prägnanz Transparenz Wirtschaftlichkeit

Analyse des Managements, der *Unternehmens**führung***

Vorschläge zur Optimierung des Managements

Unternehmensberater/UI-Berater

Analyse der inner- und ausserbetrieblichen Kommunikation und des visuellen Erscheinungsbildes, des *Unternehmens**auftritts***

auf der Basis von UK/UI-Konzepten

Prof. H.M. Schmitt-Siegel

Kronprinzenstrasse 62
D-4000 Düsseldorf 1

Firmenzeichen
Schriftzug
Farben
Hausschriften/Typografie
Raster/Layout
Foto/Grafik/Illustration
Textgestaltung
Slogan
3D-Gestaltung

5 Dokumentation

Gestaltungselemente

Regeln der Verknüpfung

Exemplarische Anwendungen

Organisatorische Empfehlungen

Einführungsstrategie und -mittel

6 Implementierung

CD-Programm

definierte Adäquanz Funktionalität Unverwechselbarkeit Einheitlichkeit Variabilität Flexibilität

Auftraggeber

/orschläge zur Optimierung der Kommunikation
ınd der Unternehmensdarstellung

:talter/Corporate-Designer

Ein Corporate-Design-Beispiel:

Das neue Visuelle Erscheinungsbild der StadtSparkasse Bad Oeynhausen.

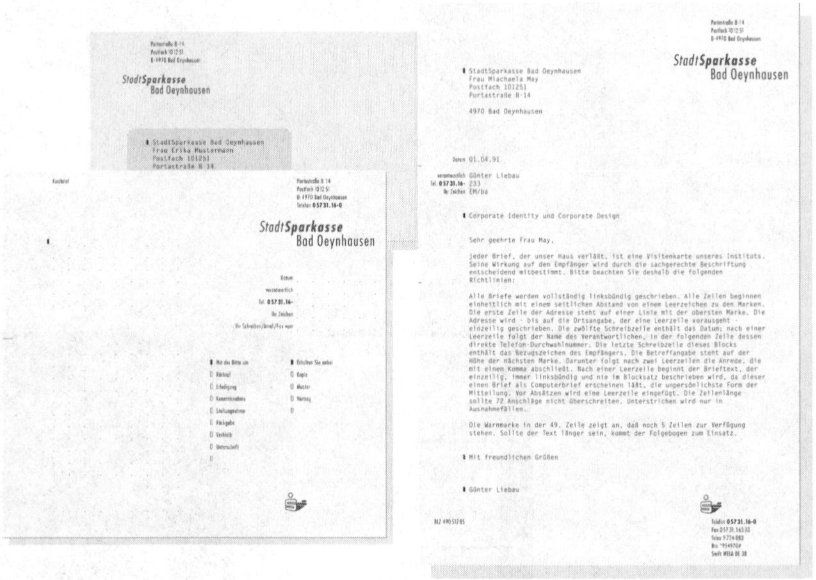

Portastraße 8-14
Postfach 10 12 51
D-4970 Bad Oeynhausen

StadtSparkasse
Bad Oeynhausen

StadtSparkasse Bad Oeynhausen
Frau Miachaela May
Postfach 101251
Portastraße 8-14

4970 Bad Oeynhausen

Datum 01.04.91

verantwortlich Günter Liebau
Tel. 0 57 31.16- 233
Ihr Zeichen EM/ba

Corporate Identity und Corporate Design

Sehr geehrte Frau May,

jeder Brief, der unser Haus verläßt, ist eine Visitenkarte unseres Instituts. Seine Wirkung auf den Empfänger wird durch die sachgerechte Beschriftung entscheidend mitbestimmt. Bitte beachten Sie deshalb die folgenden Richtlinien:

Alle Briefe werden vollständig linksbündig geschrieben. Alle Zeilen beginnen einheitlich mit einem seitlichen Abstand von einem Leerzeichen zu den Marken. Die erste Zeile der Adresse steht auf einer Linie mit der obersten Marke. Die Adresse wird - bis auf die Ortsangabe, der eine Leerzeile vorausgeht - einzeilig geschrieben. Die zwölfte Schreibzeile enthält das Datum; nach einer Leerzeile folgt der Name des Verantwortlichen, in der folgenden Zeile dessen direkte Telefon-Durchwahlnummer. Die letzte Schreibzeile dieses Blocks enthält das Bezugszeichen des Empfängers. Die Betreffangabe steht auf der Höhe der nächsten Marke. Darunter folgt nach zwei Leerzeilen die Anrede, die mit einem Komma abschließt. Nach einer Leerzeile beginnt der Brieftext, der einzeilig, immer linksbündig und nie im Blocksatz beschrieben wird, da dieser einen Brief als Computerbrief erscheinen läßt, die unpersönlichste Form der Mitteilung. Vor Absätzen wird eine Leerzeile eingefügt. Die Zeilenlänge sollte 72 Anschläge nicht überschreiten. Unterstrichen wird nur in Ausnahmefällen.

Die Warnmarke in der 49. Zeile zeigt an, daß noch 5 Zeilen zur Verfügung stehen. Sollte der Text länger sein, kommt der Folgebogen zum Einsatz.

Mit freundlichen Grüßen

Günter Liebau

BLZ 490 512 85

Telefon 0 57 31.16-0
Fax 0 57 31.165 33
Telex 9 724 883
Btx *954970#
Swift WELA DE 3B

Durch Standardisierung der Beschriftung wird die Benutzung der breiten Palette der Geschäftsdrucksachen – hier Briefbogen, Kurzbrief und Fensterhülle – vereinfacht.

Beispiele für gut geplante und gestaltete, konsequent durchgeführte Corporate-Design-Programme gibt es in Deutschland nach wie vor nur wenige. Vorreiter in Europa sind Holland und England.

Als ein sehr gelungenes und interessantes Beispiel muß die Entwicklung einer neuen Identitätsstrategie und die adäquate Umsetzung in ein einheitliches Visuelles Erscheinungsbild für die StadtSparkasse Bad Oeynhausen angesehen werden. Planung, Konzeption und Gestaltung des Design-Programms wurden vom Düsseldorfer Institut für Communication unter Leitung von Prof. Schmitt-Siegel in den Jahren 1988-90 realisiert. Die Manifestation der neuen Unternehmensdarstellung und -kommunikation zeigt sich heute in einer faszinierenden Ganzheitlichkeit; sie geht von einem schriftlich fixierten Leitbild bis zu Sprach- und Verhaltensregeln, von der

StadtSparkasse Bad Oeynhausen

Visitenkarte bis zur neuen Innenarchitektur. Das Projekt wurde geradezu idealtypisch – im Sinne des Ablaufdiagramms auf den beiden Vorseiten – entwickelt. Bevor die Designer tätig wurden, hatte ein Unternehmensberater die damalige Ist-Identität der StadtSparkasse Bad Oeynhausen erhoben, analysiert und bewertet. Die Definition der Soll-Identität wurde danach zusammen mit Vorstand, leitenden Mitarbeitern und den Designern vorgenommen. Das Ergebnis war Diskussionsgrundlage für zahlreiche Workshops mit allen Mitarbeitern des Hauses. Das modifizierte Endergebnis floß in einen schriftlich fixierten Leitbild-Katalog ein. Dieser Katalog war dann die Grundlage für die Übersetzung in sichtbare ‚Zeichen' wie Farben, Logo, Schriften, Layout- und Foto-Stil, Stil der Innenarchitektur usw..

Das Besondere dieses Beispiels: Bekanntlich gibt es für den Auftritt aller deutschen Sparkassen ein definiertes Gestaltungsprogramm mit klar fixierten, rigiden Normen. Daß dennoch etliche Sparkassen aus dieser Norm ausbrechen, liegt auf der Hand. Sie wollen ihr eigenständiges Leistungsprofil, das sie als Wettbewerbsunternehmen vor Ort haben, auch sichtbar zeigen. Sparkassen sind eben nicht eine monolithische Großbank, sondern tausende, individuelle Einzel-Unternehmen vor Ort, die sich lediglich in einem Dachverband zusammengeschlossen haben. Ein deutsch-einheitlicher Auftritt vermittelt folglich ein falsches Bild.

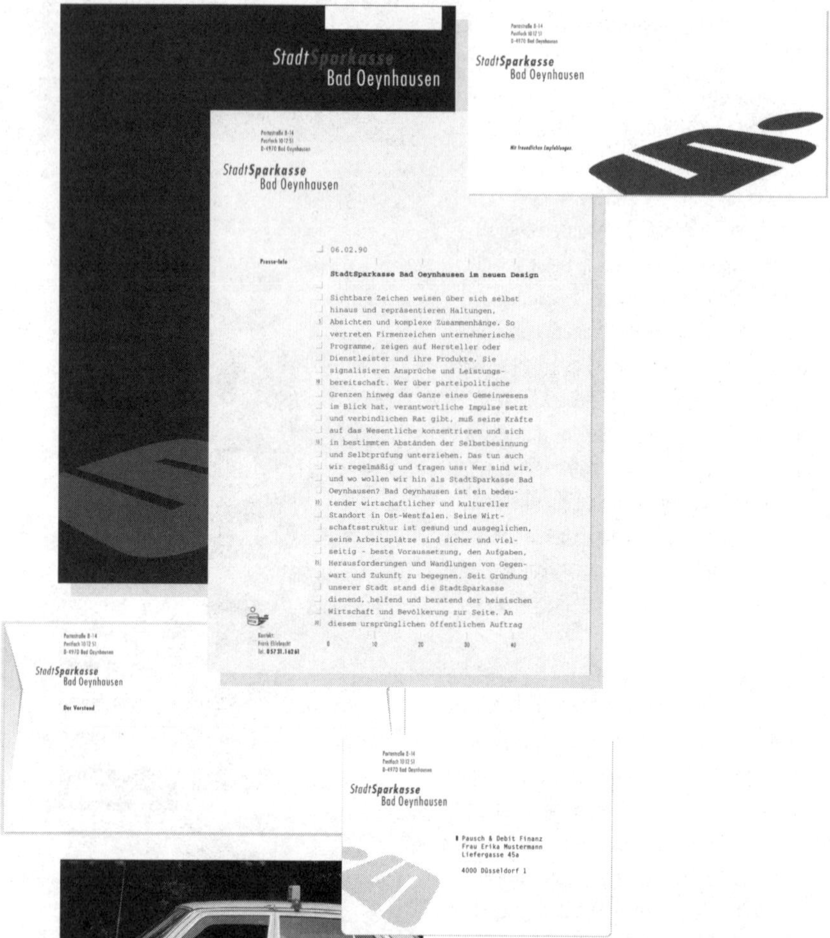

Das komplexe Bild eines Unternehmens entsteht auch durch die Summe vieler – oft scheinbar belangloser – Details.

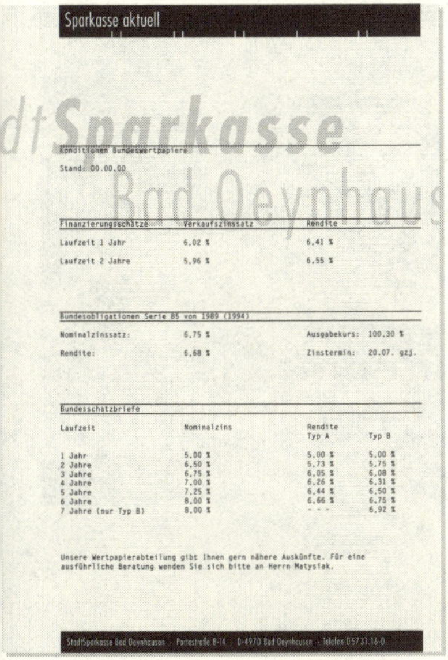

Sparkasse aktuell

StadtSparkasse Bad Oeynhausen

Konditionen Bundeswertpapiere

Stand: 00.00.00

Finanzierungsschätze	Verkaufszinssatz	Rendite
Laufzeit 1 Jahr	6,02 %	6,41 %
Laufzeit 2 Jahre	5,96 %	6,55 %

Bundesobligationen Serie 85 von 1989 (1994)

Nominalzinssatz:	6,75 %	Ausgabekurs:	100,30 %
Rendite:	6,68 %	Zinstermin:	20.07. gzj.

Bundesschatzbriefe

Laufzeit	Nominalzins	Rendite Typ A	Typ B
1 Jahr	5,00 %	5,00 %	5,00 %
2 Jahre	6,50 %	5,73 %	5,75 %
3 Jahre	6,75 %	6,05 %	6,08 %
4 Jahre	7,00 %	6,26 %	6,31 %
5 Jahre	7,25 %	6,44 %	6,50 %
6 Jahre	8,00 %	6,66 %	6,75 %
7 Jahre (nur Typ B)	8,00 %	- - -	6,92 %

Unsere Wertpapierabteilung gibt Ihnen gern nähere Auskünfte. Für eine ausführliche Beratung wenden Sie sich bitte an Herrn Matysiak.

StadtSparkasse Bad Oeynhausen · Portastraße 8-14 · D-4970 Bad Oeynhausen · Telefon 05731.16-0

Bankgeschäft ist Vertrauenssache. Der unmittelbare Kontakt, das persönliche Verhalten der Mitarbeiter ist hierfür sicher entscheidend. Gerade der Lokalbezug der Sparkasse verlangt aber nach mehr: einem erkennbar eigenen Charakter, der Identifikation erleichert.

Corporate Design ist ein langfristiges Planungsprojekt, das im dauernden Austausch zwischen Kunde und Designer entsteht. Nur durch ständige Rückkopplung kommen Ergebnisse zustande, die in der Praxis bestehen.

Banking auch als kulturelle Aufgabe zu sehen, mag im ersten Moment übertrieben erscheinen. Der Begriff Unternehmenskultur kann aber durchaus wörtlich genommen werden: ein gutes Scheckformular trägt ebenso dazu bei wie die Ausrichtung von Ausstellungen.

gende Produkte, die sie entwickelten, als auch durch die Art der Mitarbeiterführung und Kundenbetreuung. Sie schufen gesellschaftliche Errungenschaften wie die 40-Stunden-Woche und die betriebliche Alterssicherung und zugleich mit diesen Leistungen ein positives Unternehmensimage. Heute tritt mehr und mehr an die Stelle personenbezogener Geschäftsführung eine nonpersonale Unternehmensphilosophie. Kompetenz und Image sind nicht länger an das Ansehen eines Menschen gekoppelt, sondern kommen mittels konstanter Elemente in Führungsstil, Service, Produktdesign und äußerem Erscheinungsbild zum Ausdruck. Dieser Prozeß erforderte eine neue, ganzheitliche Definition des alten Markenartikel-Konzeptes, was sich heute in der sinnvollen Verknüpfung von Identitätsstrategien und Corporate-Design-Programmen manifestiert. Verbraucher im Jahr 1992 können immer weniger nachvollziehen, welche Produkte von welchem Hersteller kommen. Das erschwert den Goodwill-Transfer von einem Produkt zum anderen. Die Identifizierbarkeit eines Markenartikels mit seinem Hersteller gewinnt eine immer größere Bedeutung, weil nur so die Sympathie synergetisch genutzt werden kann. Deshalb steuern die Marketing-Strategen den Goodwill-Transfer für den Aufbau einer neuen Marke oft über die Identifikation mit einem Firmenimage. Ausgenommen sind die Fälle, in denen Markenpersönlichkeiten größer sind als die Firmenprofile. So kennt jeder den Markenauftritt von Nivea und Tesa, aber kaum einer den Hersteller Beiersdorf, trotz enormer Corporate-Design-Anstrengungen. Für mich ein Corporate-Design-Flop.

In einer Zeit des sozialen und kulturellen Wertewandels der Konsumgesellschaft verändert sich die Rolle von Herstellern, Handelsgesellschaften und Dienstleistern. Ein zeitgemäßes, modernes Unternehmen muß sich in all seinen Dimensionen, also nicht nur als Verkäufer, sondern auch als Problemlöser und Helfer bei ethischen, ökologischen, sozialen und kulturellen Fragen präsentieren. An die Stelle protziger Demonstration von Waren und Dienstleistungen tritt visuelle Transparenz. Potentielle Käufer lassen sich nicht länger nur mit Attributen wie ›größer, schneller, besser‹ ansprechen.

Das moderne Unternehmen als Projektionsfläche für Identifikationen gewinnt zunehmend an Bedeutung. Neue unternehmenspolitische Grundsätze und entsprechend neue Zeichensetzungen werden notwendig. Unternehmensphilosophie und Führungsstil müssen in einem Konzept verankert werden, das die Grundlage für die Gestaltung des adäquaten, sichtbaren Ausdrucks im Erscheinungsbild des Unternehmens darstellt. Das Corporate-Design-Programm als Maßstab, als sichtbare normative Kraft, als Ausdruck der erstrebten Identitäts-Bemühungen.

In gewissem Sinn ist das eine Rückbesinnung auf alte Werte aus dem Beginn der Industriegesellschaft, die von Bosch, Zeiss oder Abbe gelebt wurden. Allerdings mit dem Unterschied, daß sie von ihren Zielen persönlich überzeugt waren und sie deshalb für die Gesellschaft glaubwürdig ›verkörperten‹. Ein Corporate-Design-Programm zur Sichtbarmachung einer Identität gerät zur Karikatur, wenn die Unternehmensphilosophie nur als bloßes Lippenbekenntnis des Managements existiert. Wenn hinter einer neuen, schönen, großen Fahne ein alter, kleiner Geist einhermarschiert. Da fühlt sich der Kunde betrogen. Da schwindet alle Glaubwürdigkeit.

Auch rein marktwirtschaftlich arbeitende Unternehmen sollten den kulturellen Stellenwert ihrer Erscheinungsbilder im gesellschaftlichen Zusammenhang nicht vernachlässigen. Hans Wichmann machte dazu bereits 1973 in seinem Buch ›Kultur ist unteilbar‹ folgendes deutlich:

»Das Streben, bestimmte Gehalte und Zwecke zu versinnlichen, damit unmittelbar erlebbar zu machen, begleitet die Menschheitsgeschichte. – Die Entwicklung und die Anwendung von Erscheinungsbildern sind infolgedessen nichts Neues. Sie gerieten lediglich mit der Entfaltung des Zeitalters von Industrie und Technik, etwa ein Jahrhundert lang, weitgehend in Vergessenheit. Nach einem Prozeß wachsender Egalisierung, der zu einer vermehrten Akzentlosigkeit und abstumpfender Sinnenfreude tendierte, begann sich jedoch in der zweiten Hälfte unseres Jahrhunderts zwangsweise das Bewußtsein wieder zu schärfen, daß eine Gesellschaft, vor allem eine Massengesellschaft ohne visuelle Merkzeichen mehr und mehr ihre Transparenz verliert.«

Corporate Design heißt auch, gesellschaftlich Standpunkt zu beziehen. Neben den Produkten müssen auch die Philosophie und das Handeln des Unternehmens für die Gesellschaft erfahrbar sein. Ein Beispiel ist der amerikanische Computerhersteller Apple. Die Idee, Technik menschengerecht zu gestalten, manifestiert sich im Firmenzeichen ebenso wie in der Produktgestaltung und dem Umgang mit Menschen innen und außen. Die Firmengründer, Steve Jobs und Stephen Wozniak, gaben ihrer Vision eine erfahrbare, (be)greifbare Gestalt. Ein farbenfroher, angebissener Apfel gegen einheitsblaue Kürzel von IBM und HP. Statt unhandlicher Geräte im Technolook ein angenehm gerundeter Würfel. High-Touch statt High-Tech.
Das erste umfassende Corporate-Design-Konzept realisierte in den 40er Jahren die Fluggesellschaft Pan Am. Große, internationale Unternehmen, wie IBM, Olivetti, Apple, Miller, Knoll, Shell, British Rail, Swissair, KLM, Lufthansa, V.A.G, BMW, Aral, Deutsche Bank und WestLB, folgten. Auch kleinere, deutsche Firmen, darunter Braun, ERCO, Hewi, Lamy und Loewe, entschlossen sich zur Entwicklung von Designprogrammen. Sie umfassen nicht nur die gute Gestaltung ihrer Produkte, sondern den gesamten Auftritt nach innen und außen: von der Visitenkarte bis zur Architektur, von Sprachregelungen bis zu Verhaltensformen. Die Vorteile ganzheitlicher Kommunikationskonzepte und Gestaltungsprogramme erkannten nicht nur Wirtschaftsunternehmen, sondern in zunehmendem Maß auch Veranstalter von internationalen Tagungen, Kongressen, Olympischen Spielen und Messen. Aber nicht jedes Corporate-Design-Programm ist erfolgreich. Trotz guter Absichten gibt es immer wieder fatale Flops. Die Gründe dafür sind vielfältig:

- Auftraggeber, die nicht wissen, was sie wollen, können jedes CD-Konzept vereiteln.
- Oft haben sich die falschen Kräfte - wie Werbeagenturen - auf dieses schwierige Terrain gewagt.
- Manchmal sind die ›Markenpersönlichkeiten‹ - wie bei Nivea und Tempo -, die zu generischen Begriffen wurden, stärker als die Firmenprofile.

- Häufig werden Mittel und Ziele verwechselt, oder
- es wurde ausschließlich auf die Vereinheitlichung unzulänglicher, falscher, manchmal peinlicher, Mittel Wert gelegt. Aber ›Corporate Kitsch‹ ist noch lange kein Corporate Design.
- Auch die Illusion, durch Retuschen im visuellen Erscheinungsbild ihrer Firmen eine neue Identität erzielen zu können, erweist sich meist als verhängnisvoll.

Management-, Marketing- und Kommunikationsprobleme lassen sich nicht mittels eines neuen Mäntelchens lösen. Nur die Übereinstimmung aller Mitarbeiter mit den Unternehmenszielen nach innen und außen schafft Identität, kreiert Unverwechselbarkeit, vermittelt Seriosität und Autorität und führt zu Glaubwürdigkeit und Vertrauen. Zugleich müssen die zugrundeliegenden Firmenziele und unternehmenspolitischen Grundsätze vom Management nicht nur verkündet, sondern auch gelebt werden.
Die oben erwähnten positiven Firmen-Beispiele haben das gemeinsam. Und noch ein Faktor ist für den Erfolg der Strategien maßgebend. Entwicklung und Planung besorgten spezielle, interdisziplinär arbeitenden Designbüros in Zusammenarbeit mit Unternehmensberatern für ›Strategische Unternehmensgestaltung und Identitätsbildung‹. – Eine Reihe von Punkten vor und bei der Einführung von Design-Programmen müssen bedacht und beachtet werden (siehe meine UK/UI/CD-Verknüpfungsgrafik und Projekt-Ablaufdiagramm auf den beiden Folgeseiten):
Externe Sachkenner sollten die Analyse der Ist-Situation und das Planungskonzept erstellen, die Gestaltung des Corporate-Design-Programms in die Köpfe und Hände eines mit solch komplexen Aufgaben erfahrenen Design-Büros gelegt werden – Werbe- und PR-Agenturen sind da aus vielen, einleuchtenden Gründen nicht geeignet. Darüber hinaus ist es unerläßlich – zumindest in großen Unternehmen –, eine Stabsstelle ›Unternehmenskultur und Kommunikation‹ einzurichten, wie sie bei Firmen wie IBM, Lufthansa, Olivetti, Braun und BMW selbstverständlich ist. Diese Stelle sollte mit einer durchsetzungsfähigen Persönlichkeit besetzt werden, die die Arbeit der verschiedenen mit Unternehmenskultur, Kommu-

nikation und Design betrauten Abteilungen koordiniert und Kontaktstelle für externe Experten ist. Am besten läuft es natürlich, wenn ein Firmeninhaber selbst diesen reizvollen und sicherlich auch schwierigen Bereich als sein ›Hobby‹ entdeckt, wie es bei Bulthaup, ERCO, Gardena, Lamy, Wilkhahn geschehen ist.
Nun, was bringt eine so umfangreiche, lästige, zeitraubende Arbeit einem Unternehmen? – Ein gut geplantes, konsequent gestaltetes und behutsam eingeführtes Corporate-Design-Programm bietet folgende Vorteile:

① Ein Corporate-Design-Programm wirkt in erster Linie positiv nach innen. Verbale Bekenntnisse wie Leitbild, unternehmenspolitische Grundsätze mit ihren spezifischen Werthaltungen, Einstellungen, Normen und Tabus werden den Mitarbeitern sichtbar und damit erst verfügbar und verstehbar gemacht. Wir alle wissen: Man kann nur das glauben, was man sieht. Ist in dem Corporate Design das Selbstverständnis richtig und damit glaubwürdig abgebildet, so läßt sich über die Identifikation mit den Zeichen und Sprachregelungen eine bessere Identifizierung mit dem eigenen Unternehmen realisieren. Identifizierung ist nur über sinnlich Erfahrbares, Sichtbares und (Be)greifbares möglich. Das Zugehörigkeitsgefühl zum Unternehmen wird verbessert, ein Wir-Gefühl aufgebaut.

② Ein Unternehmen muß sich heute nicht nur als Produzent von Waren und Dienstleistungen profilieren, sondern auch als unverwechselbarer Kommunikator auf dem Medienmarkt, denn über 90 Prozent der Waren und Dienstleistungen werden nicht direkt, sondern medial vermittelt angeboten. Dafür bietet Corporate Design einen unverzichtbaren Rahmen. Es verleiht dem Unternehmen ein klares, prägnantes Profil, hebt es damit von seinen Mitbewerbern und Mitkommunikatoren ab und macht es so im reizüberfluteten Medienmarkt lokalisierbar.

③ Produkt-Neueinführungen auf der Grundlage eines guten Erscheinungsbildes setzen sich leichter und schneller durch – sie profitieren vom Goodwill des Firmenbildes.

④ Das Design-Programm macht Schluß mit der Heterogenität

von Einzelmaßnahmen, die immer wieder ein Unternehmensbild verwässern. Es gibt ein Basiskonzept vor, auf dem alle Einzelobjekte entwickelt werden können. Alle Teilfunktionen, Teilbereiche und Teilausstattungen ergänzen sich zu einer Einheit. Die verschiedenen unternehmerischen Aktivitäten sind leichter koordinierbar. Ein gutes Programm hilft, Kosten zu sparen.

⑤ Werbung auf der Basis eines Corporate-Design-Programms erzielt größere Effektivität. Bei einem gut geplanten und gestalteten Gesamtauftritt kann sich ein Unternehmen wechselnde - auf unterschiedliche Zielgruppen gerichtete - werbliche Aktivitäten eher leisten. Dieser konsequente Auftritt verleiht auch mehr Sicherheit auf dem schwierigen Parkett des Medien-Marktes.

⑥ Corporate Design erschließt neue Möglichkeiten zur Gewinnung von Vertrauen. Es ist ein ›stilles‹ Werbemittel. Seine assoziativen Mittel finden leichter Zugang als die schon verbrauchte Form der Selbstanpreisung. Größe, Zuverlässigkeit, Kompetenz oder Innovationsfähigkeit sieht man. Das muß nicht dauernd von ›Sprüchemachern‹ penetriert werden!

⑦ Ein gutes Corporate-Design-Programm hilft den Beliebigkeitsspielraum bei der Imagebildung einzugrenzen. Es trägt aktiv dazu bei, daß ein Unternehmen das Image beim Betrachter erzeugt, welches es anstrebt.

⑧ Ein gut gestaltetes Erscheinungsbild hilft dem Unternehmen auch, kulturellen Rang zu gewinnen und so einen positiven Beitrag zur Alltagsästhetik zu leisten.

Diese Vorteile sind keine in den Raum gestellten Spekulationen, sondern - auch mehrfach untersuchte und veröffentlichte - Erfahrungswerte vieler internationaler Unternehmen, die als Teil ihrer *spezifischen Unternehmenskultur* Corporate-Design-Programme seit vielen Jahren erfolgreich einsetzen.
Bei leider erst recht wenigen deutschen Unternehmen - ich schätze, es sind maximal drei Prozent - hat sich ein Bewußtsein für diese konsequente Vermittlungsmethodik durchgesetzt. Hier sehe ich

die große Chance für die kleinen und mittleren Unternehmen, die wacher, flexibler und innovativer in den Markt gehen.
Engstirnigkeit und Unbeweglichkeit, Inkompetenz in gestalterischen Dingen und Kompetenzwirrwarr verhindern darüber hinaus dort die Durchsetzung von Corporate-Design-Maßnahmen, wo durchaus der unternehmenspolitische Wille vorhanden ist.
Nur wenn Unternehmenskommunikation - im Sinne einer ›Corporate Communication‹ - ähnlich koordiniert geplant und bedacht abläuft wie andere Bereiche der Unternehmensplanung und -führung, kann sie Sinn und Wirkung haben. Ziel ist ein besseres und direkteres Verhältnis zwischen Führungsstab und Mitarbeitern und zwischen Produzent und Konsument.
Um Mißverständnissen vorzubeugen, ein so verstandener und praktizierter Unternehmensauftritt ist nur ein Schritt hin zu der erstrebenswerten Unternehmensidentität, der viel und meist falsch gepriesenen ›Corporate Identity‹, die Voraussetzung ist für die wirkliche Identifizierung des Mitarbeiters, Konsumenten, Geldgebers, Politikers, Meinungsbildners mit ›seinem‹ Unternehmen. Sie wird sich erst einstellen, wenn Schein und Sein, Anspruch und Wirklichkeit, Denken und Handeln, Fremd- und Selbstbild, Soll- und Ist-Image identisch werden. Und dazu gehört mehr als ein konsequent durchgeführtes Corporate-Design-Programm, mehr als überzeugende Öffentlichkeitsarbeit und mehr als noch so peppige Werbekampagnen. Denn, wie sagen es Peters und Watermann so richtig:

»*Unternehmenskultur ist sichtbar* gelebtes *Wertesystem.*«

Dr. Berthold Schwanzer

Unternehmensdarstellung und Architektur: Die Bedeutung der Architektur für die CI von Unternehmen

An dieser Stelle und in diesem Zusammenhang muß der Begriff »Corporate Identity« nicht mehr erklärt werden. Muß man, kann man den Begriff »Architektur« erklären?

Versuchen wir zunächst einmal, in Bildern zu denken. Die zwei Türme des World Trade Centers in New York haben nicht nur die Skyline dieser Stadt verändert, sie stehen auch symbolhaft für die Größe und Macht des Welthandels. Das BMW-Gebäude in München verkörpert mit seinen vier zylindrischen Türmen unverwechselbar die dynamischen Ideen des Automobilherstellers. Das neue Haas-Haus am Stephansplatz in Wien setzt einen vieldiskutierten Akzent in Richtung Luxuskonsum (oder Konsumluxus?) inmitten eines der sensibelsten Ensembles der Stadt.

Wir sehen: Architektur ist nichts Beliebiges. Die »Entscheidung zur Form« ist wesentlich. So wird Architektur mehr als einfaches Bauen oder Einrichten.

Wie Abbildung 2 deutlich macht, werden durch Architektur alle Sinne des Menschen angesprochen: Man kann Architektur im eigentlichen Sinne des Wortes »begreifen«, Form und Material spüren, man kann sie natürlich sehen und die Gestaltung wahrnehmen, aber auch Geruchssinn und Gehör kommen nicht zu kurz; denken wir etwa an den anheimelnden Geruch von Holzbauten oder an die Wirkung der Akustik in einem Raum.

Architektur mit allen Sinnen wahrnehmen führt zum Erkennen und Verstehen des »Bildes«, das seinerseits identifiziert werden kann und künftig als »Image« wirkt.

Architektur und CI – die nonverbale Kommunikation

Wenn die Unternehmensphilosophie Ziele, Aufgaben, Stellung (auch: Einstellung) des Unternehmens im ökonomischen und sozialen Umfeld seines Wirkens definiert, lassen sich daraus auch durchaus konkrete Forderungen ableiten, die mit der Realität des Unternehmens in Einklang zu bringen sind. Eine dieser Realitäten ist das körperliche Vorhandensein des Unternehmens - in Form eines Erzeugungs- oder Verwaltungsgebäudes, einer Verkaufs- oder Beratungsstätte. Und genau hier finden wir den Ansatzpunkt für die architektonische Gestaltung.

Denn wenn die CI in ihrer visuellen Umsetzung im festumrissenen, durchkomponierten Corporate Design manifestiert ist, kann in diesem Bereich auf die Einbeziehung der architektonischen Komponente nicht verzichtet werden. Abbildung 3 verdeutlicht den Stellenwert der Architektur als Element der Corporate Identity.

Eine durchaus reizvolle Aufgabe für den Architekten, der für Industrie, Gewerbe- oder Handelsbetriebe tätig ist: die Unternehmens-Philosophie zu erkennen, zu erfahren und mit diesem Geist das Bauwerk zu erfüllen.

Aus dieser kreativen Wechselbeziehung entstehen jene individuellen Lösungen, die das »Gesicht« eines Unternehmens prägen - gleichgültig, ob es sich dabei um das Verwaltungsgebäude eines Automobilkonzerns oder eine Boutique handelt.

Damit wächst der Architektur eine völlig neue Dimension zu: die Umsetzung der im Corporate Design »gefaßten« CI, des Unternehmenskonzeptes, in die nonverbale Kommunikation durch Architektur.

Damit wird das Gebäude zur »Skulptur«, die das Image des Unternehmens entscheidend mitprägt. Das Gebäude wird zum »Ge-häuse« oder »Be-hälter« einer Idee, die von Menschen für Menschen erdacht wurde. Ein dreidimensionales Zeichen, dessen vierte Dimension in der geistigen Ausstrahlung liegt.

Abbildung 1: BMW-Gebäude

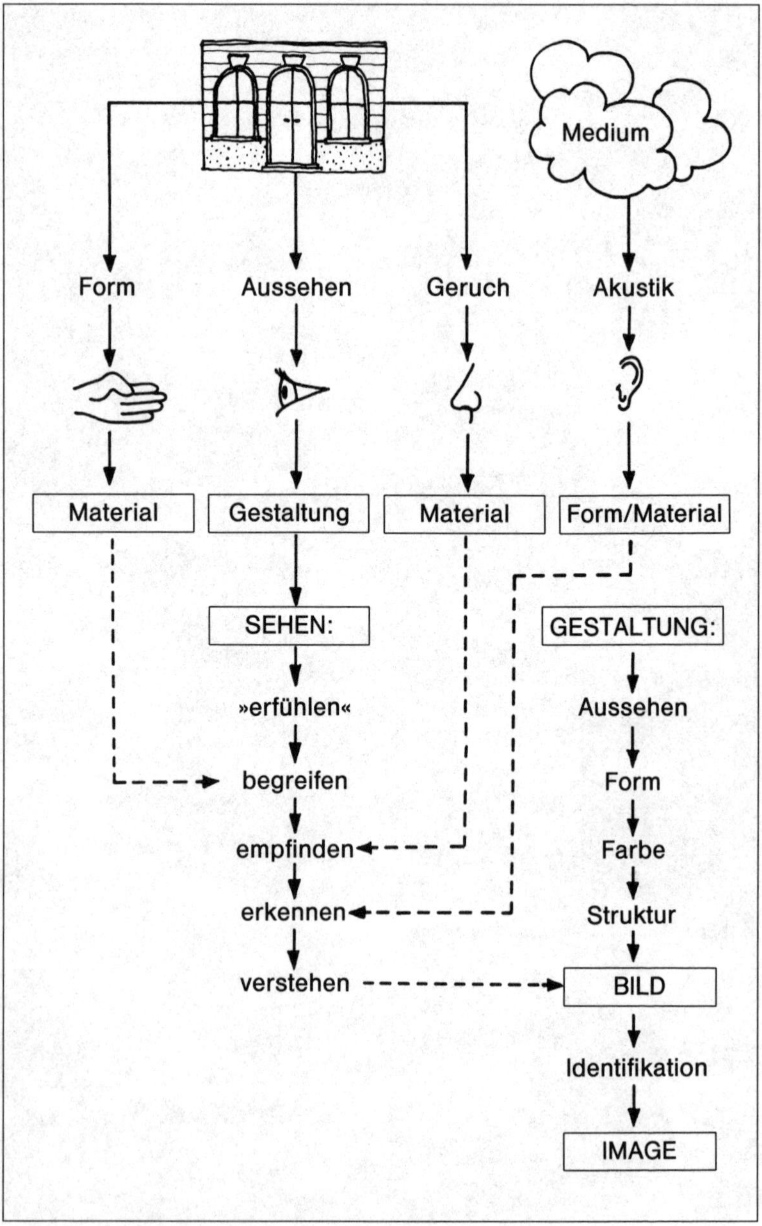

Abbildung 2: Die sinnliche Wirkung der Architektur

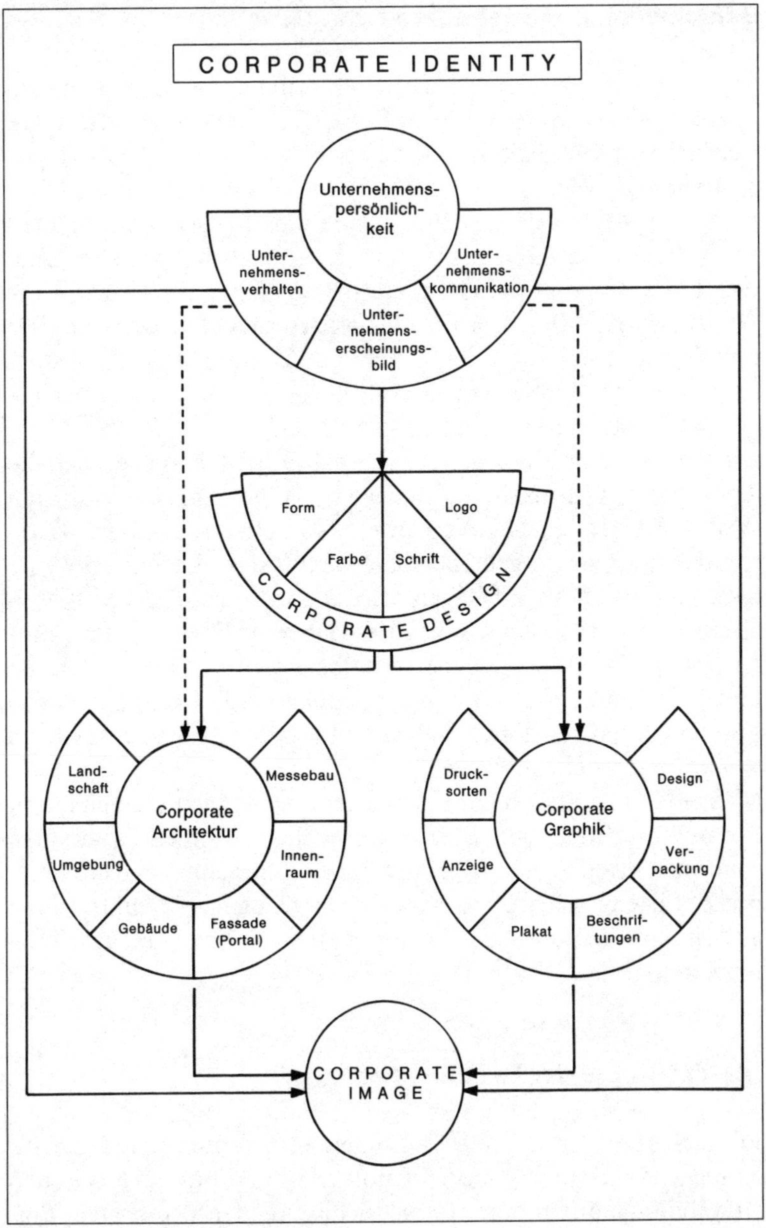

Abbildung 3: Corporate Identity

Beispielhaft: die Erlebniswelt von Geschäften

In diesem Bericht, der sich auf eine Reihe empirischer Untersuchungen des Autors stützt, soll die Rolle der Architektur am Beispiel von Geschäften und deren Fassaden bzw. Portalen beschrieben werden.

Wenn wir heute durch eine beliebige Geschäftsstraße in irgendeiner Stadt gehen, bietet sich uns ein abwechslungsreiches Bild: Geschäfte der unterschiedlichsten Branchen wetteifern um die Gunst der Kunden. Die verschiedenartigsten Fassaden, Portale und Schaufenster informieren nicht nur über die Fülle des Warenangebotes, sondern sagen uns gleichzeitig auch etwas über die »Persönlichkeit« der einzelnen Geschäfte.

Diese Vielfalt ist historisch gewachsen. So wird berichtet, daß die Apotheker im Mittelalter das Gewölbe, in dem sie ihre kostbaren Waren lagerten, nachts mit schweren Laden verschlossen; davon soll der noch heute gebräuchliche Begriff des »Ladens« für eine feste Verkaufsstätte (im Gegensatz zu den »Buden« auf den mittelalterlichen Marktplätzen) herrühren. Über die Erfindung und Nutzung von Glas für Schaufensterscheiben, die rege Neubautätigkeit des 19. Jahrhunderts bis hin zur architektonischen Gestaltung von Portalen durch berühmte Architekten unserer Zeit spannt sich ein weiter Bogen der Entwicklung.

Maßgebend ist aber nicht nur der unterschiedliche Umgang mit Formen und Materialien, der die einzelnen Architekturperioden (und auch -moden) kennzeichnet, sondern zunehmend das Bestreben der Fachgeschäfte, sich zur Verbesserung ihrer Marktposition auch im Erscheinungsbild von den Mitbewerbern deutlich zu differenzieren.

Die Typologie der Geschäftsfassaden

Für eine bereits im Jahre 1984 durchgeführte empirische Untersuchung wurde erstmalig versucht, unter Abstraktion der stilistischen Abwandlungen und unter Berücksichtigung der historischen Ent-

wicklung eine »Typologie der Fassadengestaltung«, also eine brauchbare Einteilung in Grundtypen, zu erstellen.
Abbildung 4 zeigt die wesentlichen Merkmale dieser Grundtypen, die so definiert wurden:

Typ 1 »Gewölbe«: historische Form, relativ kleine Schaufenster, Rundungen, mittelalterliche Anmutung.

Typ 2 »Arkaden«: historische Form, ausgeprägte Dominanz der Arkaden, Ambivalenz von aufrechten und runden Elementen, klassizistische Anmutung.

Typ 3 »Portal«: größere Schaufenster, aufgesetzte Blenden, lot- und waagerechte Elemente weitgehend gleichwertig.

Typ 4 »Vorbau«: gebaute Fassade, neue Form des Portals, Betonung der aufrechten Elemente.

Typ 5 »Nurglas«: fast ausschließliche Verwendung von Glas, besonders große Schaufenster, eckig.

Diese Typologie erwies sich als praktikables Instrument für eine Reihe von empirischen Untersuchungen, da sie auch architektonisch nicht vorgebildeten Personen die Zuordnung unterschiedlicher Geschäftsformen zu bestimmten Leitbildern ermöglichte.

Ein entscheidender Faktor: die Einkaufsbereitschaft

Geschäfte wollen verkaufen, und sie müssen vieles tun, um Kunden zu gewinnen. Wir wollten wissen, welche Rolle dabei die Architektur spielt, ob also - unabhängig von der Branche, vom tatsächlichen Warenangebot oder von der Preisgestaltung - schon die Art der Geschäftsfassade zur Erhöhung oder Verminderung der Einkaufsbereitschaft beitragen kann.
Unter »Einkaufsbereitschaft« verstehen wir in diesem Zusammen-

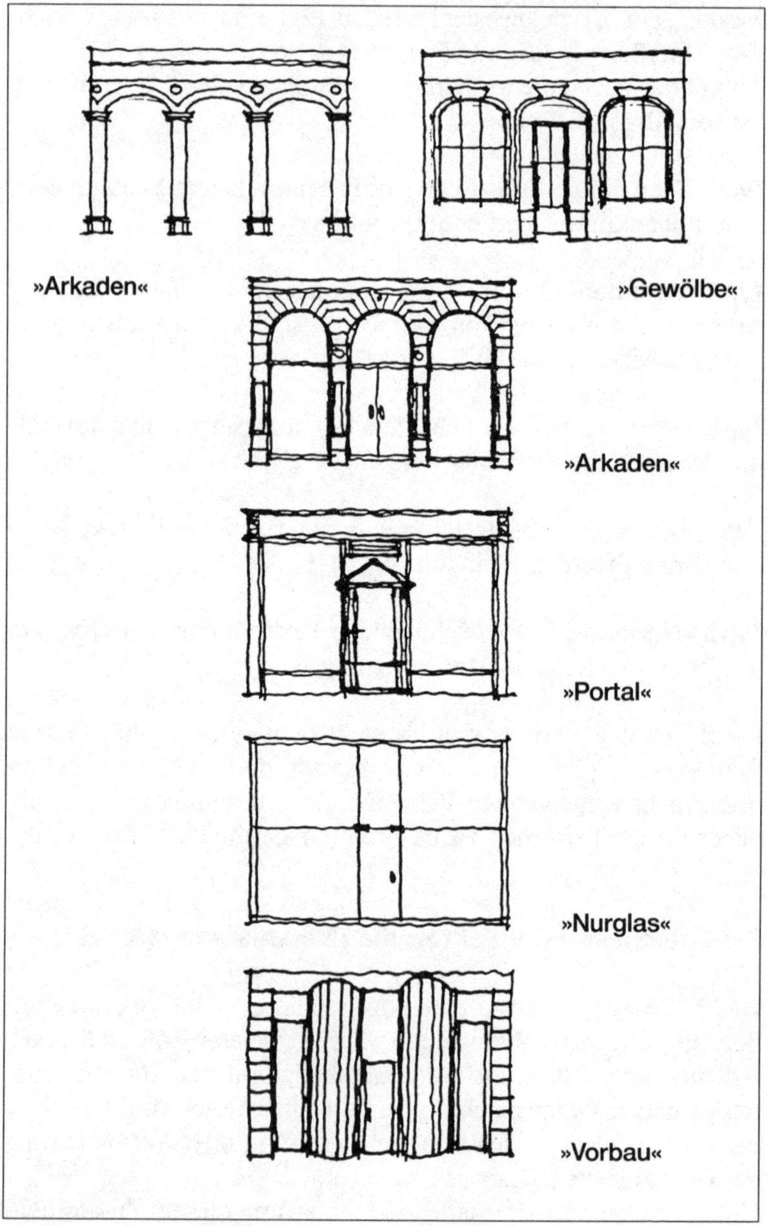

Abbildung 4: Typologie von Geschäftsfassaden

hang die Neigung der Konsumenten, ihre Einkäufe in einem bestimmten Geschäft zu tätigen. Diese Neigung ist eine überwiegend emotional begründete. Dies zeigt sich am besten im Vergleich, wenn also der Konsument angesichts mehrerer ihm unbekannter Geschäfte gefragt wird, in welchem er lieber einkaufen würde. Diese Wahl zwingt ihn zu einer Entscheidung, die er rational nicht begründen kann. Es geht also um den berühmten »ersten Eindruck«.

Abbildung 5 verdeutlicht die Ergebnisse der repräsentativen Befragung aus dem Jahre 1984 und eines neuen Tests aus dem Jahre 1991. Auf den ersten Blick ist erkennbar, daß hier signifikante Unterschiede hinsichtlich der Einkaufsbereitschaft bestehen. »Gewölbe«, »Portal« und »Nurglas« verursachen offensichtlich wesentlich weniger Schwellenangst als »Vorbau« und »Arkaden«.

Im Vergleich der beiden Untersuchungen fällt auf, daß »Gewölbe« und »Vorbau« praktisch unverändert bewertet wurden, während »Portal« und »Arkaden« 1991 zurückgestuft wurden; »Nurglas« liegt 1991 gleichauf mit »Gewölbe« - eine Tendenz, die sich eigentlich schon in der Untersuchung 1984 abzeichnete; damals nämlich löste dieser Portaltyp die größte Einkaufsbereitschaft in der Altersgruppe der bis 30jährigen aus.

Welches Image haben die verschiedenen Geschäftstypen?

Wenn schon das Maß an Einkaufsbereitschaft bei den verschiedenen Geschäftstypen unterschiedlich hoch war, dann konnte man auch vermuten, daß ihr »Eindruck«, also ihr Image, unterschiedlich sein würde.

Basis der hier durchgeführten »nonverbalen Imagemessung« nach Prof. Günter Schweiger waren Bildvorlagen verschiedener Geschäftsportale und eine Reihe von zwölf konnotativen, das heißt gefühlsbezogenen Begriffen, die zugeordnet werden sollten. Dabei sind diese Begriffe nicht von vornherein positiv oder negativ besetzt. Ein Beispiel: Für den Antiquitätenhändler wird der Begriff

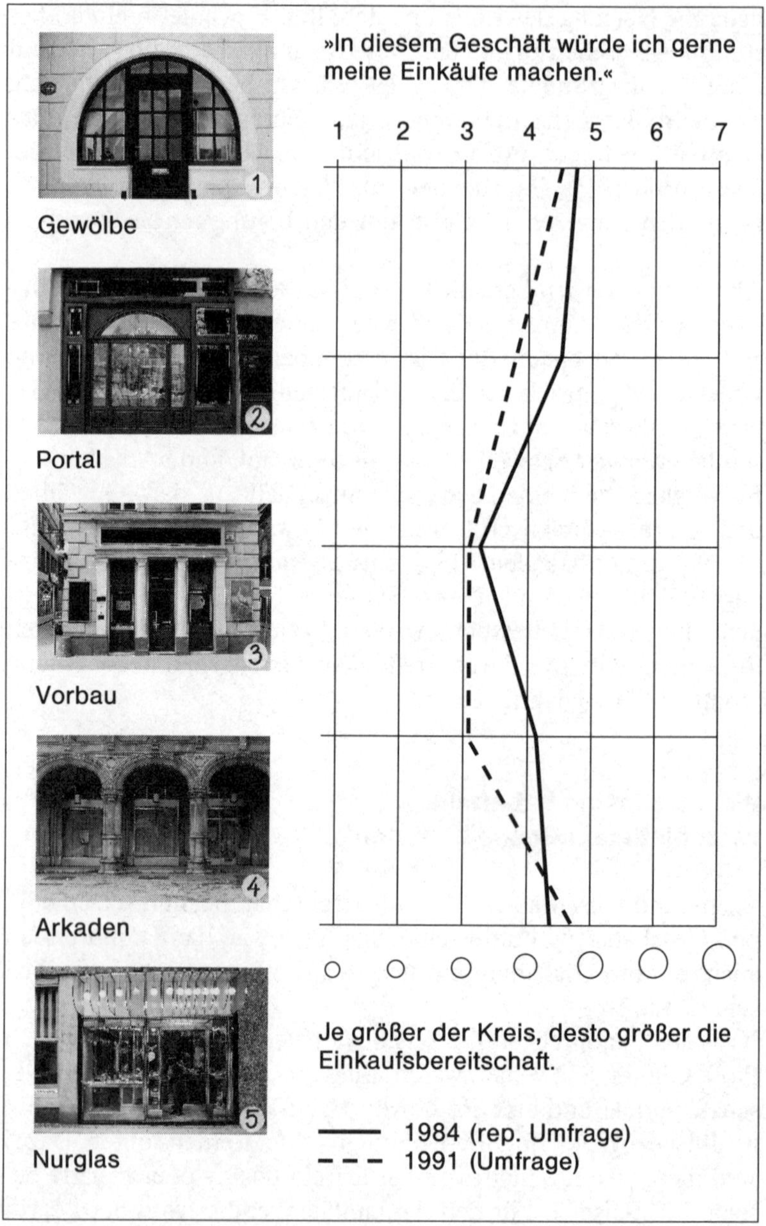

Abbildung 5: Geschäftstypen

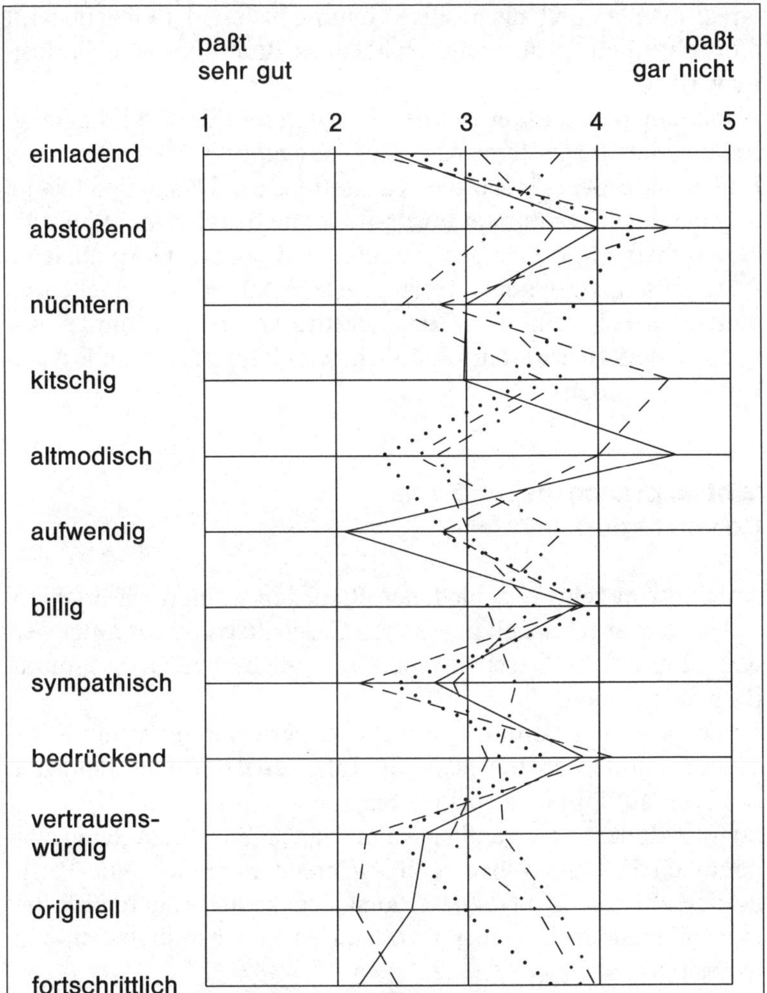

Abbildung 6: Imageprofile der Geschäftsportaltypen

»traditionell« durchaus positive Geltung haben, der Gegenbegriff »fortschrittlich« kann aber etwa bei einer Boutique ebenfalls positiv wirken.
Abbildung 6 zeigt die erhobenen Imageprofile, Tabelle 1 die Rangreihung der Image-Items nach Geschäftstypen.
Interessanterweise ergab die Auswertung der Daten signifikante Korrelationen bestimmter Image-Items mit dem Faktor »Einkaufsbereitschaft«, und zwar sehr deutlich und positiv bei »einladend, sympathisch, vertrauenswürdig«, weiter noch bei »originell« und »fortschrittlich«; eine signifikant negative Korrelation konnte – wie kaum anders zu erwarten – lediglich beim Item »abstoßend« nachgewiesen werden.

Gibt es branchenspezifische Geschäftsportale?

Anhand von zehn verschiedenen Branchen wollten wir erfahren, welche dieser Branchen in welchen Geschäftstypen vermutet werden bzw. welche Geschäftstypen sich am besten für bestimmte Branchen eignen.
Diese Branchenzuordnung erlaubt wiederum interessante Rückschlüsse, und zwar sowohl auf die Erfahrungswerte der Befragten wie auch auf ihre Idealvorstellungen.
So verwundert es eigentlich kaum, daß man Antiquitäten vornehmlich im »Gewölbe« sucht, während man sich eine Parfümerie sehr gut in »Nurglas« vorstellen kann. Andererseits hat man offenbar recht wenig Vertrauen zu Lebensmitteln im »Gewölbe«.
Abbildung 7 bietet eine Übersicht der Ergebnisse.
Im Test des Jahres 1991 – der allerdings nicht repräsentativ war (Kleingruppen) – zeichnen sich teilweise veränderte Einstellungen ab:
»Gewölbe« gewinnt beim Friseur, verliert aber in den Branchen Antiquitäten, Einrichtungshaus, Buchhandlung/Papier und Bank/Sparkasse an Bedeutung.

Tabelle 1: Rangreihung der Image-Items nach Geschäftstypen:

Rg.	»Gewölbe«	»Portal«	»Vorbau«	»Arkaden«	»Nurglas«
1	einladend sympathisch vertrauen- erweckend originell	altmodisch	abstoßend nüchtern billig bedrückend		kitschig aufwendig fortschritt- lich
2	nüchtern aufwendig fortschritt- lich	einladend kitschig sympathisch vertrauen- erweckend	altmodisch	abstoßend billig bedrückend	originell
3	billig	aufwendig bedrückend originell fortschritt- lich	kitschig	altmodisch	einladend abstoßend nüchtern sympa- thisch vertrauen- erweckend
4	altmodisch	abstoßend	fortschritt- lich	einladend nüchtern kitschig aufwendig sympathisch vertrauen- erweckend originell fortschritt- lich	billig bedrückend
5	abstoßend kitschig bedrückend	nüchtern billig	einladend aufwendig sympathisch vertrauen- erweckend originell		altmodisch

Die Rangplätze zeigen die Eignung der einzelnen Begriffe für das jeweilige Geschäft. Rangplatz 1 bedeutet, daß der jeweilige Begriff am meisten zutrifft, Rangplatz 5, daß er am wenigsten zutrifft; immer bezogen auf die einzelnen Geschäftstypen.

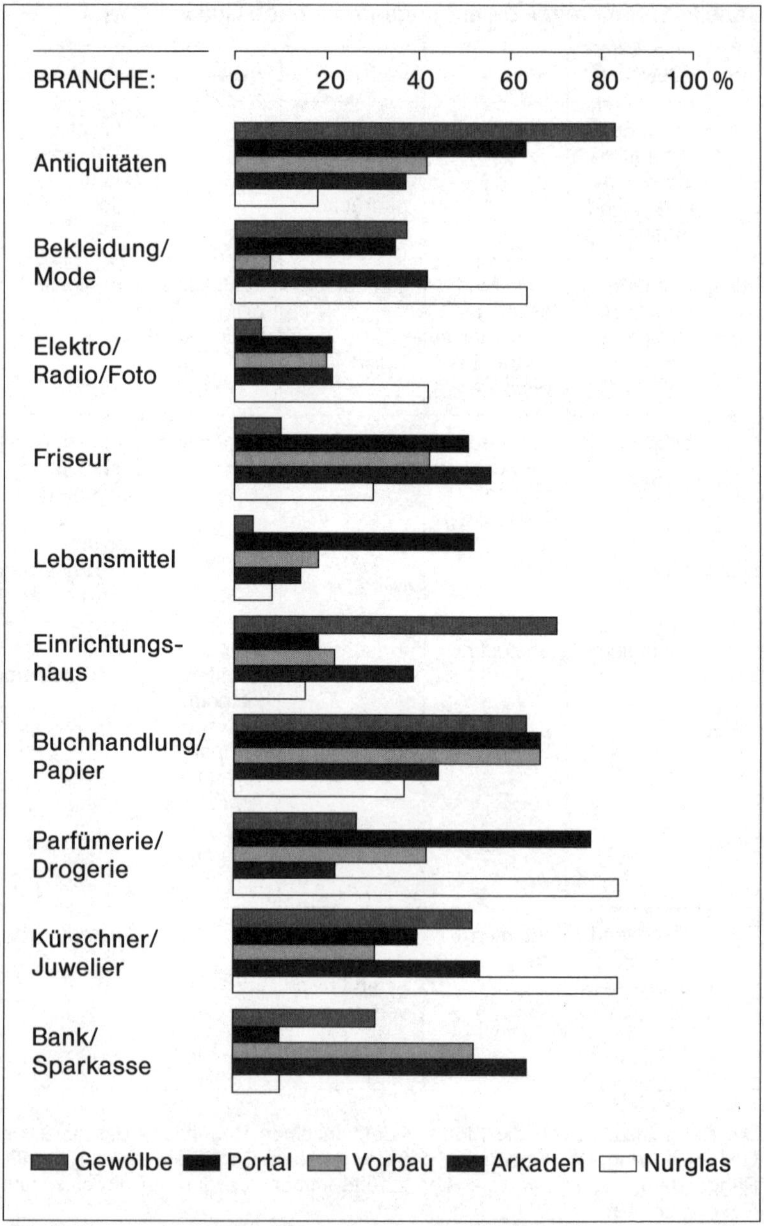

Abbildung 7: Branchenzuordnung zu 5 Geschäftstypen

	repr. Umfrage		Umfrage 1991
Antiquitäten	Gewölbe (Portal)	≈	Portal (Gewölbe)
Bekleidung/Mode	Nurglas		Nurglas
Elektro/Radio/Foto	Nurglas		Nurglas
Friseur	Arkaden		Arkaden
Lebensmittel	Portal		Portal
Einrichtungshaus	Gewölbe	≠	Nurglas
Buchhandlung/ Papier	Vorbau (Portal)	≈	Portal (Arkaden)
Parfümerie/Drogerie	Nurglas (Portal)		Nurglas (Portal)
Kürschner/Juwelier	Nurglas		Nurglas
Bank/Sparkasse	Arkaden (Vorbau)		Arkaden (Vorbau)

Brancheneignung

»Gewölbe«

Antiquitäten
Einrichtungshaus

»Portal«

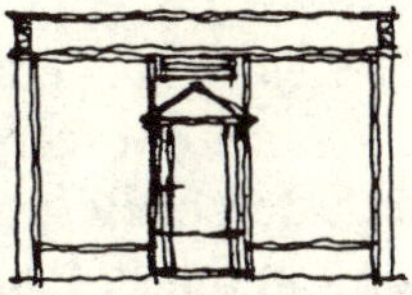

Antiquitäten
Buchhandlung/Papier
Parfümerie/Drogerie
Lebensmittel

»Vorbau«

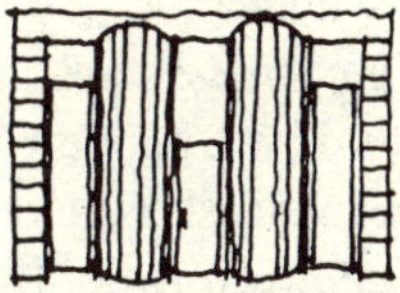

Buchhandlung/Papier
Bank/Sparkasse

»Arkaden«

Friseur
Kürschner/Juwelier
Bank/Sparkasse

»Nurglas«

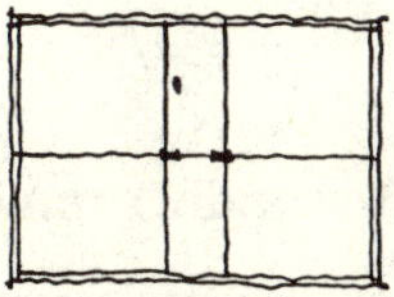

Parfümerie/Drogerie
Kürschner/Juwelier
Bekleidung/Mode
Elektro/Radio/Foto
Einrichtungshaus

»Portal« gewinnt bei Antiquitäten, verliert jedoch in den Branchen Bekleidung/Mode, Friseur und Parfümerie/Drogerie.
»Nurglas« gewinnt beim Einrichtungshaus, verliert hingegen beim Friseur und bei Buchhandlung/Papier.

Banken im Bild

Banken/Sparkassen waren jene Branche, mit der wir uns in der Untersuchung 1984 dann noch intensiver beschäftigten.
Die fünf bedeutendsten österreichischen Geldinstitute, die über ein flächendeckendes Filialnetz in Wien verfügen, wurden in die Untersuchung einbezogen. Um tatsächlich unverfälschte, das heißt in unserem Sinne nur architekturbezogene Ergebnisse zu erzielen, wurden übrigens bei den als Bildvorlagen verwendeten Originalfotos der Bankfilialen alle banktypischen Schriften und Zeichen abgedeckt.
Die Imagemessung wurde selbstverständlich mit den gleichen Items wie bei den Geschäftsportalen vorgenommen, das Kriterium »Einkaufsbereitschaft« wurde durch »Besuchsbereitschaft« ersetzt. Die Prüfung der Korrelation von Image-Items mit der »Besuchsbereitschaft« ergab ein wesentlich einheitlicheres Bild als bei den Geschäften. Eine ganze Reihe von Items, und zwar »einladend, sympathisch, vertrauenswürdig, originell, fortschrittlich«, korreliert in hohem Maße und tatsächlich bei allen Bankfilialen mit dem Faktor Besuchsbereitschaft.
Die Items »abstoßend, bedrückend, nüchtern« hingegen korrelieren eindeutig negativ.

Architektur und CI von Banken

Was uns in diesem Zusammenhang besonders interessierte, war die Frage, ob die Architektur von Bankfilialen zu ihrer Identifikation beitragen kann.
Dazu muß man allerdings erwähnen, daß das allmähliche Anwachsen der Filialnetze über einen längeren Zeitraum hinweg dazu führte, daß die einzelnen Bankfilialen in unterschiedlichen Stil-

richtungen gebaut wurden; dazu kommt, daß immer wieder auch Rücksichten auf das lokale Ensemble bis hin zu denkmalschutzorientierten Vorschriften die Freiheit der Gestaltung einschränken.

Deswegen stellen natürlich Schriftzüge und Zeichen (wie etwa die von Prof. Hollein entworfene »Z-Kugel für die Zentralsparkasse) nach wie vor wesentliche Merkmale für die Wiedererkennbarkeit der einzelnen Filialen dar.

Auch die architektonischen Konzepte der untersuchten Institute waren naturgemäß höchst unterschiedlich:

Die BAWAG - als jüngstes Unternehmen - konnte die überwiegende Mehrheit ihrer Filialen in einem einheitlichen Corporate-Design-Look erbauen. Man errichtet fast ausschließlich Eckfilialen an guten Plätzen. Sie sind nach dem Prinzip einer Vorbaufassade gestaltet, das heißt, daß Rasterfelder auf die Hausfassade aufgebracht werden, wobei eine stärkere Eigenarchitektur der Fassade und größere Räumlichkeit erreicht werden. Durch das Vordach mit dem BAWAG-Sechseck an der Stirnseite ist ein starker Signalwert gegeben.

Die CA - CREDITANSTALT-BANKVEREIN - verfügt neben altehrwürdigen Filialen in grünem Marmor über einfachere, eher gesichtslose Filialen aus den 50er Jahren, während man erst in den 70er Jahren, nach Einführung des neuen CA-Logos, begann, auch ein neues Corporate-Design-Konzept zu entwickeln. Beiger Sandstein, braune Fensterrahmen und meist braun getöntes Wärmeschutz- und Sicherheitsglas wurden typisch.

Die ERSTE ÖSTERREICHISCHE SPAR-CASSE, ursprünglich recht konservativ, erfuhr in den 70er Jahren eine radikale Modernisierung: ein knalliger römischer Einser als Logo, blaurote Hausfarben, Fassaden meist in hellem Sandstein und blau eingefaßte Fenster trugen zur Imageverjüngung bei.

Die ÖSTERREICHISCHE LÄNDERBANK hat vor ebenfalls nicht allzu langer Zeit einen neuen Filialstil entwickelt, der durch helle, meist gelbliche Fassadengestaltung mit einem dominanten horizontalen Balken, der vom Schriftzug in großen grünen Lettern beherrscht wird, gekennzeichnet ist.

Die ZENTRALSPARKASSE schließlich ist die einzige Bank, die gar nicht die Absicht hat, eine einheitliche Architekturlinie zu kreieren. Sie setzt ganz auf den hohen Bekanntheitsgrad der gelb-orangefarbenen »Z«-Kugel. Neben unauffällig der Umgebung angepaßten Filialen gibt es solche, die mit hypermodernen architektonischen Sensationen aufwarten.
Unter diesen Prämissen konnte man gespannt sein, wie der Zuordnungstest ausfallen würde, in dessen Rahmen die Befragten die neutralisierten Bildvorlagen den verschiedenen Geldinstituten zuordnen sollten. Abbildung 8 zeigt die Ergebnisse. Zum besseren Verständnis dient Tabelle 2.

Tabelle 2

Geldinstitut	richtige Zuordnung	Anteil der »Hausbank«-Kunden im Sample
1. Die Erste	75 %	18,8 %
2. BAWAG	69 %	3,1 %
3. Zentralsparkasse	45 %	26,6 %
4. Creditanstalt	39 %	28,1 %
5. Länderbank	20 %	7,8 %

Das einheitliche Erscheinungsbild von ERSTER ÖSTERREICHISCHER SPAR-CASSE und BAWAG wirkt sich also in einem überzeugend hohen Prozentsatz der Wiedererkennbarkeit aus; auffällig ist zudem der hohe Wert bei der BAWAG angesichts des verschwindend kleinen Anteils von »Hausbank«-Kunden im Sample, also von Personen, die diese Bank als ihre Hausbank bezeichnen.

Eine »anziehende« Branche: Damen-Wäschegeschäfte

»CI bei Massenfilialbetrieben und Einzelgeschäften der Wäschebranche« war der Titel einer empirischen Untersuchung aus dem Jahre 1989.

Geschäfte von PALMERS, GAZELLE, ROSITTA und FÜRSTENBERG, alle in Wien, waren Gegenstand dieser Untersuchung.
Der Bekanntheitsgrad war bei den Filialbetrieben, bedingt durch die Vielzahl der Filialen wie auch durch die konsequente Werbung, extrem hoch: 100 Prozent bei PALMERS, 97 Prozent bei GAZELLE. Die Einzelgeschäfte mit nur je einem Standort konnten da natürlich nicht mithalten: für ROSITTA wurde immerhin noch ein Bekanntheitsgrad von 25 Prozent, für FÜRSTENBERG jedoch nur noch ein solcher von 14 Prozent ermittelt.
Zentrales Thema war wieder die Frage nach der Wiedererkennbarkeit der Geschäfte anhand von neutralisierten Bildvorlagen (also ohne Firmenschriftzug). Hier punktete PALMERS mit überragenden 97 Prozent (in erster Linie durch die Firmenfarbe Grün) vor GAZELLE mit 72 Prozent (die Hausfarbe Blau war das wesentliche Erkennungsmerkmal), ROSITTA mit 17 Prozent und FÜRSTENBERG mit 3 Prozent.
Interessanterweise trat bei dieser Untersuchung nicht nur zutage, daß sich mehr als drei Viertel der Befragten gerne Schaufenster ansehen, sondern daß die - neutralisierten - Bildvorlagen von PALMERS, GAZELLE und ROSITTA unter anderem auch an der Schaufenstergestaltung identifiziert werden konnten.
Dies kann wohl als Indiz dafür angesehen werden, daß ein firmentypischer, eigenständiger Stil der Schaufenstergestaltung gerade bei Handelsbetrieben als Bestandteil der CI zu werten ist.
Diese Eigenständigkeit wird von den Konsumenten nicht nur bemerkt, sondern auch gemerkt. Wiedererkennbarkeit, also Identifikationsmöglichkeit, und verstärkte Kundenbindung sind die positiven Konsequenzen.

Was steckt hinter den Fassaden?

Allen Untersuchungen, die der Autor über mehrere Jahre hinweg durchgeführt hat und deren wesentliche Ergebnisse in diesem Beitrag skizziert wurden, ist die Erkenntnis gemeinsam, daß Architektur nicht nur den Eingeweihten, den Kenner beschäftigt, son-

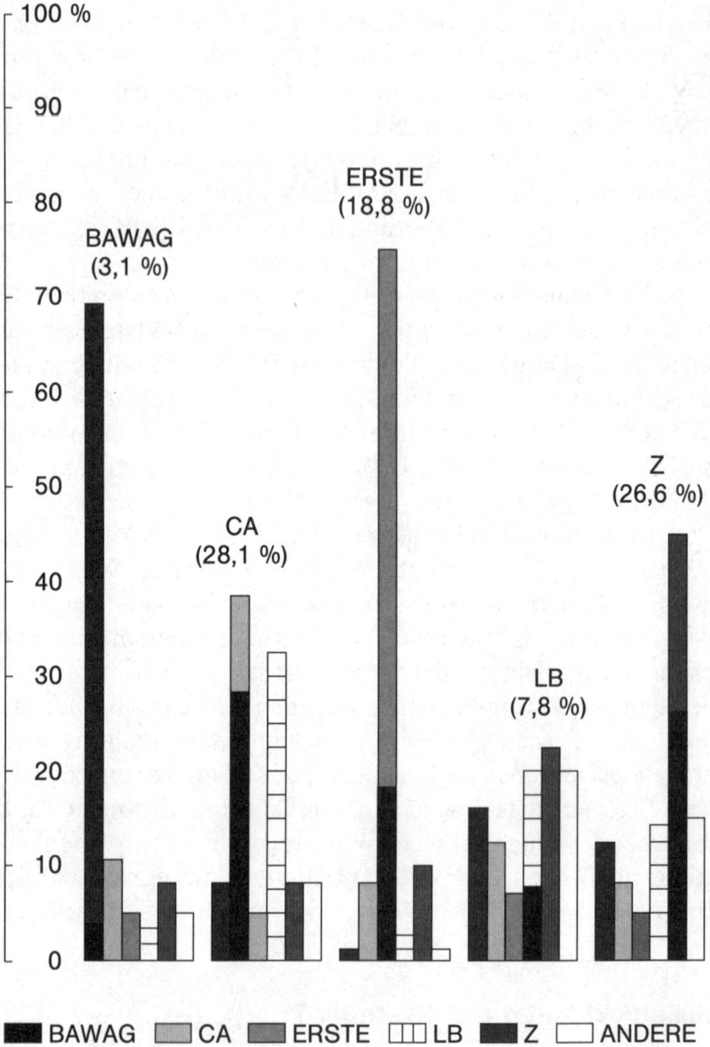

(Klammerwerte geben den Anteil der Hausbank-Kunden im Sample an)

Abbildung 8: Zuordnung der Bankfotos zu den Geldinstituten

Abbildung 9 und 10: Modegeschäfte

dern jeden von uns betrifft, angeht und interessiert. Wir leben mit Architektur.
Architektur wirkt auf die Umwelt, auf die Menschen unserer Zeit, die sensibel genug sind, »Signale« aus dem visuellen Bereich der Architektur zu empfangen. Die neue Generation der »kritischen Konsumenten« entwickelt auch ein geeignetes Instrumentarium zur Beurteilung architektonischer Werte.
Am Beispiel der Fassaden wird deutlich, daß sie etwas zu sagen haben. Die Menschen erleben Fassaden als Zeichen dafür, was dahintersteht. Vorlieben und Abneigungen führen zu - vielfach unterbewußter - Wertung.
Hier liegt die Chance der Architektur - und des Architekten. Sein vertieftes Wissen um die Wirkung der Gestaltung kann ihn befähigen, das wahre Bild des Unternehmens zu zeigen.

Das Geheimnis des Gewölbes

In der Mehrzahl der Tests und Auswertungen schien immer wieder der Geschäftstyp »Gewölbe« besonders positiv auf. Ist also dieser Archetyp eines Geschäftes uns von alters her, seit Generationen, so vertraut, daß wir ihm vertrauen? Finden wir hier die Ur-Geborgenheit bestätigt, die wir schon als Höhlenbewohner gesucht haben? Und wieso ordnen wir diesem Geschäftstyp heute sogar das Image-Item »fortschrittlich« in hohem Maße zu?
Ist darin eine Sehnsucht verborgen, eine Form als »heutig« zu empfinden, die in Wahrheit alt ist, oder ist diese Bewertung als Resonanz darauf zu sehen, daß gerade in Wien, wo die Untersuchung durchgeführt wurde, der Geschäftstyp »Gewölbe« nicht nur Tradition, sondern auch für neue Geschäfte Gültigkeit hat?
Eine Fülle von Fragen mit tiefenpsychologischen Ansätzen.
Vielleicht ist es aber auch ganz einfach: Das »Gewölbe« ist jener Raum, in dem wir uns wohl fühlen. Und, auf Geschäfte bezogen, jene Stätte, mit der wir ein gehobenes Einkaufserlebnis (Antiquitäten beispielsweise) assoziieren.

Portale sind Signale

Aus den hier dokumentierten Untersuchungen lassen sich vier wesentliche Erkenntnisse ableiten:

- Unterschiedliche Geschäftstypen haben unterschiedliche Wirkung. Wir können verschiedene Imageprofile feststellen. Sie zeigen uns, wie ein Geschäft unterbewußt und spontan beurteilt wird.
- Unterschiedliche Geschäftstypen rufen unterschiedliche Besuchs- oder Einkaufsbereitschaft hervor. Das Maß an Besuchs- oder Einkaufsbereitschaft kann erhöht werden, wenn durch die architektonische Gestaltung von Geschäftsportalen Begriffsinhalte wie »einladend, sympathisch, vertrauenswürdig, originell, fortschrittlich« vermittelt werden.
- Bestimmte Geschäftstypen eignen sich für bestimmte Branchen. Der Konsument hat ein Gefühl dafür, was für ein Geschäft am besten zu welchem Portal paßt. Wenn die Realität mit seiner Vorstellung übereinstimmt, haben wir eine bessere Chance, von ihm akzeptiert zu werden.
- Die architektonische Gestaltung von Portalen kann dazu beitragen, die Corporate Identity von Unternehmen zu verdeutlichen. Dort, wo dies absichtsvoll geschieht, ist ein höheres Maß an Wiedererkennbarkeit und Identifikationsmöglichkeit gegeben.

Portale sind Signale, die aus der Welt von Träumen, Wünschen und Bedürfnissen der Menschen zur Erlebniswelt von Geschäften und Schaufenstern hinführen.

4

Lehrer,
Künder, Verheißer

Alexander Demuth

Corporate Communications: Profil gewinnen durch strategische Kommunikation

Warum Corporate Communications?

Wir leben in Zeiten der Überinformation. Deshalb wird die Kommunikation immer schwieriger. Das klingt zwar paradox, entspricht aber durchaus den Tatsachen. Viele Botschaften erreichen die angestrebten Empfänger überhaupt nicht mehr. Bei Meinungsbildnern - so hat der Saarbrücker Professor Kroeber-Riel ausgerechnet - beträgt die »Informationsüberlastung« etwa 98 Prozent, das heißt, von 100 angebotenen Informationen finden nur zwei überhaupt Beachtung.

Kommunikation ist schwer

Information ist leicht. Kommunikation ist schwer. Der Unterschied ist, daß Kommunikation erst stattgefunden hat, wenn der Empfänger die Information aufgenommen und verstanden hat.
Kommunikation findet aber auch ohne Information statt. Man kann nämlich, wie der Kommunikationswissenschaftler Paul Watzlawick feststellt, nicht *nicht* kommunizieren.
Sein Axiom beruht auf der Überlegung, daß *immer* Beziehungen zwischen Kommunikatoren bestehen, auch wenn keine Signale oder Botschaften ausgetauscht werden. Denn selbst die Abwesenheit von Signalen ist bereits Kommunikation. Was damit gemeint ist, macht ein Beispiel deutlich: Wenn Sie ein Geschäftsfreund bei einem vereinbarten Termin absichtlich über eine halbe Stunde warten läßt, hat er Ihnen - ohne ein Wort zu sagen - signalisiert,

daß er Sie nicht sonderlich schätzt. Kommunikation hat also stattgefunden, ohne daß Worte oder Schriftstücke ausgetauscht wurden.
Dieser Tatbestand ist wichtig, weil er auch für das Unternehmen gilt. Das Unternehmen kommuniziert ständig, auch wenn es aktiv nichts dazu beiträgt. Der Umkehrschluß, daß auch ohne das Zutun des Unternehmens kommuniziert wird und eigene Aktivitäten daher überflüssig sind, ist allerdings falsch.

Sie sehen sich anders, als andere Sie sehen

Es ist falsch und gefährlich, anzunehmen, daß andere das eigene Unternehmen genauso beurteilen, wie man selbst es tut.

In diesem simplen Satz steckt die Erkenntnis, daß es eine absolute Wirklichkeit nicht gibt. Nach Watzlawick ist Wirklichkeit lediglich ein Resultat von Kommunikation. Das scheint paradox, weil die Wirklichkeit doch offenbar das ist, was wirklich der Fall ist, und Kommunikation die Art und Weise, sie zu beschreiben. Dem ist aber nicht so.
Auf das Unternehmen übertragen, bedeutet dies, daß eine Unternehmenswirklichkeit gar nicht existiert, sondern nur Auffassungen dieser Wirklichkeit. Sie fallen je nach Zugehörigkeit und Standort des jeweiligen Betrachters unterschiedlich aus.
So hat man aus einer leitenden Funktion heraus eine gänzlich andere Auffassung der Unternehmenswirklichkeit (Selbstbild) als ein Mitarbeiter auf einer anderen hierarchischen Ebene oder ein Wirtschaftsjournalist, der das Unternehmen nur von außen betrachtet (Fremdbild). Eine Übereinstimmung von Selbstbild und Fremdbild läßt sich aber nicht auf Befehl herstellen, sondern nur als Resultat eines sorgfältig geplanten und kontinuierlich durchgeführten Kommunikationsprozesses, der beispielsweise den Journalisten in die Lage versetzt, die Dinge so zu beurteilen, wie sie sich für einen leitenden Angestellten des Unternehmens darstellen.

Die Chance: Kommunikation

Was Kommunikation bewirken kann, zeigt unsere Abbildung 1. Ist sie schwach ausgeprägt, sind Unternehmensrealität und Unternehmensimage verschieden. Zum Beispiel: Ein Konzern, der bisher Hausgeräte wie Küchenmaschinen und Kühlschränke hergestellt hat und jetzt Computer produziert, wird sein »Hausgeräte-Image« so lange behalten, bis es ihm gelungen ist, eine genügend große Anzahl von Meinungsbildnern davon zu überzeugen, daß er sich vom »Low-Tech«- zu einem »High-Tech«-Unternehmen gewandelt hat.

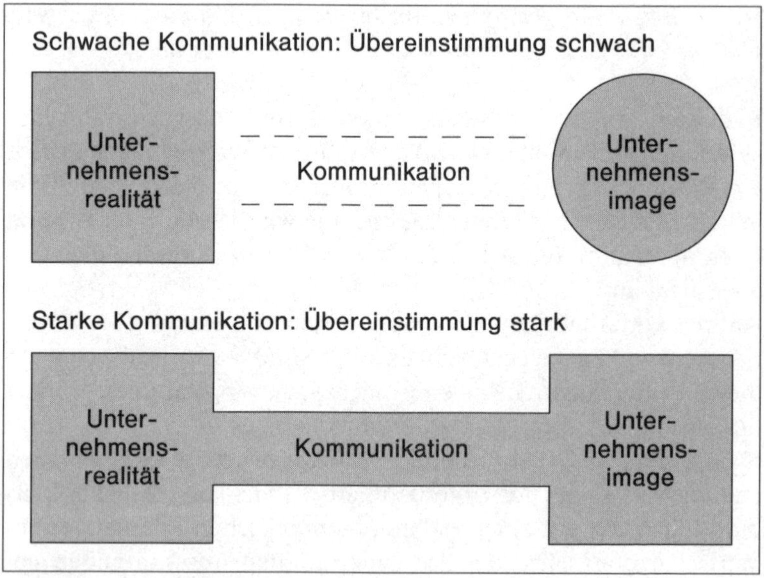

Abbildung 1: Kommunikationswirkung

Ist die Kommunikation stark, können im Idealfall die »wirkliche« Wirklichkeit (Unternehmensrealität) und die Wirklichkeit via Kommunikation (Unternehmensimage) in Übereinstimmung kommen. Wenn man davon ausgeht, daß Kommunikation Wirklichkeit erzeugt, hat demnach jedes Unternehmen die große Chance, in den

Köpfen seiner Betrachter diejenige Wirklichkeit zu schaffen, die der Unternehmensrealität am nächsten kommt.
Auch Corporate Identity - die Unternehmensidentität - ist das Resultat von Kommunikation. Ihre Elemente, eine Unternehmensphilosophie und ein durchgängiges inhaltliches und visuelles Erscheinungsbild des Unternehmens, lassen sich nur durch Kommunikation (in bildlicher, schriftlicher und mündlicher Form) vermitteln. Das Instrument dazu heißt: Corporate Communications.

Was ist Corporate Communications?

Corporate Communications ist Kommunikation auf strategischer Grundlage mit dem Ziel, die Einstellung wichtiger Zielgruppen zum Unternehmen zu verändern.

In dieser Definition stecken neben dem bereits erläuterten Begriff *Kommunikation* zwei weitere Worte: *Strategie* und *Einstellungswandel.* Sie machen deutlich, wodurch sich Corporate Communications von den herkömmlichen Formen der Produktwerbung unterscheidet. Das Ziel von Corporate Communications ist *Einstellungsveränderung*, nicht Produktverkauf. Die Einstellung von Menschen zu verändern ist, wie man weiß, ein ungeheuer schwieriger und langwieriger Prozeß. Denn sie lassen sich nun einmal viel lieber ihre bereits vorhandenen Vorurteile bestätigen, als diese zu verändern. Oder, was viel schlimmer sein kann, sie nehmen die ihren Einstellungen zuwiderlaufenden Informationen gar nicht wahr. Schuld daran ist die sogenannte »selektive Wahrnehmung«, ein psychologischer Mechanismus, der uns vor Informationen schützt, die den Status quo gefährden. Mit anderen Worten: Jeder möchte seine mühsam aufgebaute Position lieber verteidigen, als sie zugunsten einer anderen aufzugeben.
Strategie heißt die zweite wichtige Komponente. Kommunikation ohne Strategie ist wie Schiffahrt ohne Kompaß. Die Kommunikationsstrategie eines Unternehmens muß immer mit der Unternehmensstrategie in Übereinstimmung stehen. Nur so können die

Interaktionen der vielen Zielgruppen und Kommunikationsmittel des Unternehmens berücksichtigt werden. Corporate Communications unterscheidet sich gerade durch diesen Ansatz von den anderen Denkdisziplinen in Werbung und Öffentlichkeitsarbeit, die weniger komplexe Aufgaben zu lösen haben.
Entscheidend für Corporate Communications ist ein strategisch aufgebautes Konzept, das alle »Kommunikationen« einschließt, die Vernetzung völlig unterschiedlicher Zielgruppen (von Mitarbeitern über Kunden, Lieferanten bis zu Journalisten, Gewerkschaftlern und Politikern) mit einbezieht und den synergistischen Effekt aller Kommunikationsmaßnahmen bewußt plant und ausnutzt.
Etwas einfacher ausgedrückt, bedeutet das: Corporate Communications ersetzt nicht Werbung, Öffentlichkeitsarbeit oder Mitarbeiterkommunikation. Corporate Communications plant, koordiniert, integriert und nutzt diese verschiedenen Disziplinen zur Veränderung von Einstellungen gegenüber dem Unternehmen (Abbildung 2).

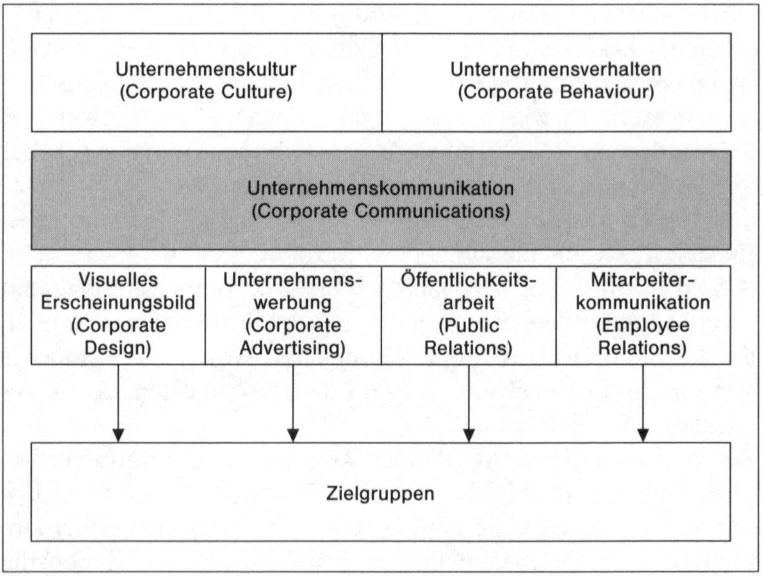

Abbildung 2: Das »Erscheinungsbild« des Unternehmens

Dabei bedient sich Corporate Communications aller Mittel und Wege, die auf dem Kommunikationssektor zu finden sind. Das Spektrum der Maßnahmen reicht von Corporate Design (Gestaltung des visuellen Erscheinungsbildes) über Unternehmenswerbung (Anzeigenkampagnen, TV- oder Funk-Spots), PR- und Pressearbeit bis zur Mitarbeiterkommunikation.

Image zeigt Wirkung

Das strategische Ziel von Corporate Communications ist der Einstellungswandel bestimmter Gruppen der Öffentlichkeit zu einem Unternehmen. Diese Zielgruppen haben ein bestimmtes Bild von Unternehmen, das wir »Image« nennen.
Leider ist Image ein recht wolkiger Begriff geworden, seitdem das Wort seinen Platz im deutschen Sprachgebrauch gefunden hat. Im Englischen bedeutet Image ein Bild der Wirklichkeit oder ein Ebenbild (»my image in the mirror«); im übertragenen Sinn »Vorstellung«. Laut Duden steht das neudeutsche Wort für ein »vorgefaßtes, festumrissenes Vorstellungsbild, das ein einzelner oder eine Gruppe von einer Einzelperson oder einer anderen Gruppe (oder Sache) hat«.
Auf unserer - stark vereinfachten - Graphik in Abbildung 3 wird deutlich, was ein starkes Unternehmensimage bewirken kann. Imagepflege ist demnach kein Luxus, den man sich in wirtschaftlich guten Zeiten leisten soll, sondern eine wichtige Voraussetzung für den längerfristigen Unternehmenserfolg schlechthin. Im einzelnen kann ein positives Unternehmensimage folgendes bewirken:

① Attraktivität als Arbeitgeber

Für viele Unternehmen wird es trotz steigender Arbeitslosenzahlen immer schwerer, Spitzenkräfte für bestimmte Bereiche zu finden. So wird die Mehrzahl der Hochschulabsolventen, die ihr Studium mit Auszeichnung abgeschlossen haben, von vielen deutschen Großkonzernen heftig umworben. Das gilt nicht nur für den technischen Bereich, in dem Nachwuchskräfte die Garanten für

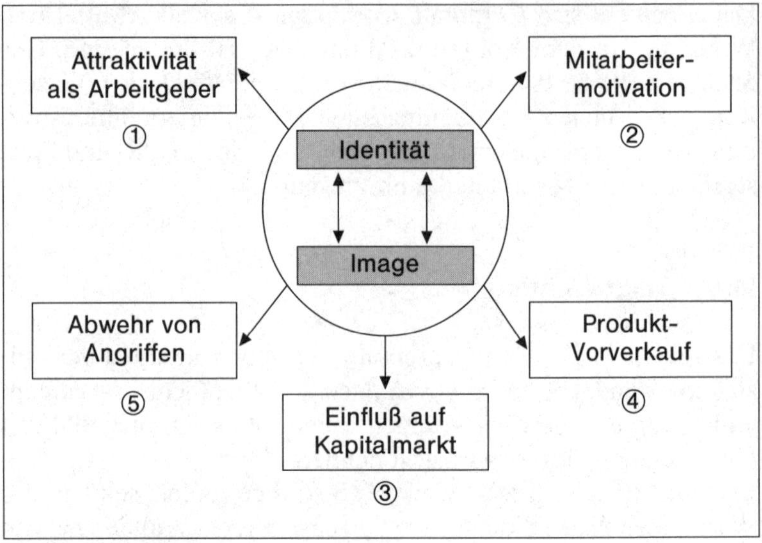

Abbildung 3: Image und Wirkung

zukünftige Innovationen sind; auch im Marketing-Sektor sind Spitzen-Nachwuchskräfte sehr gefragt.

② Mitarbeiter-Motivation
wirkt sich auf eine konkrete Weise aus: Sie beeinflußt die Produktivität des Unternehmens. Motivierte Mitarbeiter haben den Ehrgeiz, bessere Produkte herzustellen. Ein gutes Beispiel dafür ist Daimler-Benz. Man ist »beim Daimler«, man fühlt sich einer »Firmenfamilie« verpflichtet und handelt entsprechend. Für Daimler-Benz ist diese Denkweise eine der wichtigsten Wurzeln des langfristigen Unternehmenserfolgs geworden.

③ Einfluß auf dem Kapitalmarkt
Der Finanz- und Kapitalmarkt gewinnt - analog zu den USA - für deutsche Unternehmen zunehmend an Bedeutung. Das betrifft nicht nur börsennotierte Gesellschaften, deren Wert täglich neu »ausgehandelt« wird. Auch Firmen im Privatbesitz brauchen den Kapitalmarkt, um ihr Wachstum zu finanzieren. Mehr und mehr

Familiengesellschaften machten in den vergangenen Jahren den Schritt an die Börse und stellten fest, welche Bedeutung dabei ihr Unternehmensimage hat. Wird das Unternehmen hoch geschätzt, kann es sich bei einer Neuemission von Aktien oder einer Kapitalerhöhung unverhältnismäßig mehr Kapital zuführen als eine Firma mit weniger gutem Ruf. Als der Feinpapierhersteller Zanders an die Börse ging, gelang es ihm, für jede neu angebotene 50-Mark-Aktie DM 187,-- zu bekommen. Das ist mehr als das Dreifache des Nennwertes.

④ Produkt-Vorverkauf

Immer mehr Märkte zeichnen sich durch Austauschbarkeit der angebotenen Produkte aus. Bei Markenartikeln kennt man dieses Problem schon lange. Trotzdem gelingt es einigen Anbietern, sich mit Hilfe ihres Unternehmensimage vom Markt abzusetzen. Sony ist dies zum Beispiel mit seinem »Walkman« gelungen. Obwohl es inzwischen eine Vielzahl fast baugleicher Produkte gibt, wollen die Teenager nur das Original, weil es von Sony ist. Heute nutzt Sony seinen Imagevorsprung, indem es auf alle Produkte einen Aufkleber macht mit dem simplen Satz: »It's a Sony.«

⑤ Abwehr von Angriffen

Imagepflege ist wie eine Zukunftsinvestition zu betrachten. Man zahlt in guten Zeiten auf ein Konto ein, von dem man in weniger guten Zeiten zehren kann. Ein solches »Goodwill-Konto« ist insbesondere dann von Vorteil, wenn ein Unternehmen öffentlich angegriffen wird. Ein glaubwürdiges Unternehmen hat es im Falle einer Auseinandersetzung mit Journalisten und öffentlichen Stellen leichter als eines, das weitgehend unbekannt ist. Der bekannte Fall des Batterieherstellers »Sonnenschein« in Berlin belegt das. Die Firma wurde wegen ihrer angeblich umweltbelastenden Produktionsanlagen attackiert und war aufgrund des öffentlichen Drucks nahe daran, ihre Fertigung gänzlich zu schließen. Den Aussagen des Unternehmens wurde in der Öffentlichkeit deshalb so wenig Glauben geschenkt, weil über »Sonnenschein« so gut wie nichts bekannt war.

Fazit

Fassen wir zusammen: Unternehmensimage ist alles andere als »wolkig«. Richtig eingesetzt, schafft es wichtige Vorbedingungen für die dauerhafte und sichere Positionierung des Unternehmens und seiner Produkte. Das Instrument, mit dem diese anspruchsvollen Ziele erreicht werden können, heißt: **Corporate Communications**.

5

Vorbilder

Alberto Alessi

Fallstudien erfolgreicher Unternehmen: Der Fall Alessi

Ich habe meine Karriere bei Alessi am 10. Juli 1970 begonnen, einen Tag nach dem Kolloquium meiner Examensarbeit in Jurisprudenz an der katholischen Universität von Mailand. Der Titel meiner Arbeit lautete: »Die deutsch-lateinischen Statuten des Val Formazza im Jahr 1486.« Ein Thema, das nur sehr wenig mit dem Beruf zu tun hatte, der mich erwartete. Ich muß zugeben, daß mich die Aussicht, in der Firma meiner Familie zu arbeiten, nicht besonders begeisterte, aber ich war der erstgeborene männliche Nachkomme, und die Tradition bestimmte mich zum Erben des Geschäfts.

Die Firma Alessi von damals unterschied sich von der Struktur her nicht wesentlich von der heutigen Firma Alessi. Sie war 1921 von meinem Großvater Giovanni in Bagnella di Omegna als Dreherwerkstatt und Gießerei gegründet worden. Er verarbeitete Neusilber, Messing und Kupfer, die vernickelt, verchromt und versilbert wurden, um daraus kleine Haushaltsartikel - unser ursprünglicher Fertigungsbereich - herzustellen: Kaffee- und Teeservice, Tabletts, Objekte für die Bar, Suppen- und Salatschüsseln, Abfallbehälter ... 1938 hatte man mit der probeweisen Verarbeitung von nichtrostendem Stahl begonnen. Und gegen Ende des Zweiten Weltkriegs war die Struktur der Firma so weit ausgebaut, daß in Serie produziert werden konnte.

Zu Beginn der 70er Jahre beschäftigte Alessi 300 Arbeiter auf einer Betriebsfläche von 30 000 Quadratmeter, erwirtschaftete einen guten Umsatz mit einem rentablen Überschuß und war international anerkannt als eine der führenden Firmen im Bereich qualitativ hochwertiger Haushaltswaren aus Metall. Somit unterschied sie sich, rein äußerlich betrachtet, nicht wesentlich von der heutigen Firma Alessi. Darüber hinaus besaß sie schon damals ein weiteres Merkmal, das meine Neugier erweckt hatte. Es war der Akzent, der auf die ästhetische Qualität der Produkte gesetzt wurde, ebenso wie auf ihre Funktionalität. In der Tat hatte mein Vater Carlo in den 30er Jahren begonnen, als Designer in der Firma zu wirken, und die meisten der damals im Katalog geführten Objekte waren von ihm entworfen worden. Sein letztes Projekt war das Kaffee- und Teeservice »Bombè« gewesen, entworfen im Jahr 1945. Es wird noch heute produziert, gilt ein wenig als das Symbol von Alessi und ist in zahlreichen Museumssammlungen in aller Welt exponiert. Als mein Vater nach dem Zweiten Weltkrieg als Generaldirektor die Verantwortung für die Firma übernahm, öffnete er auswärtigen Designern die Türen. Er beauftragte Luigi Massoni und Carlo Mazzeri, eine Reihe von Objekten für Bar und Café zu entwerfen. Unter anderem den berühmten Shaker 870 von 1957. Auch dieser ist noch heute in Produktion und wird als eins der hervorragendsten Beispiele italienischen 50er-Jahre-Designs angesehen. Kurzum, als ich in die Firma Alessi eintrat, waren die grundsätzlichen Merkmale unserer Firmenidentität bereits festgelegt: die mittlere Größe des Unternehmens, die gute technische Ausrüstung zum Kaltpressen von Metallen, die Marktstellung im Bereich hochwertiger Haushaltswaren aus Metall, die dynamische Präsenz auf mehr als 70 ausländischen Märkten, die Produktionsqualität, auf die extrem Wert gelegt wurde, und das Interesse am Design.

Ich glaube, daß man meine Aktivitäten während der vergangenen zwanzig Jahre in den folgenden Sätzen zusammenfassen kann: Ich habe einige schon vorhandene Charakteristika von Alessi weiterentwickelt und ausgebaut (im besonderen das Interesse am Design, die hohe Produktionsqualität und die technologische Flexibilität). Nach und nach habe ich Alessi zu einem der – wenn nicht gar »dem« – international führenden Unternehmen auf dem Designsektor gemacht, indem ich verschärft Augenmerk auf das gelegt habe, was ich die »kulturelle Qualität« der Produktion nenne. Ich muß sagen, daß das nicht unbedingt meine ureigene Idee war, denn das, was ich getan habe, war eigentlich nichts anderes, als mit kritischem und klarem Verstand (und vielleicht größerem Durchsetzungsvermögen als andere) eine Form von Aktivität und Identität auszubauen, die sich zu jener Zeit mehr oder weniger auch in anderen Firmen entwickelte. Sie ist dem interessanten Phänomen zuzurechnen, das ich »Fabriken des Italienischen Designs« nenne.

Alessi, eine der Fabriken des Italienischen Designs

Die Anzahl der Unternehmen, die ich zur Italienischen Designindustrie zähle, ist begrenzt. Es sind vielleicht zwanzig oder dreißig. Ihre Namen sind allgemein bekannt: Alessi, Cassina, Flos, Zanotta, Artemide, Kartell, Danese, B & B, Driade ...
Es sind im allgemeinen kleine, bestenfalls mittelgroße Unternehmen, die in den 50er Jahren begonnen haben, sich mit Design zu beschäftigen und mit den wichtigsten italienischen Designern zusammengearbeitet haben (Zanuso, Sottsass, Castiglioni, Bellini, Mari, Aulenti, Sapper ...), auf dem Einrichtungs-, Beleuchtungs- und Haushaltswarensektor.
Diese Unternehmen haben eine besondere Auffassung vom Industriedesign, die sich von der anderer Industrien stark unterscheidet (vor allen Dingen von denen, die in großen Serien produzieren und die sich ebenfalls, wie man weiß, des Designs bedienen).

Design, verstanden als Marketing- und Technologieinstrument, oder Design, verstanden als Kunst und Poesie?

Vom Verständnis der Italienischen Designfabriken

Ich würde gerne eine rhetorische Frage voranstellen: Wird in Zukunft das Design als Marketing- und Technologieinstrument oder als etwas der Kunst und Poesie sehr Nahestehendes angesehen werden?
Zum Ende dieses Jahrhunderts, so scheint mir, werden sich zwei

verschiedene Auffassungen von Design breitmachen, die in einem sehr gegensätzlichen Verhältnis zueinander stehen. Einerseits das bei den Großindustrien vorherrschende Verständnis von Design, das heißt Design als Marketing- und Technologieinstrument . . . als eines neben zahlreichen anderen Marketing- und Technologieinstrumenten.

Hier ist die Aufgabe des Designs *tendenziell reduziert*, was bedeutet, daß das Design ausschließlich oder grundsätzlich dazu dient, der Industrie zu helfen, schneller und kostengünstiger zu produzieren oder die Produkte funktionaler zu machen oder ihnen ein schöneres Äußeres zu geben, um den Kaufreiz für die Kunden zu vergrößern.

Diese eingeschränkte Auffassung von Design, reduziert auf den Marketing- und Technologieaspekt, reicht meiner Meinung nach nicht aus, um das komplexe Phänomen des heutigen Designs und die Frage nach seiner Entwicklung für die kommenden Jahre zu erklären. Darüber hinaus genügt es, sich umzusehen, um zu erkennen, wohin diese Art, Design zu interpretieren, geführt hat und noch führt: in eine Welt voll anonymer, langweiliger Produkte, ohne Emotionen . . . ohne Poesie.

Ein klassisches Beispiel ist die Automobilindustrie. Die Autos sind sich inzwischen alle ähnlich, nur wenig aufregend und unter ästhetischen Gesichtspunkten kein bißchen innovativ.

Doch nun zu der zweiten Art, Design zu verstehen, der, der Alessi nahesteht: zum Phänomen der Fabriken des Italienischen Designs, *Design verstanden als Kunst und Poesie.* Bei den Italienischen Designfabriken handelt es sich im allgemeinen um private Institutionen, die - wie andere auch - einen Vorteil darin sehen, in einem kapitalistischen System zu agieren, in dem sie sich vollkommen wiedererkennen. Firmen also, die Waren produzieren und verkaufen - seien es nun Möbel, Lampen, Kaffeemaschinen oder Eßbestecke - und die dem Verhältnis von Kosten und Nutzen große Aufmerksamkeit schenken. Doch nichtsdestoweniger leben und handeln die Fabriken des Italienischen Designs im Kontext einer »materiellen Kultur«, da sie sich täglich mit dem Thema der angewandten Kunst auseinandersetzen.

Wir wissen, daß das Thema der angewandten Kunst ein sehr weit gefächertes ist, aber wir wissen auch, daß es seit Anbeginn der industriellen Revolution darüber hinaus ein sehr aktuelles ist. Insbesondere durch die Auseinandersetzung mit der beginnenden industriellen Produktion, die die Engländer John Ruskin, William Morris und die Bewegung Arts & Crafts in der zweiten Hälfte des letzten Jahrhunderts ausgelöst hatten.

Als Schriftsteller, Maler, Künstler und Designer polemisierte Morris gegen die Handlungsweise der Industrie seiner Zeit, welche die Produktion geschmackloser und qualitativ schlechter Produkte initiiert hatte. Diese stand im Gegensatz zur handwerklichen Produktion, die seiner Auffassung nach origineller war, bessere Qualität lieferte und den künstlerischen und kulturellen Aspekten eher Rechnung trug. Diese Vision, die wir eine Vision von Design als Kunst und Poesie nennen können, setzte sich darauffolgend in einigen sehr wichtigen Episoden im Verlauf der nächsten hundert Jahre fort: Von der in England und Amerika ein halbes Jahrhundert lang bestehenden Bewegung Arts & Crafts über die Wiener Werkstätte der Jahrhundertwende über den Deutschen Werkbund bis in den 20er Jahren zum Bauhaus von Weimar und Dessau, bis zur Schule von Ulm . . . bis in der Nachkriegsperiode zum Phänomen der Fabriken Italienischen Designs. Wir von Alessi glauben, daß die unterschiedlichen Auffassungen und Verhaltensmuster in der industriellen Welt auf diese Periode, auf diese Art zu denken zurückgehen:

Auf der einen Seite also die (zweifelsohne sehr starke) Gruppe der Industrien, die glauben, ihr einziges Ziel läge darin, Produkte herzustellen, um sie zu verkaufen, kurzum um Geld zu verdienen. Das Design wird hier ausschließlich als Mittel verstanden, um dieses Ziel zu erreichen.

Auf der anderen Seite wir, die Industrien – eine wesentlich kleinere Gruppe –, die glauben, daß der Endzweck ihres Daseins darin besteht, mittels ihrer Aktivitäten an dem zivilen und kulturellen Wachstum teilzuhaben und die ästhetische Sensibilität des Publikums zu fördern. Hier wird Design wesentlich höher eingeschätzt: eben als Kunst und Poesie.

Natürlich ist es theoretisch denkbar, daß diese beiden Tendenzen in ein und derselben Industrie nebeneinander bestehen können, aber in der Realität verläuft die Trennlinie zwischen den beiden Typologien dort, wo entweder der einen oder der anderen Ausrichtung die Priorität gegeben wird. Und diese Wahl beeinflußt das gesamte Erscheinungsbild der jeweiligen Industrie, ihre Art, dazusein und im soziokulturellen Umfeld zu agieren.

Die Normüberschreitung als ein historisch unveränderbarer Bestandteil des Italienischen Designs

Jetzt sei mir erlaubt, zum Kern der Frage vorzustoßen, um das Phänomen der Fabriken Italienischen Designs besser erklären zu können.
Gibt es ein besonderes Charakteristikum des Italienischen Designs, das heißt eine Konstante, die wir in allen seiner beispielhaftesten und besten Produkte wiederfinden können und die es uns ermöglicht, diese Produkte in der Umgebung einer immer reicher und vielfältiger werdenden internationalen Industrieproduktion wiederzuerkennen?
Ich glaube ja. Ich sehe dieses Charakteristikum in der »Komponente der Grenzüberschreitung«, welche sich mit einer gewissen Offensichtlichkeit in all den Projekten zeigt, die kennzeichnend sind für die Geschichte dieses für die industrielle Kultur meines Landes so typischen Phänomens.
Das Konzept der »Überschreitung« impliziert das der »Norm«. Das Normsystem, innerhalb dessen sich die Aktivitäten der Industrien bewegen, kann in drei große Gruppen unterteilt werden: die Normen technisch-funktionalen Charakters (die die materielle Produktion der Objekte regeln), die Normen sozioökonomischen Charakters (die den Zutritt der Produkte auf den Markt regeln) und die Normen ästhetisch-kommunikativen Charakters (die die Akzeptanz und das Verstehen der Produkte von seiten der Käuferschicht regeln). Aber ein »Normsystem« beinhaltet tendenziell

auch eine statische Weltauffassung und bremst wahrscheinlich - im Fall der Industrie - auch stark die Weiterentwicklung.
Meiner Meinung nach ist offensichtlich, daß eine übertriebene Achtung der oben genannten Normgruppen zu einem fortschreitenden und dramatischen Rückgang der kreativen Kräfte in der Produktion vieler großer, internationaler Industrien führt (siehe zum Beispiel die Autoindustrie).
Dagegen scheint mir das Prinzip der Normüberschreitung in angemessener und bescheidener Form - sei es in Richtung Technologie, Marketing oder Ästhetik - nicht nur akzeptabel, sondern sogar wünschenswert zu sein. Unter diesem Aspekt sind die bedeutendsten Beispiele der Normüberschreitung zu interpretieren: angefangen bei der Möglichkeit, die Technologie aufs äußerste auszureizen - wie zum Beispiel bei dem »Superleichtstuhl« von Giò Ponti, den Möbeln von Carlo Mollino oder den Produkten von Franco Albini für Arflex bis hin zu den Objekten von Marco Zanuso und Richard Sapper für Brionvega und Artemide -, über die Lust, auf den Status quo des heutigen Marketings zu pfeifen - so Achille Castiglioni für Flos, Bruno Munari, Mario Bellini oder Enzo Mari für Danese - bis hin zum Wunsch, die figurative Tradition zu zerstören, wie etwa im »Radical Design« von Alchimia und Memphis mit Ettore Sottsass, Alessandro Mendini und Andrea Branzi . . .
Verwunderlich ist, daß diese Unruhestifter die Produktion von Objekten angeregt haben, die oft große Erfolge bei der Kundschaft erzielt haben, und das, ohne die Unternehmer allzu großen Risiken auszusetzen. Sie haben Tendenzen ins Leben gerufen, die, anfangs experimenteller Art, bald Schule gemacht haben, um schließlich von Industrien angenommen zu werden, die wesentlich größer sind als jene, die ursprünglich diese Projekte finanziert haben. Um nur ein Beispiel zu nennen: Espace, das neue Auto von Renault, stammt deutlich von einem Prototyp ab, den Mario Bellini zu Beginn der 70er Jahre für Cassina entwickelt hatte.

Wir sind keine Industrien im üblichen Sinn, sondern wahre Forschungslabors auf dem Sektor der angewandten Künste

Auf den Punkt gebracht: Wir sind davon überzeugt, daß unsere wahre Natur der eines Forschungslabors entspricht, wo man sich permanent um die Vermittlung zwischen den modernsten Forderungen der internationalen Kreativkultur und den Bedürfnissen der Käuferschicht bemüht. Wir sind also keine Industrie im gewohnten Sinn. Mit den begrenzten Mitteln, die uns zur Verfügung stehen, kämpfen wir gegen die Armut und die Langeweile der genannten großindustriellen Serienproduktion.
Wenn wir also einerseits die »Normüberschreitung« als grundlegendes Merkmal unseres Arbeitsprozesses und andererseits unsere Handlungsstrukturen, die ja dennoch industrielle sind, akzeptieren, sind wir in der Lage, die Fähigkeit der »Mäßigung« zu entwickeln. Diese besteht im Können, die »Normüberschreitung« derart zu steuern, daß sie nicht entartet, den Markt nie definitiv zerstört und die Grenzen nur so weit überschreitet, wie es für die Allgemeinheit akzeptabel ist.
Wenn man die Theorie akzeptiert, der zufolge die »Mäßigung« ein Beitrag ist, der der Industrie zusteht, während die »Normüberschreitung« dem Planer zusteht, glaube ich, daß die Fabriken des Italienischen Designs heute eine unvergleichliche Befähigung der Vermittlung erlangt haben, womit sie sich deutlich von »anderen« italienischen Industrien, aber auch von nichtitalienischen Industrien, die sich ebenfalls mit Design beschäftigen, unterscheiden. Ich meine damit die Gewandtheit, die Normen zu überschreiten und dabei immer einen Fuß auf dem Markt zu behalten, die Produktionswelt auf immer höhere Gipfel zu treiben, aber auf realistische und positive Art und Weise. Ich spreche hier sozusagen von einer positiven Utopie.
Schließlich kann ich, während ich dieses Bild zeichne, eine weitere vor kurzem von uns vorgenommene Regelüberschreitung in bezug auf die ersten Entwicklungsphasen des Italienischen Designphänomens nicht verschweigen. Denn ursprünglich hielt man die italieni-

sche Industrie und die italienischen Designer für unmittelbar voneinander abhängig.
Dies trifft heute nicht mehr zu. In der Tat hat eine Öffnung gegenüber internationalen Strömungen und Wandlungen im kreativ-kulturellen Bereich stattgefunden. Die Fabriken des Italienischen Designs haben ihre Türen mittlerweile auch ausländischen Designern und Architekten geöffnet. Eine komplexe und reichere Phase im Great Magic des Italienischen Designs hat begonnen. Eine Entwicklung, an der Alessi mit großem Interesse teilhat. Ich erinnere beispielsweise an unsere Zusammenarbeit mit den Amerikanern Robert Venturi, Michael Graves und Frank Gehry, mit den Franzosen Philippe Starck, mit dem Japaner Arata Isozaki, dem Russen Yuri Soloview und der deutschen Gruppe Frogdesign. Und auch an die Arbeit mit jungen Designern in aller Welt, koordiniert durch das Centro Studi Alessi in Mailand.
Am Ende möchte ich nochmals bekräftigen, daß wir nicht einverstanden sind mit ersterer Art, Design zu verstehen (Design als Technologie- und Marketinginstrument). Eben weil es sich dabei um eine zu rigid professionalisierte, spezialisierte und marktorientierte Auslegung handelt. Eine Rolle, auf die es immer stärker von den großen Industrien festgelegt wird. Wir sind dagegen davon überzeugt, daß das Design, das wahre, immer noch zu eng an die alten Unterscheidungen zwischen schönen Künsten und Kunsthandwerk oder dekorativer und angewandter Kunst gebunden ist. Sei es nun aufgrund äußerer Umstände, ausgelöst durch Veränderungen in der Welt, die uns umgibt, oder aufgrund physiologischer Wachstums- und Reifungsprozesse. Das Design dieser Jahre hat einen historischen Anspruch: den, sich eine eigenständige Position innerhalb der figurativen Künste zu erobern.
Und ich möchte auf eine letzte Überlegung hinweisen. Indem das Design, jenes wahre, Fragen stellt, erzielt es den Effekt, Gewohnheiten und Sicherheiten der Industrie aus den Angeln zu heben. Es macht auf Probleme aufmerksam, die zu lösen den Industrien nicht immer leichtfällt. Aber die Ergebnisse, die Antworten – soweit sie gegeben werden können – führen schließlich zu einer weit ausgreifenden Verbesserung der industriellen Welt. Die Folge

ist nicht nur ein kulturelles, sondern auch ein technologisches und merkantiles Wachstum. Es lohnt sich, sich zu fragen, ob nicht ein Zeitpunkt erreicht ist, an dem ein wahres Designwerk nicht nur unter ästhetischen Gesichtspunkten und ebensowenig ausschließlich unter denen des ökonomischen Erfolgs oder der technologischen Resultate beurteilt werden sollte. Es hat tatsächlich, glaube ich, unerforschte Qualitäten menschlicher und soziokultureller Natur, die unbedingt mit mehr Aufmerksamkeit untersucht werden müssen. Dieser Aufgabe hat sich Alessi für die 90er Jahre verschrieben.

Theodor Diener

Unternehmenskultur am Beispiel von Wilkhahn

Bei Veröffentlichungen oder Veranstaltungen besteht latent die Gefahr, daß man Gleiches immer wieder neu verpackt liest und hört. Insbesondere wenn sich Themen um schwammige Allerweltsbegriffe drehen, in die man alles mögliche hinein interpretieren kann, ohne Konkretes auszusagen. Diese Anmerkung trifft sicher auch auf das Thema »Unternehmenskultur« zu, ein Thema, mit dem sich heutzutage viele beschäftigen. Vergleichsweise geschieht das seit Jahren auch mit Begriffen wie Marketing oder Design, die ebenfalls oft undifferenziert gebraucht, mißbraucht und dadurch verbraucht werden. Ich nehme deshalb Bezug auf diese beiden Begriffe, weil sie essentieller Bestandteil unserer Kultur sind.
Bei allen thematischen Inhalten - ob Marketing, Design oder Unternehmenskultur - gibt es jedoch unterschiedliche Nuancierungen und Schwerpunkte in der Betrachtung, vor allem aber bei der Umsetzung in die tägliche Arbeit. Ich habe deshalb darauf geachtet, über praktische Erfahrungen aus unserem Unternehmen Wilkhahn zu berichten, das sich seit Jahrzehnten bemüht, gutgestaltete Produkte mit hohem Gebrauchswert herzustellen. Design zum Beispiel ist in unserem Unternehmen die wesentliche Basis der Unternehmenshaltung und Unternehmensidentität. Daß wir damit auch erfolgreich sind, erleichtert meine Ausführungen.
Das Wort »Kultur« ist geläufig. Bei näherem Hinsehen merkt man aber, daß ebendieses alte Wort meist unreflektiert gebraucht wird, seit einigen Jahren auch im Zusammenhang mit Unternehmen. Ist »Unternehmenskultur« nur ein Schlagwort? Der Verdacht liegt nahe - vor allem wenn es englisch ausgesprochen wird . . .

Im ursprünglichen Sinn hat der Begriff »Kultur« mit der Urbanisierung zu tun. Man verstand darunter die landwirtschaftliche Pflege des Bodens, also eine ganz handgreifliche, einfache Sache. Viel später definierte Kant Kultur als Entwicklung der geistigen, seelischen und leiblichen »Naturkräfte« des Menschen aus ihrer natürlichen »Rohigkeit« - in der sie den Menschen beherrschen - zu dem Zustand, in dem der Mensch sie beherrscht. Kultur hat also auch etwas mit Ordnung zu tun. Herder spricht sogar von ihr als von einer »höheren Natur«.
Grundsätzlich ist Kultur etwas, das in der Vergangenheit entstanden ist und sich stetig weiterentwickelt. Nichts anderes gilt für Unternehmen und deren »Kultur«, die auch nicht von heute auf morgen entsteht, beileibe nicht verordnet werden kann und deren Ausprägung ihre Zeit braucht. Man ist versucht, diesen Prozeß mit dem Wort Tradition zu umschreiben; wir bei Wilkhahn tun uns allerdings schwer mit diesem Begriff, weil er konservativ angehaucht ist und wenig dynamisch klingt.
Wie dem auch sei: Auch wir haben natürlich unsere Geschichte, und ich möchte diesen Teil hier einschieben.

Zur Unternehmensgeschichte von Wilkhahn

Das Unternehmen wurde 1907 von den Tischlermeistern Christian Wilkening und Friedrich Hahne in Bad Münder-Eimbeckhausen gegründet, 35 Kilometer südwestlich von Hannover. In dieser Region hat die Stuhlherstellung eine lange Tradition. Vor dem Zweiten Weltkrieg gab es dort an die hundert kleine und mittlere Betriebe, die alle den mehr oder weniger gleichen Stuhltyp aus dem Holz der umliegenden Wälder produzierten. Nur eine Handvoll dieser Firmen ist übriggeblieben.
Viele der Familienunternehmen mußten schließen, weil die Söhne im Krieg geblieben waren. Andere scheiterten daran, daß sie am Althergebrachten festhielten und die Sensibilität fehlte, um zu erkennen, daß ein neuer Lebensstil und neue Wertvorstellungen unsere Kultur veränderten.

In dem Ehrgeiz, Anspruchsvolleres zu produzieren als all die anderen, suchte der Gründersohn Fritz Hahne in den 50er Jahren Kontakt zu namhaften Gestaltern und Architekten jener Zeit. Fritz Hahne wollte heraus aus der Masse, obwohl es in jenen Jahren ziemlich mühelos war, Produkte jedweder Art abzusetzen.
Dieser Ehrgeiz führte ihn mit Walter Heyn zusammen, dem Leiter der angesehenen Deutschen Werkstätten, die von Hellerau bei Dresden nach Westdeutschland übergesiedelt waren. Wilkhahn übernahm die Fertigung der Sitzmöbel- und Tischkollektion der Deutschen Werkstätten und bekam so Erfahrung im Umgang mit Architekten und Designern.
In den weiteren Jahren spielten in der Wilkhahn-Produktentwicklung Namen wie Herbert Hirche, Roland Rainer, Jupp Ernst oder Georg Leowald - um nur einige zu nennen - eine Rolle, von denen eine gerade Linie zum Bauhaus führt. Daraus ergab sich in der Folge ein enger Kontakt zu der 1955 gegründeten Hochschule für Gestaltung in Ulm, deren Wirken auf dem Gedankengut des Bauhauses aufbaute.
Dieser Kontakt war für die weitere Entwicklung des Unternehmens von entscheidender Bedeutung. Unsere Grundhaltung in der Produktentwicklung ist eindeutig von der Ulmer Schule geprägt worden. Sie mußte 1968 nach internen Querelen und endlosen landespolitischen Diskussionen schließen, doch sie genießt - wie das Bauhaus - noch heute weltweite Anerkennung und wirkt sichtbar nach.
In Zusammenarbeit mit den Designern der Hochschule für Gestaltung und anderen namhaften Entwerfern entwickelte Wilkhahn Sitzmöbel und Tischprogramme aus neuen Materialien und in neuen Formen, mit denen sich das Unternehmen den Ruf eines Avantgardisten erwarb.
Der Sohn des zweiten Firmengründers, Adolf Wilkening, der lange Jahre in Amerika gearbeitet hatte, brachte fortschrittliche Fertigungsmethoden ein. Die Wandlung vom handwerklichen Betrieb zur industriellen Produktion ist im wesentlichen sein Verdienst. Sie machte die Umsetzung des Industrial Design in serienmäßig hergestellte Produkte erst möglich.

An diesen Beispielen erkennt man, daß die Entwicklung von Unternehmen sehr oft vom Zusammentreffen günstiger Umstände bestimmt wird, aus dem neue Kräfte, Ideen und Visionen hervorgehen.
Bereits in den 60er Jahren entstand bei Wilkhahn, was heute unter dem Begriff »Corporate Design« allgemein geläufig ist, nämlich die Übereinstimmung von Produktgestaltung *und* Produktkommunikation. Zugleich wurde eine Strategie entwickelt, mit der sich das Unternehmen auf zwei Marktsegmente konzentrierte: auf die Einrichtung von Büro- und Verwaltungsbauten einerseits und von Objekten mit sozialer oder kultureller Zweckbestimmung andererseits.
Innerhalb dieser beiden »strategischen Geschäftsfelder« gibt es vier Funktionsbereiche, die wir abdecken:

- Arbeiten am Schreibtisch,
- Konferenz,
- Warten und Empfang,
- Pausen, Speisen, Aufenthalt.

Darauf ist unsere Produktpolitik systematisch ausgerichtet. Ein wesentliches Merkmal ist, daß wir keine exklusiven Einzelmodelle anbieten, sondern in sich geschlossene Produktfamilien von durchgängig hohem gestalterischem und funktionalem Niveau.
Wir beschäftigen 1991 in der Gruppe rund 580 Mitarbeiter, davon 70 im Ausland. Wir haben Tochtergesellschaften in Spanien, Frankreich, in der Schweiz, in England, Japan und Österreich, eigene Repräsentanzen in Italien, Benelux und Skandinavien. In weiteren 25 Ländern sind wir durch renommierte Handelspartner vertreten. In den USA, Brasilien, Südafrika und Australien werden unsere Produkte von führenden Unternehmen in Lizenz hergestellt.
Ohne rote Ohren zu bekommen, können wir von uns sagen, daß wir zu der Handvoll Firmen in der Welt gehören, die auf unserem Markt das Sagen haben. 1991 erzielen wir einen Gruppenumsatz von 135 Millionen D-Mark. Rechnet man die Produkte hinzu, die in den vorgenannten Ländern in Lizenz hergestellt werden, so

werden weltweit jährlich für rund 170 Millionen D-Mark Wilkhahn-Erzeugnisse hergestellt und verkauft, zwei Drittel davon im Ausland.
Soweit zur Firmengeschichte und zum heutigen Stand.

»Wahrhaftigkeit« als unternehmerische Maxime

Anspruch und Haltung des Unternehmens richten sich an drei Feldern aus:

- der Designphilosophie,
- der sozialen Partnerschaft,
- der ökologischen Verantwortung.

Alle drei sind unter einem Dach vereint, das wir »Wahrhaftigkeit« nennen - verstanden als Entschlossenheit zur Wahrheit als absolutem und nicht relativem Wert.
Die Vermittlung dieser Unternehmensphilosophie - oder besser: der Unternehmensidentität - nach innen und außen ist eine Voraussetzung für das, was wir als Unternehmenskultur bezeichnen. Es ist also nicht die Unternehmenskultur, die es zu propagieren gilt, sondern die Unternehmensidentität. Hier wird deutlich, daß die Organisationsstruktur eines Unternehmens, seine Führung und der Umgang miteinander so harmonisiert werden müssen, daß Unternehmensidentität überhaupt vermittelt werden kann. In diesem Sinn ist ein Wandel erforderlich - ein Wandel von »harten« Faktoren der Organisationslehre, wie Strategien, Strukturen, Systemen, zu »weichen« Faktoren wie Stil, Werten, Verhaltensweisen. Damit gewinnt die Vermittlung der Unternehmensidentität zur Entwicklung von Unternehmenskultur eine soziokulturelle Dimension, die sich nicht auf das Unternehmen beschränkt, sondern auch in das Umfeld, in die Öffentlichkeit, ausstrahlt.
Setzt man für die Vermittlung von Unternehmensidentität den Begriff »Profilierung«, wird die ganze Sache griffiger. Profilierung aber ist die beste Zukunftssicherung für ein Unternehmen.

Profilierung durch Design

Design - in unserem Verständnis - ist eine hervorragende Möglichkeit der Profilierung. Tatsächlich sind es jedoch nur relativ wenige Unternehmen, die mit dem »Marktfaktor Design« richtig umgehen oder ihn überhaupt nutzen. Wenn man einschlägige Publikationen über Industrial Design studiert, findet man immer wieder die gleichen Namen: Braun, Olivetti, Lamy, Erco, Siemens und - in aller Bescheidenheit - Wilkhahn.
Trotz wachsender öffentlicher Designförderung tritt die große Masse der Unternehmen, die Gebrauchs- und Investitionsgüter herstellen, mit eigenen Designleistungen wenig in Erscheinung. Das hat dazu geführt, daß sich die Erzeugnisse ganzer Branchen zum Verwechseln ähnlich sehen. Der vielzitierte »Publikumsgeschmack« wird so zum Maß der Dinge erhoben. Einige leben davon, ebendiesen Geschmack zu erforschen - die Ergebnisse sind hinlänglich bekannt . . .
Fritz Hahne sagte dazu einmal: »Produkte nur deshalb weniger anspruchsvoll zu gestalten, um so angeblich eine breitere Käuferschicht zu erreichen, ist durchweg nur eine Umschreibung der eigenen Unfähigkeit, die Dinge besser zu machen.«
Ein Unternehmen ist aber noch längst nicht schon deshalb designbewußt, weil es hin und wieder einen namhaften Designer engagiert. Wo so vorgegangen wird, bleibt seine Arbeit in ihrer ästhetischen Qualität meistens anonym und ohne Chance, jemals substantieller Teil des Ganzen, geschweige denn ein Faktum der Unternehmensidentität zu werden.
Erzeugnisse von kulturellem Wert - und nicht nur zivilisatorischem Nutzen - zu schaffen setzt voraus, daß alle, die damit zu tun haben, »in der Wolle gefärbt« sind. Dann allerdings kann Produktdesign sehr wohl zum Kristallisationspunkt werden, an dem sich veränderte Wertvorstellungen festmachen lassen - hinsichtlich des eigenen Tuns ebenso wie hinsichtlich der Position des Unternehmens in seinem Umfeld.
In diesem Denkmodell ist Design nicht einfach Produktgestaltung, sondern nach außen Ausdruck der Geisteshaltung des ganzen

Unternehmens und seiner Menschen, nach innen eine der Grundvoraussetzungen des Denkens und Handelns. So, und nicht geringer, sehen wir den Stellenwert von Design in unserem Unternehmen.
An dieser Stelle muß ein weiterer Begriff hinzukommen: »Kontinuität«. Nach den ersten seriösen Ansätzen entwickelt ein wachsender Kreis von Interessenten eine Erwartungshaltung in bezug auf die weiteren Äußerungen des Unternehmens, es bildet sich Goodwill. Mit den Produkten müssen deshalb alle anderen Darstellungen weitgehend abgestimmt und in ein Bukett geplanter Maßnahmen eingebunden sein: Das visuelle Erscheinungsbild, die werblichen Aussagen, die Sprache der Verkäufer, das Arbeitsumfeld müssen einander entsprechen.

Führungsstil

Beim Nachdenken über das Wesen der Unternehmenskultur stößt man sehr bald auf einen weiteren, ebenso gewichtigen Faktor: das Führungsverhalten der Manager. Wenn es zutrifft, daß durch die Vermittlung der Unternehmensidentität auch das persönliche Identitätsbewußtsein der Mitarbeiter beeinflußt wird, dann werden einem Bedeutung und Verantwortung des Führungsverhaltens erst richtig klar. Daraus folgt, daß Unternehmenskultur erst dann bestehen kann, wenn sich die Mitarbeiter mit dem Unternehmen tiefgreifend identifizieren.
Eine Führung, die auf Unternehmensidentität hinarbeitet, muß deshalb äußerst kommunikativ sein. Es geht dabei nicht darum, Grundsätze nur zu propagieren, sondern sie in Einzelhandlungen erkennbar zu machen, die den Menschen im Unternehmen verständlich und einleuchtend sind. »Vorleben« lautet die Devise.
Es mag sein, daß in Firmen, die ästhetisch anspruchsvolle Dinge produzieren, fast zwangsläufig ein menschlich anderes Klima herrscht als dort, wo mit gröberem Faden genäht wird. Deshalb ist bei uns der Umgangston entspannt und partnerschaftlich. Darauf baut das auf, was wir unter kooperativem Führungsstil verstehen.

Schlitzohrigkeit ist in unserem Laden nicht gefragt – und sie hätte auch keine Chance. Durch die frühe Beteiligung aller Hierarchieebenen und des Betriebsrates bei der Willensbildung und Entscheidungsfindung ergibt sich zwangsläufig eine hohe Identifikation mit dem Weg des Unternehmens.
Wir haben rund 70 Mitarbeiter mit Führungsverantwortung – bis hin zur Meisterebene – in Moderationstechnik geschult und praktizieren diese Art der Kommunikation bei allen wichtigen Entscheidungsprozessen. Wir arbeiten dabei mit den Mitteln der modernen Organisationsentwicklung, also in Arbeitsgruppen und Workshops, so daß schon in der Entstehungsphase neuer Ideen bestimmte Dinge laufend in die Tagesarbeit einfließen.
Diese Art der Entscheidungsfindung dauert zwar etwas länger, dafür ist aber die Willensbildung auf eine breite Basis gestellt, die Umsetzung später mehr oder weniger problemlos und zeitsparend. Der dadurch ausgelöste Motivationsschub in allen Bereichen des Unternehmens ist ein wesentlicher Teil unseres Erfolges in den letzten Jahren.
In unserem Unternehmen haben wir einen freigestellten Betriebsratsvorsitzenden, der zuvor unser Produktionsleiter war. Er ist der starke Mann, den wir uns in seiner Funktion immer wünschten, denn in unserem Verständnis ist der Betriebsrat kein notwendiges Übel, sondern Teil unseres Führungsinstrumentariums. Es gibt keine wesentlichen Entwicklungen oder Entscheidungen, die nicht im Vorfeld mit diesem Gremium mit dem Ziel einer gemeinsamen Willensbildung diskutiert wurden. In dieser Zusammenarbeit besteht ein gegenseitiges Vertrauen, das nicht in Kumpanei oder gar Klüngelei ausartet. Auch bei uns gibt es oft heftige, aber eben immer faire Auseinandersetzungen in Sachfragen.
Der Betriebsratsvorsitzende ist zugleich Mitglied des Verwaltungsrates und so über alle Einzelheiten des Unternehmens unterrichtet. Sein Denken ist durch diese Position zweifellos partnerschaftlich und nicht ideologisch-klassenkämpferisch orientiert.

Mitarbeiterbeteiligung

Nun liegt bei einer solchen Einstellung zur immateriellen Mitarbeiterbeteiligung sehr nahe, die Mitarbeiter auch materiell zu beteiligen. Dies geschieht bei uns seit zwanzig Jahren. Wir werden oft gefragt, ob eine solche Beteiligung als »Ansporn« wirkt. Ansporn im üblichen Sinn war nicht das Motiv. Vielleicht lassen sich die Beweggründe leichter erklären, wenn ich zunächst einige Gedanken über Eigentum an sich niederschreibe:
Wenn man den Begriff Eigentum reflektiert und die soziale Verträglichkeit überprüft, stößt man sehr schnell auf vordergründig emotionale oder historische Begriffe: »Erwirb es, um es zu besitzen« ist eine Leitidee, freie Marktwirtschaft (um nicht Kapitalismus zu sagen) im Verhältnis zum Staatsmonopol eine andere Betrachtungsweise zum Begriff Eigentum.
Beide bringen einen nicht viel weiter in der aktuellen Diskussion, weil in beiden Fällen davon ausgegangen wird, daß der »Erwerb« eine eigenständige, in unserer Sprache unternehmerische Entscheidung und Leistung voraussetzt. Das ist sozusagen die klassische Betrachtungsweise. Sie trifft zweifelsfrei zu, wenn es sich um Entscheidungen und Leistungen handelt, die allein und ohne Mithilfe anderer erfolgt, also beispielsweise beim Kauf eines Grundstücks, eines Autos oder anderer materieller Werte.
Im Falle des »zuwachsenden Vermögens« in einem Unternehmen wird die Frage des Eigentums am Produktivvermögen unter ethischen Gesichtspunkten schon komplizierter. Die normale klassische Teilung - hier Kapital, dort Arbeit - und daraus resultierende Verteilung der Erlöse in Lohn und Gewinn wird begründet durch die sogenannte Risikotheorie, wonach das Risiko nur beim Kapitaleigner liegt und nicht bei den Beschäftigten. Angesichts anhaltender Arbeitslosigkeit wohl nicht mehr ganz haltbar, trotz funktionierendem Sozialnetz.
Wenn man die Bildung von Eigentum zunächst als ein Ergebnis erfolgreichen Handelns, also als Lohn der Leistung insgesamt betrachtet, so kann in unserer Denkweise diese Art der Eigentumsbildung, das »zuwachsende Vermögen«, nicht nur dem Kapital

zufließen, sondern auch der Arbeit, die diese Leistung hervorgebracht hat. Wachstum und Erfolg eines Unternehmens sind bekanntlich sowohl ein Ergebnis des eingesetzten Kapitals als auch der gemeinsamen Arbeit von Unternehmer und Mitarbeitern.
Im Wissen um diese Zusammenhänge haben die Gesellschafter der damaligen Wilkhahn KG 1970 ihre Absicht erklärt, die Mitarbeiter umfassend am Unternehmensergebnis zu beteiligen.
Fritz Hahne, der Initiator der Mitarbeiterbeteiligung, schilderte seine Beweggründe seinerzeit wie folgt:
»Das sogenannte deutsche Wirtschaftswunder setzte um 1959 ein. Mit den Unternehmensgewinnen, von denen man heute nur noch träumen kann, wurde der Aufbau finanziert - es wurde investiert. Durch ihr Stillhalten haben die Gewerkschaften zu diesem Aufschwung wesentlich beigetragen. In dieser Zeit bildete sich bei mir ein schlechtes Gewissen. Das Unternehmen machte beachtliche Gewinne, die in Investitionen umgesetzt wurden. Alte, verdiente Mitarbeiter hatten aber - vor der Währungsreform - für wenig Geld, ›für 'nen Appel und 'n Ei‹, gearbeitet. Dieses schlechte Gewissen war die Ursache dafür, daß wir uns entschlossen, ein Konzept für eine Beteiligung der Mitarbeiter zu erarbeiten. Gleichzeitig wurde ein kooperativer Führungsstil eingeführt.«
Seit dem 1. Januar 1971 sind alle Mitarbeiter, die das 21. Lebensjahr vollendet haben und dem Unternehmen länger als ein Kalenderjahr angehören, am Betriebsergebnis vermögensbildend beteiligt.
Das Ergebnis wird nach Steuern zwischen Stammgesellschaftern und Mitarbeitern je zur Hälfte aufgeteilt. Der auf die Belegschaft entfallende Anteil wird - wiederum je zur Hälfte - anteilig entsprechend der Mitarbeiterzahl und entsprechend der individuellen Jahresgehaltssumme jedem Beschäftigten gutgeschrieben. Mit diesem Betrag, abzüglich der Steuern und Sozialabgaben, wird der Mitarbeiter stiller Gesellschafter der Wilkhahn Beteiligungs-GmbH, die ihrerseits Gesellschafter der Wilkhahn GmbH + Co. ist. (siehe Abbildung 1)
Zu unserem Leidwesen ist es allerdings bis heute noch nicht gelungen, eine Art interne Börse in Gang zu bringen. Theoretisch

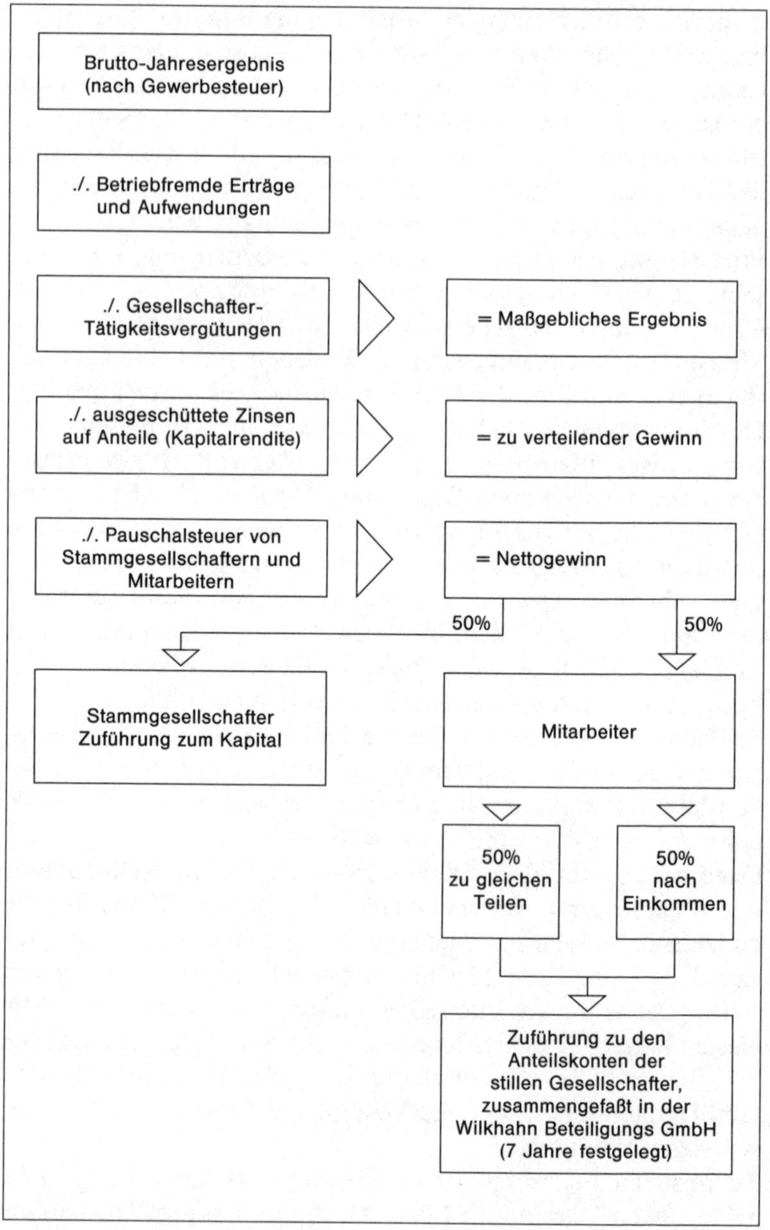

Abbildung 1: Mitarbeiterbeteiligung am zuwachsenden Vermögen

kann ein Mitarbeiter nach siebenjähriger Festlegungsfrist seine Anteile veräußern, wobei ein paritätisch besetzter Partnerschaftsausschuß als Vermittlungsstelle fungiert, leider mit wenig Erfolg. Das ist insbesondere für ältere Mitarbeiter unbefriedigend, die ihre Anteile gern noch in klingende Münze umwandeln möchten. Wir sind zur Zeit dabei, uns Gedanken zu machen, wie wir eine größere Fungibilität der Anteile bewirken können. Wir wissen heute, daß die Beteiligung am Ergebnis für sich allein wenig im Denken der Mitarbeiter verändert. Sie freuen sich zwar über die jährliche Verzinsung, die in den letzten Jahren zwölf Prozent betrug, aber im übrigen ist der Anteilsschein für den Mitarbeiter offensichtlich nicht viel mehr als ein Stück Papier.

Erst in der Kombination mit einem zeitgemäßen Führungsstil und einem natürlichen, fairen Umgang miteinander wird ein Schuh daraus.

Eine weitere wichtige Voraussetzung für dieses faire Miteinander ist nach unserer Überzeugung die Existenz eines Verwaltungsrates (zutreffender wäre der Begriff »Unternehmensrat«) als Institution zwischen den Kapitaleignern und dem Management des Unternehmens. Bei uns setzt sich dieses Gremium aus einem oder zwei Vertretern der Stammgesellschafter, dem Vertreter der Mitarbeiterschaft und zwei Persönlichkeiten zusammen, die nicht dem Unternehmen angehören; einer von ihnen ist Finanzexperte, der andere kommt aus dem Marketing. Dieser Kreis versachlicht die Probleme und veranlaßt die Interessenvertreter, ihre Vorstellungen zu relativieren. Es ist nach unserer Erfahrung eine der wenigen Möglichkeiten in mittelständischen Unternehmen, um störende Einflüsse zu neutralisieren und harmonisch miteinander auszukommen.

Architektur

Ein weiterer und im Sinn des Wortes »sichtbarer« Ausdruck unserer Unternehmenskultur ist die Architektur der Gebäude, und zwar nicht nur die der Verwaltung.

Die enge Verbindung zu Architekten, Gestaltern und anspruchs-

Ökonomie, Ökologie, Ästhetik und humane Aspekte auf einen Nenner zu bringen, war vorgegebenes Planungsziel bei den Produktionspavillons der Polsterei von Wilkhahn, die 1987/88 erbaut wurden. Professor Frei Otto entwarf die lichten und luftigen Zeltdachkonstruktionen.

Rechts oben:
Die O-Linie von Wilkhahn
Die anmutigen, transparenten Sessel kommen dem Traum vom schwerelosen Sitzen nahe. Ihre Aluminiumrahmen sind mit einem feinmaschigen, dauerelastischen Polyesternetz bespannt.
Design: Herbert Ohl

Rechts unten:
Die FS-Linie von Wilkhahn
Mit den Drehstühlen und Drehsesseln, die sich automatisch jeder Körperhaltung des Benutzers anpassen, begründete Wilkhahn einen weltweiten Branchentrend.
Design: Klaus Franck und Werner Sauer

vollen Kunden führte schon früh dazu, daß man bei Wilkhahn auch an die eigenen Gebäude und Anlagen hohe Maßstäbe anlegte. Wir sehen Industriebau auch als eine Gestaltungsaufgabe an und sind durchaus der Meinung, daß er kein Sonderrecht auf Häßlichkeit haben muß. Mißt man allerdings das reale Bild heutiger Gewerbe- und Industriebauten an dieser Feststellung, so wird man von starken Zweifeln geplagt.
Liegt es daran, daß wir tendenziell Industrie und Gewerbe nur als ein notwendiges Übel ansehen, um die Bedürfnisse des Daseins zu befriedigen? Stellt man unter diesem Gesichtspunkt einmal die städtebauliche Entwicklung und die Architektur nichtgewerblicher Bauten den architektonischen Hüllen für Industrie und Gewerbe gegenüber, so scheint sich diese Geringschätzung - um nicht zu sagen Mißachtung - insbesondere in der ästhetischen Qualität auszuprägen.
Es stimmt nachdenklich, daß in einer Zeit, in der die Industrialisierung noch als gesellschaftlicher Fortschritt gefeiert wurde, diese Wertschätzung auch in der Ästhetik der Industriebauten zum Ausdruck kam. In den 20er Jahren wurden diese Gebäude der Bedeutung des Geschehens gerecht, das sich in ihren Mauern abspielte. Auch das ist ein Aspekt der Unternehmenskultur.

Immaterielle Substanz

Noch eine kritische Anmerkung: In der klassischen Betriebswirtschaftslehre finden sich keine Ansätze zur Bewertung der hier geschilderten Werte und Normen eines Unternehmens und seiner Menschen. Das Rechnungswesen ist auf diese »Software«, also die immaterielle Substanz, nicht eingestellt. Es wirkt eher nachteilig, weil alle Aufwendungen dafür als reine Kosten betrachtet werden, sich aber in den Bilanzen nicht wiederfinden. Gutenberg hat schon in den 60er Jahren darauf hingewiesen, daß es sich lohnt, dieses Feld zu erforschen. Es müßte wieder Bewegung in die Sache kommen. Vielleicht werden eines Tages zeitgemäße Bewertungskriterien gefunden und die betriebswirtschaftlich orientierten Organisationslehren um den Bereich der Unternehmenskultur als Ziel und Aufgabe der Führung ergänzt.

Neue Organisation

Jede noch so gute Unternehmenskultur muß in eine funktionierende Organisation eingebunden sein, bei der die interne Kommunikation eine maßgebliche Rolle spielt. Für die formelle Kommunikation haben wir bei uns vier interdisziplinäre Koordinationsrunden eingerichtet zu den Themen Markt, Produkt, Mensch, Vision.
Wir haben damit die Konsequenz aus der Erfahrung gezogen, daß wir früher zu kurz, zu speziell und zu sehr in Detailproblemen agiert haben. Heute denken wir mehr und mehr in Marktszenarien und Produktvisionen, die natürlich längerfristig angelegt sind.
Unsere neue Organisation, die wir nach einem zweijährigen Strategie-Entwicklungsprozeß unter Hilfe unserer langjährigen Berater »Management Partner«, Stuttgart, Anfang 1990 eingeführt haben, begünstigt dieses Verhalten. In der neuen Struktur wurden die herkömmlichen Funktionsbereiche Finanzen, Produktion und Vertrieb durch drei »unternehmerische Initiativbereiche« ersetzt, welche die strategisch-innovative Kompetenz betonen:

- *Strategie und Koordination*
  umfaßt die Planung der langfristigen Unternehmensentwicklung, Human Resources sowie die Informationssysteme und sorgt für zielgerichtete Bündelung der Kräfte.
- *Innovation und Ökologie*
  umfaßt das Finden neuer Produkte und das Aufspüren neuer Ideen, Denkweisen und Wege.
- *Operation*
  sorgt für die Verwirklichung der Pläne und ihre Umsetzung in die Praxis von Produktion und Vertrieb.

Ein wesentlicher Aspekt dieser neuen Organisationsform ist das Prinzip der Zellbildung, also die Schaffung von eigenständigen Leistungsbereichen, die weitgehend selbst gesteuert sind.

Das Prinzip »Vor dem Produkt steht die Botschaft« kennzeichnet die Denk- und Vorgehensweise im strategischen Marketing nicht als Hilfsfunktion des Vertriebs, sondern als gestaltendes Element, das alle Kräfte des Unternehmens nach außen übersetzt.
Im Bereich »Operation« ist de facto das Tagesgeschäft mit Vertrieb, Produktion und Logistik zusammengefaßt. Die Annäherung der Produktion an den Vertrieb geschah unter der Prämisse des Primats der Märkte.
Für den Geschäftsführungsbereich »Innovation und Ökologie« haben wir den Zukunftsforscher Professor Rüdiger Lutz gewonnen, der aus gutem Grund nur die Hälfte seiner Zeit unserem Unternehmen widmet. Darüber hinaus geht er weiter seiner wissenschaftlichen Arbeit nach (insbesondere auf dem Gebiet ökologischer Fragen) und übt seine Lehrtätigkeit aus. Wir wollen mit dieser Berufung deutlich machen, daß wir es mit den Fragen der Ökologie ernst meinen.

Ökologie

Wir wollen den ökologischen Komplex als ein hochrangiges Anliegen auffassen, genauso wie seit den 50er Jahren das Design-Engagement. Folgerichtig ist es unsere Absicht, das Thema umfassender anzugehen als in Form von ein bißchen mehr »Grün« und ein bißchen mehr Energiesparen.
Ich zitiere in diesem Zusammenhang aus einem Papier, das wir im Verwaltungsrat verabschiedet haben:
»Ökologisch sich zu engagieren bedeutet Totalität im Denken, sozusagen einen Rundumschlag. Dazu gehören Verzicht auf Raubbau an den Ressourcen, Energiesparen, Verzicht auf Umweltverschmutzung, kontrollierte Materialverwendung und die Architektur.
Ökologie ist ein philosophisches Anliegen, das in ähnlicher Weise wie damals die Designhaltung auch marketinggerecht aufzubereiten ist. Die Zeit ist reif. Die Welt ist in bezug auf ökologisches Denken ohnehin längst in Bewegung geraten. Wir sind aus unserer

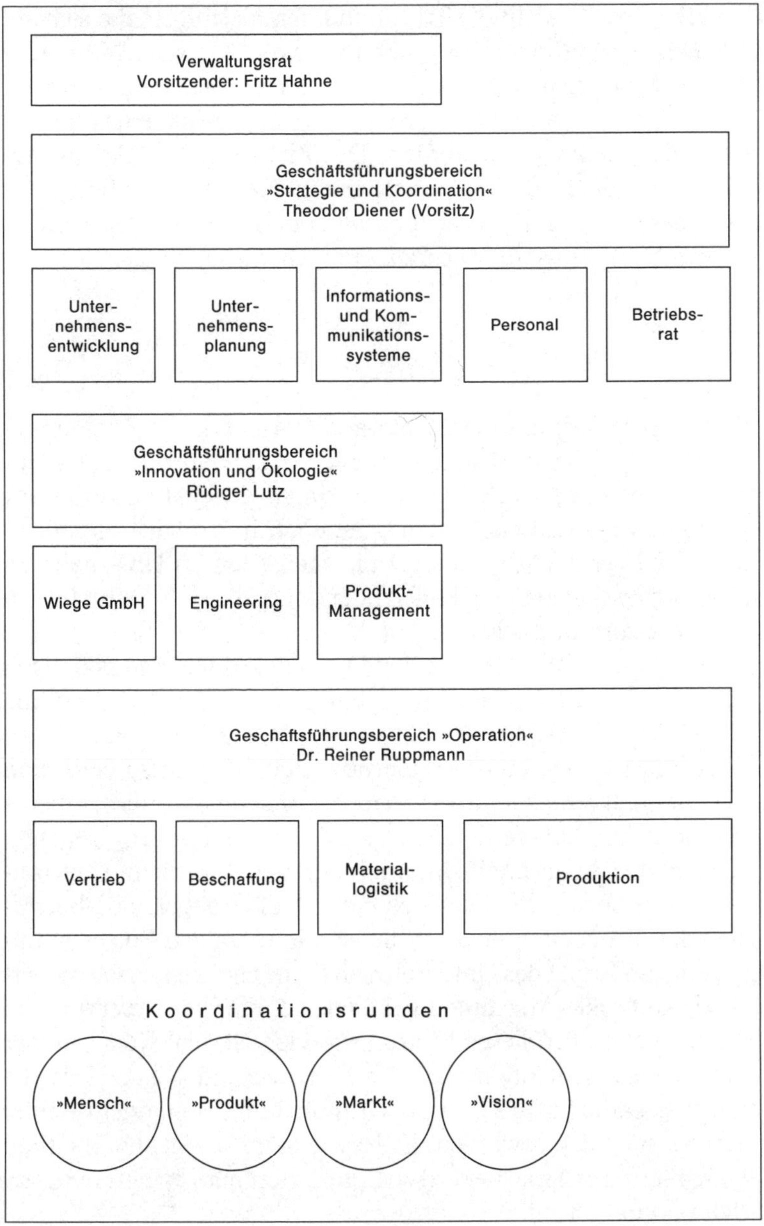

Abbildung 2: Die Wilkhahn-Organisation

Tradition heraus nicht die Trittbrettfahrer, diejenigen, die sich am Schwanz einer Entwicklung noch mitziehen lassen. Wenn eine Bewegung als richtig und notwendig erkannt ist, werden wir sie aktiv aufgreifen und vorwärtsbringen, uns an die Spitze setzen, statt widerwillig gedrängt zu werden. Das Ziel ist es, ein aktives und nützliches Glied der Gesellschaft zu sein und dabei das Image des Unternehmens zu fördern, um seine Existenz langfristig zu sichern.« Soweit unsere Maximen zum Thema Ökologie.

Fazit

Nach unserer Definition ist Unternehmenskultur das Zusammenführen der geistigen Grundlagen und sozialen Normen eines Unternehmens mit dem Ziel, es über seinen wirtschaftlichen Zweck hinaus in die Gesellschaft zu integrieren. Damit erfährt - im Idealfall - der Begriff »Arbeiten« für die Menschen im Unternehmen einen repressionsfreien Sinn. Anders ausgedrückt: Der Mensch lebt nicht vom Brot allein ...

Unternehmenskultur bedarf der Fortentwicklung und ständigen Pflege, wie es das Wort Kultur in seiner lateinischen Urbedeutung ja auch sagt. Diese Entwicklung und Pflege erfolgen zum einen durch die sich laufend verändernden, der Zeit entsprechenden Werte und Normen und die daraus abgeleitete Unternehmensidentität. Zum anderen erfolgen sie durch die Führung generell. Dabei gibt es in unserem Unternehmen eine »normale Eigenkontrolle« von oben, neben der sich - durch die weitgehende Beteiligung der Mitarbeiter an der Willensbildung, an den Entscheidungen und am Erfolg des Unternehmens - im Laufe der Zeit eine Art »Sozialkontrolle« von unten gebildet hat, die motivierend wirkt. Voraussetzung für dieses Führungsmodell ist, daß Kapitaleigner und Management offen sind für Fremdes und Neues. Für die Führungskräfte bei uns ist diese Grundhaltung mehr oder weniger selbstverständlich geworden. Es ist wie beim autogenen Training: Wenn man es erst mal beherrscht, praktiziert man es ganz automatisch und unbewußt.

Ein so vorbereiteter Boden ist leichter zu pflegen und bringt guten Ertrag.

Leitsätze aus der Unternehmensphilosophie von Wilkhahn

① Wir lassen uns leiten vom Streben nach Wahrhaftigkeit unserer Produkte, nach fairem Miteinander und nach Schutz und Schonung unserer natürlichen Lebensräume.

② Die Unternehmensorganisation ist potentialorientiert. Sie soll Synergieeffekte nutzen, die Kräfte bündeln und dem einzelnen größeren Handlungsspielraum geben.

③ Wir wollen Produkte schaffen, die weder beliebig noch gesucht oder gedankenlos modisch sind; Produkte, die als Beitrag zur Kultur unserer Zeit formal und funktional langfristig gültig bleiben.

④ Botschaft vor Produkt: das heißt informieren, beraten, betreuen und begleiten. Das Produkt ist der Beweis der Botschaft.

⑤ Unser Ziel ist es, ein aktives und nützliches Glied der Gesellschaft zu sein, dabei das Image des Unternehmens zu fördern und seine Existenz langfristig zu sichern.

Dieter Rams

Braun – Identität durch Leistung

Braun ist das denkbar beste Beispiel dafür, wieviel eine Unternehmensidentität wert sein kann. Zugleich ist Braun geradezu das Gegenbeispiel für die heute häufigen Versuche, eine Unternehmensidentität nach der Devise »Kleider machen Leute« gezielt und direkt zu designen - ohne den langen und mühsamen Weg über das gute Design vieler einzelner Produkte und Kommunikationsmittel.

Lange bevor es die Begriffe *Corporate Identity* oder *Unternehmenskultur* gab, bildete sich eine Braun-Identität durch das Design der Produkte und das der Kommunikation, aber auch durch alle anderen Leistungen und Aktivitäten des Unternehmens - von der Unternehmensstrategie über die Technik bis hin zum internen Gesundheitsdienst. Eine Braun-Identität, die sehr eigenständig war, sich deutlich abhob von anderen, rasch weithin bekannt und sehr stark akzeptiert wurde. Das Image von Braun wurde im Laufe von fast vier Jahrzehnten immer konturierter und inhaltsreicher. Aber bei allem Respekt für Braun gab es zunächst Zweifel, ob es sich hier nicht um einen Ausnahmefall handelt: ein exklusives Unternehmenskonzept, das nur so lange einen begrenzten Erfolg haben kann, wie ihm andere Unternehmen nicht folgen. Braun, so konnte man es sehen, konzentrierte sich auf eine kleine, feine Marktnische, in der sich die anspruchsvollen, individualistischen, intellektuellen, designbewußten Menschen sammeln, für die Exklusivität ganz wichtig ist und die nicht Durchschnittsprodukte von Allerweltsmarken haben wollen. Das Braun-Konzept schien einen eingebauten Erfolgs-Stopp zu haben, achtens-, aber nicht nachahmenswert zu sein. Ein Unternehmen, das auf quantitativen Erfolg

aus war, konnte eine derart qualitativ ausgerichtete und profilierte Identität wie die von Braun als Handicap sehen.
Zweifellos war Braun in der ersten Phase wirklich Avantgarde. Und als kleines, in seinen Produkten und seinen Marktauftritten sehr eigenständiges Unternehmen hatte es ganz von selbst auch eine gewisse Exklusivität. Dennoch spekulierte das Braun-Konzept keineswegs auf einen solchen Exklusivitätserfolg. Ganz im Gegenteil! Braun strebte eine Produktqualität an, die potentiell für jeden Menschen wertvoll, eine Kommunikation, die für jeden verständlich und informativ, eine Unternehmenshaltung insgesamt, die jeder als vernünftig und wohlbegründet sehen mußte.
Braun wollte nie Hersteller von teuren Spezialitäten für einen kleinen, elitären Käuferkreis sein und ist das auch de facto seit vielen Jahren nicht mehr.
In fast allen seiner Produktbereiche wurde Braun Marktführer auf den wichtigen internationalen Märkten - bei Rasierern, Küchengeräten, Kaffeeautomaten, Haar- und Mundpflegeprodukten, Uhren, Bügeleisen ... Wenn irgendein Hersteller von Elektrogeräten einen stetig wachsenden, weltweiten quantitativen Erfolg hat, dann Braun. 1990 erreichte der Umsatz 1.85 Milliarden Mark. Der Ertrag ist ausgezeichnet. Braun hat heute über 9000 Mitarbeiter, Tochtergesellschaften in 17 Ländern, Produktionsstätten in 4 Ländern. Das Produktprogramm ist jung und innovativ: Die Hälfte des Umsatzes bringen Produkte, die in den letzten drei Jahren auf den Markt kamen. Die Fertigung ist außergewöhnlich leistungsstark, rationell, nutzt modernste Technologien. Braun ist mit einem Wort ein Erfolgsbeispiel par excellence.
Seit sich der Markterfolg vom Beginn der 70er Jahre an abzuzeichnen begann, haben andere Unternehmen zunehmend versucht, von Braun zu lernen. Manchmal sehr punktuell und fast hilflos mit Kopien von Einzellösungen. Aber auch sinnvoller und langfristiger durch die Bemühung um gutes Produktdesign. Das Vorbild Braun, aber auch eine ganze Reihe weiterer Faktoren haben dazu geführt, daß das Qualitätsniveau heute bei Elektrogeräten insgesamt hoch ist. Braun hat den Wettbewerbern im Design und in der Technik meist noch einiges voraus, hebt sich aber nicht mehr so unüberseh-

bar ab wie in den 50er oder 60er Jahren. Gelegentlich wird das in einen Vorwurf umgemünzt: Man vermißt die Kraft und die Ideen, die Braun wieder auf Distanz bringen zum Gros der Wettbewerber. In diesem Vorwurf steckt oft das Mißverständnis, avantgardistische Alleinstellung sei das Ziel von Braun im besonderen und überhaupt etwas Erstrebenswertes für ein Industrieunternehmen.
Zunächst waren Braun-Geräte anders als alle anderen, weil sie die ersten durchdacht, professionell und aufwendig gestalteten Geräte überhaupt waren. Schon ganz naheliegende Lösungen, schon das pure Weglassen von überflüssigen und gesuchten Elementen ließen Braun-Produkte oder -Kommunikationsmittel im Umfeld der damaligen Wettbewerbsprodukte spektakulär anders und neuartig wirken.
Heute wäre eine ähnlich drastische und augenfällige Alleinstellung meist nur zu erreichen, indem man genau die entgegengesetzte Richtung einschlägt: gesuchtes, willkürliches, irrationales Design, das anders ist um der Andersheit willen. Das ist das Konzept mancher bewußt exklusiver »Design-Programme«. Aber es war und ist nicht das Konzept von Braun. Um Alleinstellung bemüht sich Braun heute auf genau dieselbe Weise wie 1955, 1965 oder 1975: durch die aufwendige Erarbeitung von realen Gebrauchsvorteilen im Zusammenspiel von Technik und Design.
Man muß sich die Frage stellen, warum Unternehmenskultur und -identität gerade heute so wichtig geworden sind. Weshalb also eine Vielzahl von Unternehmen versucht, sich eine eigenständige, bleibende und ansprechende Gestalt zu geben, die darauf vor fünf oder zehn Jahren noch keinerlei Wert legten.
Es spricht einiges dafür, daß es die Schwierigkeit ist, sich bei der realen Produktleistung Wettbewerbsvorteile zu erarbeiten, die viele Unternehmen ihr Heil in der höheren Ebene des Unternehmens- oder Markenimages suchen läßt. Man sieht plötzlich eine große Chance darin, das Unternehmensimage inhaltlich aufzuladen und mit ihm eine Art von pauschaler Alleinstellung zu erreichen, die sich auf einzelne Produkte überträgt und auch objektiv schwache Produkte stärker machen kann.
Die großen Marken bestätigen immer wieder, daß dieser Image-

transfer und damit die Verlagerung des Wettbewerbs aus der Ebene der Produkte auf die Ebene des Images funktionieren. Warum also nicht wie Braun dem gesamten Erscheinungsbild des Unternehmens eine unverwechselbare, eigenständige, auf lange Sicht beibehaltene Gestalt geben? Ein solches Corporate Design kann, so die Vorstellung, nicht allzu aufwendig sein. Damit wecken die CI-Anbieter heute oft die Illusion, ein anspruchsvolles Erscheinungsbild könne reale Leistung ersetzen.

Nun ist Braun in Wahrheit aber keineswegs das Beispiel für den gezielten Aufbau einer CI, sondern geradezu das Gegenbeispiel. Es ist wichtig, das ganz deutlich zu sehen. Was Braun gestaltet hat, waren nicht Gesicht, Identität des Unternehmens - sondern einzelne Produkte, einzelne Kommunikationsmittel. Diese wurden nicht deshalb auf eine besondere Weise gestaltet, damit sich aus ihrem Design eine Unternehmensidentität aufbaut, sondern - ein fundamentaler Unterschied - einzig und allein, um sie konkret brauchbarer zu machen.

Es ist der Kern der historischen Leistung von Braun, sich konsequent und nachhaltig darum zu bemühen, Produkte zu entwickeln und anzubieten, die eine hohe objektive Gebrauchsqualität haben. Die Menschen, die sich Mitte der 50er Jahre für Braun-Produkte interessierten, sie kauften und verwendeten, spürten diese Grundintention sehr deutlich und in allen Aktivitäten und Einzelleistungen - vom Produktkonzept über die Technik und das Design bis hin zur Kommunikation. Sie sahen Braun als ein Unternehmen, dem es darum ging, die echten Bedürfnisse der Verwender zu verstehen und zu befriedigen. Um es zugespitzt zu formulieren: Braun bot die Qualität, die nötig war, um Produkte *brauchbar* zu machen. Andere boten die Qualität, die nötig war, um Produkte zu *Markterfolgen* zu machen.

Man mag einwenden, daß sich die beiden Intentionen bei den meisten Unternehmen mischen und daß dies auch bei Braun der Fall gewesen sein muß. Sicher gab und gibt es bei anderen die Bemühung um reale Produktqualität. Natürlich gibt es auch bei Braun die Bemühung um Markterfolg.

Dennoch ist es für Braun charakteristisch, daß hier die Intention

überwog und vor allem *glaubwürdig* war, objektive Gebrauchsqualität zu schaffen. Und dies sowohl im Selbstverständnis des Unternehmens als auch in seinem Außenbild. Die Motive für diese Entscheidung zu realer Gebrauchsqualität lagen in den Anfangsjahren in der Persönlichkeit, der Einstellung der Unternehmer Artur und Erwin Braun.
Braun hat demonstriert, daß Identität, Kultur und Image eines Unternehmens daraus entstehen, was es wirklich tut und läßt - und nicht synthetisch erzeugt und dem Unternehmen von außen übergestülpt werden können.
Und Braun demonstrierte noch etwas sehr deutlich - genau besehen zum erstenmal in der neueren Industriegeschichte -: daß sich die Haltung und die Intentionen eines Unternehmens *visuell* am stärksten, überzeugendsten und nachhaltigsten vermitteln lassen. Braun hat die Macht des Designs vor Augen geführt.
Die Botschaft, die die Gestaltung der Produkte und der Kommunikationsmittel rasch, fast auf den ersten Blick und in der Situation der 50er Jahre auch noch völlig alleinstellend verbreitete, war: Braun bietet Produkte mit einer neuen, sehr hohen Gebrauchsqualität.
Das Besondere des Braun-Designs war und ist nicht seine - unbestreitbare - ästhetische Qualität. Zwar spricht es Menschen mit einer sensiblen, trainierten Wahrnehmung besonders an. Dennoch geht es bei Braun nicht um Ästhetik und Geschmack. Hier liegt das große Mißverständnis von vielen, meistens erfolglosen Trittbrettfahrern, die im Laufe der folgenden Jahre versuchten, Geräte im »Braun-Look« zu gestalten. Bedauerlicherweise wird Braun-Design auch von einigen seiner Freunde bis heute als »Look« verkannt.
Nein, das Braun-Konzept ist es, optimal brauchbare Geräte zu realisieren. Dem folgt die Technik ebenso wie das Design. Im Idealfall gibt es gar keine Trennung zwischen beiden - sie sind zwei Seiten derselben Medaille. Gebrauchsvorteile werden im Zusammenspiel zwischen Technikern und Designern entwickelt. Ein Beispiel für viele: die neuartige, sehr griffige Oberflächenstruktur der Braun-Rasierer mit Noppen aus weichem Material. Hier wurde

Gestaltungsidee der Designer von Materialtechnikern, Konstrukteuren und Produktionstechnikern ermöglicht und von den Designern wiederum in die funktionellste Form gebracht. Technische und gestalterische Leistung sind ganz eng vernetzt. Für die Braun-Produktgestalter ist Design auch eine Technologie. Und die Braun-Techniker arbeiten auch immer mit der Zielsetzung, eine funktionale Produktgestalt zu ermöglichen. Darin gerade unterscheidet sich Braun-Design grundsätzlich von einem selbstzweckhaften Styling, dem es nur um attraktive Formen geht.

Wie die Geräte transportiert auch die Kommunikation bereits durch ihr Design wichtige, wirksame Inhalte. Man braucht nicht Deutsch zu verstehen, um einem Braun-Prospekt *ansehen* zu können, daß es hier um solide Information über Geräte geht. Geräte, die gut sind, besonders leistungsfähig, von einem Unternehmen hergestellt, das diese Qualität selbstbewußt und glaubwürdig vertritt. Kommunikation und Design der Geräte wirken auf eine selbstverständliche Weise zusammen, weil sie aus derselben Grundhaltung heraus gestaltet sind: sachliches, funktionsgerechtes Produktdesign - sachliches, informationsorientiertes Kommunikationsdesign.

Der übereinstimmende und eigenständige Gesamtauftritt - Traumziel so vieler CI-Programme und trotz detaillierter und bemühter Regelwerke so selten erreicht - entsteht bei Braun rasch und fast von selbst, ohne daß es formulierte Gestaltungsregeln gab.

Die Risse im Bild, die Divergenzen, die im Laufe der Jahrzehnte häufiger und deutlicher wurden, sind nicht die Folge einer nachlassenden Kontrolle der CI, sondern Ausdruck der Tatsache, daß mit dem raschen Wachstum des Unternehmens mehr und mehr Menschen die Gestaltung der Braun-Kommunikation (dagegen kaum die Gestaltung der Produkte) beeinflussen konnten, denen das ursprüngliche Konzept fremd war.

Wieviel sich in den Jahrzehnten seit 1955 auch an den Arbeitsbedingungen, der Arbeitsweise und den Aufgaben der Braun-Designer gewandelt haben mag, die Intentionen sind unverändert: Bei jedem neuen Produkt geht es darum, eine Gestalt zu entwickeln, die insgesamt und in allen Details brauchbar ist.

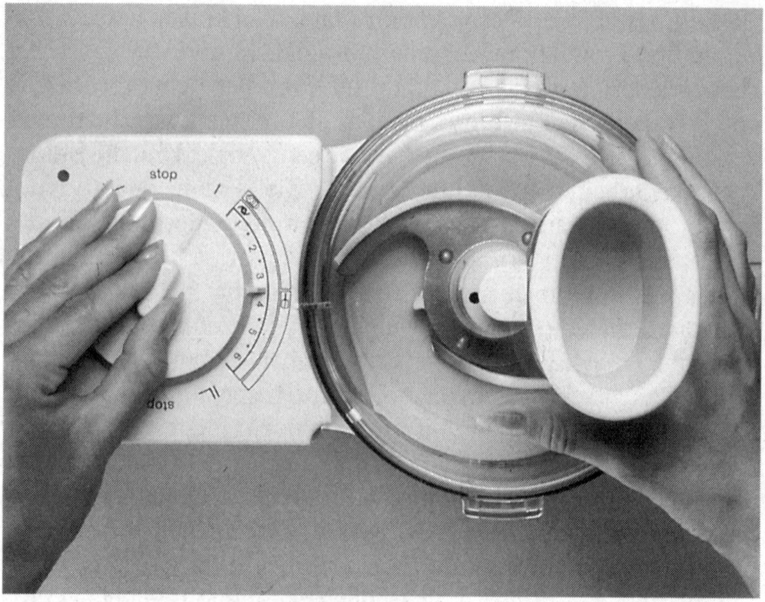

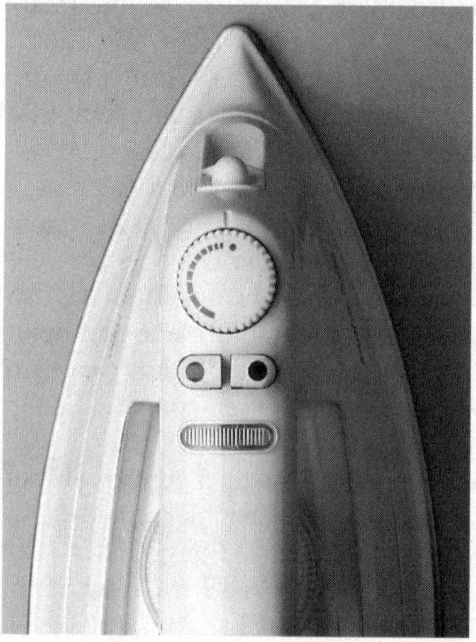

Detail der Braun Kompakt-Küchen-maschine UK 400 (1989): Zentraler Bedienungsschalter.

Detail des Braun Dampf-bügeleisens PV 3 (1989): Bedienungselemente.

Der Braun Phonosuper SK 4 von 1955 vor einem Gerät mit der damals üblichen Gestaltung.

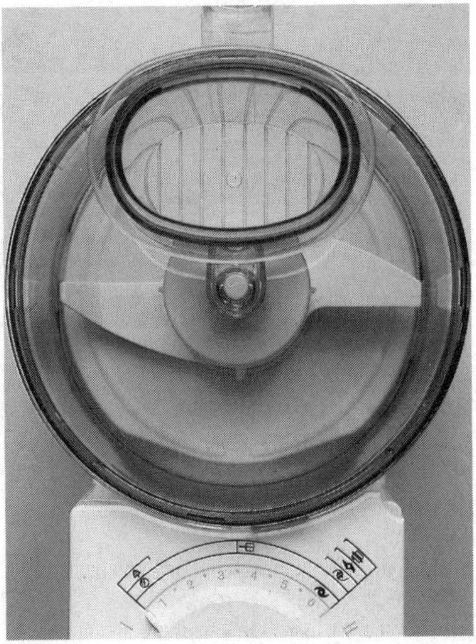

Detail der Braun Kompakt-Küchenmaschine UK 400 (1989): Arbeitstopf.

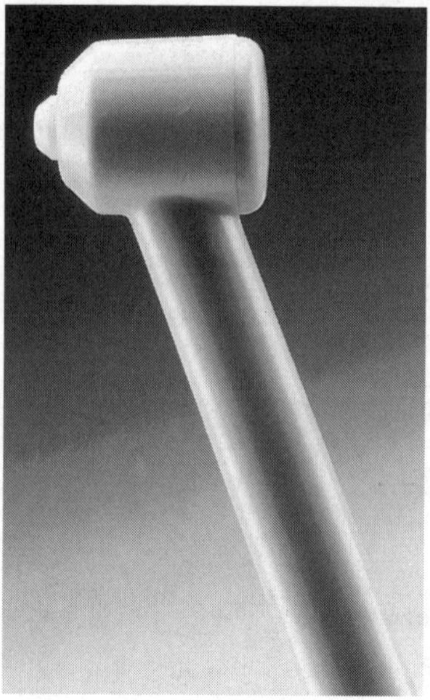

Detail der Braun Munddusche md 3 (1984): Sprühdüse.

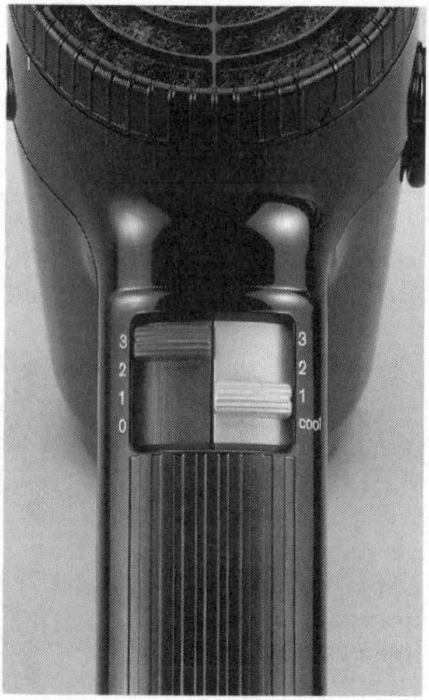

Detail des Braun Haartrockners PFV 1600 (1989): Bedienungs-element am Griff des Geräts.

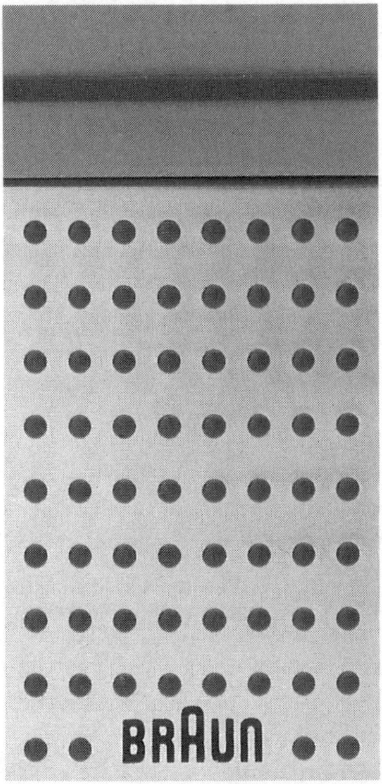

Detail des Braun Elektrorasierers Flex control (1990): Noppenstruktur der Gehäuseoberfläche.

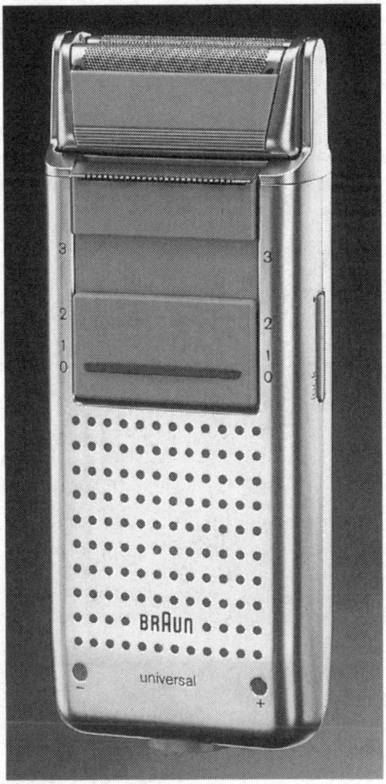

Braun Elektrorasierer Flex control (1990)

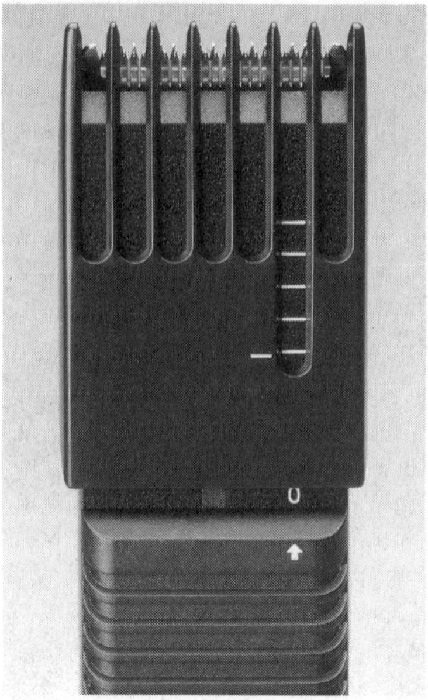

Detail des Braun Bartschneiders exact universal (1986): Scherkopf mit Distanzkamm.

Batterie-Weckuhr Braun Flex control (1987).

Detail des Kaffeeautomaten Braun Aromaster (1991, Grundform 1984): Bedienungsfläche.

Braun Espressomaschine E 400 T (1991).

Das Konzept und die Leistung von Braun sind wahrgenommen, verstanden und akzeptiert worden. Innenbild und Außenbild stimmen in hohem Maße überein. Das Image von Braun ist seit langem deutlich ausgeprägt und positiv. Seine wichtigsten Aspekte: Braun gilt als traditionsreiches, großes, führendes, qualifiziertes, deutsches Unternehmen. Tatsächlich wird seine Größe von vielen beträchtlich überschätzt, und nur wenige Verbraucher wissen, daß Braun die Tochter der amerikanischen Gillette Company ist. Man sieht Braun als integren Hersteller, der Produkte mit echten Gebrauchsvorteilen anbietet und nicht versucht, den Verbraucher zu manipulieren. Man billigt Braun eine sehr hohe Produktqualität zu. Das Unternehmen hat das Image, innovative, technisch anspruchsvolle Produkte zu bieten und neue Technologien intelligent zu nutzen. Schließlich schlägt sich auch die Leistung des Braun-Designs im Unternehmensimage nieder: Man weiß weltweit, daß Braun-Produkte besser, sinnvoller, zweckmäßiger gestaltet sind als andere.

Wie konnte Braun so viele Jahre hindurch konzeptionell auf Kurs bleiben und das hohe Leistungsniveau halten? Hier haben viele Faktoren zusammengespielt. Ganz wichtig war die starke Motivationskraft der Unternehmer in den Anfangsjahren. Formalisierte Kriterien und Arbeitsabläufe und so weiter haben eine eher geringe Rolle gespielt.

Allerdings entwickelten sich für die wichtigsten Arbeitsbereiche der Produkt- und Kommunikationsgestaltung einige operationale Grundsätze, die bis heute bestimmend geblieben sind:

① **Interne, zentrale Designentwicklung.**
Alle Produkte werden durch ein internes Designteam gestaltet. Es arbeitet in der Unternehmenszentrale in Kronberg. Dasselbe gilt für die Gestaltung der Produktverpackungen. Die Grundkonzepte für die Kommunikation werden zentral koordiniert und in Abstimmung mit den Tochtergesellschaften realisiert.

② **Kleines, kompetentes Team.**
Gemessen an der Gesamtleistung ist das Braun-Designteam überraschend klein und hat schon seit vielen Jahren fast dieselbe Zusammensetzung. Die Designer haben eine hohe persönliche Kompetenz und sind sehr gut eingearbeitet in die speziellen Aufgabenbereiche von Braun.

③ **Zugang zur Unternehmensleitung.**
Die Bedeutung des Designs für Braun fordert den direkten Kontakt zwischen Unternehmensleitung und Designern. Der Leiter der Designabteilung berichtet an den Vorstandsvorsitzenden.

④ **Interaktion Design, Technik, Marketing.**
Die Designer sind von Anfang an in die Entwicklung neuer Produkte involviert und arbeiten in ständigem, engem Kontakt mit Technik und Marketing.

Was gutes Design ist, läßt sich nicht einfach und schon gar nicht exakt definieren. Es gibt keine Faustregeln. Qualität kann in jedem Einzelfall etwas anderes sein - entsprechend den unterschiedlichen Aufgaben eines Produkts. Als Orientierung für die Designer, aber auch für die vielen anderen Fachleute, die an der Entwicklung von Braun-Produkten arbeiten, wurde mit einer Reihe von Grundaussagen umrissen, was Braun unter gutem Design versteht.

① **Gutes Design ist innovativ.**
Es realisiert wirklich neue, konkrete, überzeugend zweckgerechte Lösungen. Es ist weder Kopie, Wiederholung von bereits vorhandenen Lösungen noch ist es neu und anders um der Andersartigkeit willen.

② **Gutes Design macht ein Produkt brauchbar.**
Das ist seine Hauptaufgabe. Lösungen entstehen aus der intensiven Auseinandersetzung mit der Gebrauchsrealität, den Bedürfnissen, den Wünschen der Menschen.

③ **Gutes Design ist ästhetisch.**
Die ästhetische Qualität eines Produktes ist ein Teil seiner Nützlichkeit - es ist unangenehm, mit Dingen leben zu müssen, zu denen man keinen Bezug hat.

④ **Gutes Design ist verständlich.**
Es läßt erkennen, welchen Zweck das Produkt hat, wie es funktioniert, wie es zu bedienen ist und auch was es wert ist.

⑤ **Gutes Design ist unaufdringlich.**
Design weist den Produkten den richtigen Platz in unserem Leben zu. Gebrauchsgeräte sollen zurücktreten können, den Menschen nicht dominieren, sondern ihm Platz lassen für eine individuelle, lebendige Gestaltung seiner Umwelt.

⑥ **Gutes Design ist ehrlich.**
Es läßt ein Produkt nicht besser, haltbarer, wertvoller erscheinen, als es ist. Die Möglichkeiten zum Design-Betrug sind vielfältig und werden intensiv genutzt. Aber Betrug mit Design ist ein Betrug wie jeder andere.

⑦ **Gutes Design ist umweltbewußt.**
Ökologische Designqualität kann viele Dimensionen haben. Zum Beispiel Einsparung von Rohstoffen und Energie bei der Fertigung, Einsparung von Energie beim Gebrauch. Leichte Reinigung. Ästhetisch langlebiges Design, das den übermäßigen Produktverbrauch abbremst.

⑧ **Gutes Design ist langlebig.**
Die Qualität einer Form zeigt sich auch in ihrer Beständigkeit. Sie hat ihren Reiz nicht darin, modisch zu sein, und wird nicht unerträglich, wenn die Mode wechselt. Langlebiges Design unterstützt lange Produktnutzung - und ist damit auch ökologisch.

⑨ **Gutes Design ist konsequent bis ins Detail.**
Oberflächlichkeit und Schlampigkeit zeigen, daß der Designer das Produkt, seine Funktionen und die, die es benutzen, nicht wirklich respektiert. Das ist um so ärgerlicher, je intensiver und länger man ein Produkt gebraucht.

⑩ **Gutes Design ist möglichst wenig Design.**
Unsere einzige Chance ist die Rückkehr zum Einfachen. Alles Unwichtige wegzulassen, um so das Wichtige zur Geltung zu bringen, gehört für Braun zu den zentralen Design-Prinzipien. Die Designer haben heute die Aufgabe, dabei mitzuhelfen, das Chaos zu lichten, in dem wir zu leben gezwungen sind.

6

Visionen

Peter G. C. Lux

Anfang gut – Ende gut

Wie man richtig beginnt, damit die Vision im Unternehmen lebendig wird

Ich will über Design sprechen: Design, wie es im englischen Sprachraum verstanden wird. Design in seiner weitesten Bedeutung, nämlich als Basis für umfassendes Handeln und Verhalten, das nach Plan verläuft, diesen Plan in den Ergebnissen des Handelns wieder erkennbar macht und auch die Umstände mitberücksichtigt, unter denen die Ergebnisse bei dem Rezipienten ihre Wirkung erzeugen.

Abbildung 1

Nehmen wir diese Figur hier. Sie kann uns das auf konzentrierte Weise demonstrieren. Obwohl unvollständig, erkennen wir sofort die Persönlichkeit. Sie ist alles andere als eine graue Kirchenmaus. Sie ist witzig und schlau, nimmt es mit gefährlichen Gegnern auf und hat uns als Kinder viele unterhaltsame Stunden gebracht.
Meine Absicht mit diesem Bild ist, mit einem Minimum an Reizwahrnehmung - also effizient - in Ihnen Erinnerungen an die Charaktereigenschaften, Handlungen, Verhaltensweisen von Mickymaus wieder wachzurufen, aber auch Ihre eigenen vergangenen Erlebnisse beim Lesen und Betrachten.
Das Beispiel wie auch das jeder anderen Persönlichkeit macht uns auf einfache Weise deutlich, daß mit jeder Art von Gestaltungskonzept ein bestimmtes Verhaltensprogramm zusammenhängt. Dieses Verhalten wird um so sicherer interpretiert und erwartet, je konsequenter ein Konzept verfolgt wird - also eine Strategie der Umsetzung besteht. Eine solche Strategie muß von klaren Vorstel-

Abbildung 2

lungen ausgehen, Verhaltensweisen, Wahrnehmungsprozesse und Strategien müssen nicht nur auf seiten eines Unternehmens in einen sinnvollen Zusammenhang gebracht werden, auch relevante Prozesse und Strategien der Kundenseite sind zu berücksichtigen. Nur dann wird daraus eine lebenslange Erfolgsstory.
Damit dies möglich wird, ist eine gedankliche Klammer notwendig. Für mich ist das die Vision eines Unternehmens.
Somit ergeben sich drei Teile für meinen Beitrag.
Zuerst möchte ich auf die Vision eingehen und ein Strukturmodell vorschlagen, das ihre Erarbeitung vereinfacht und eine pragmatischere Form einer Vision ergibt.
Im zweiten Teil wird es um Verhalten, Wahrnehmung und Strategien gehen; ich werde aufzeigen, wie sie zusammenhängen, und die Begründung liefern für einen Corporate-Identity-Prozeß besonderer Art, den ich im letzten Teil skizzieren möchte.

Vision – wofür?

Zu den eisernen Regeln für meine Mitarbeiter und mich gehört es, ausführliche Gespräche mit dem gesamten Top-Management eines Unternehmens zu führen, bevor wir ein Mandat übernehmen. Dabei stellen wir eine Menge Fragen. Eine davon ist: »Was ist Ihre Vision für das Unternehmen?«
Die Antworten wirken immer wieder ernüchternd. Sie reichen von »Das Wort *Vision* ist mir zu schwammig: Wir verfolgen *Ziele*«, über jede Spielart von Gemeinplätzen bis zum Idealtypus.
Der Grund für die regelmäßig wiederkehrende Enttäuschung mag in mir selbst liegen. Als Mitbegründer einer Beratungsfirma gehe ich vielleicht automatisch davon aus, daß jeder in der Spitze des Unternehmens nicht nur Ziele, sondern auch den Sinn seines unternehmerischen Handelns beschreiben kann.
Vielleicht ist es auch gerade der Mangel an Vision, der Unternehmen zu uns führt. Also die Suche nach einer »Vorstellung«, die – wie Warren Bennis es ausgedrückt hat – für Unternehmen eine realistische, glaubwürdige und attraktive Zukunft beschreibt, einen

Zustand, der in einigen wichtigen Aspekten besser ist als die gegenwärtige Situation.
Am überzeugendsten ist, was Rosabeth Moss Kanter unter dem prosaischen Titel »The Managerial Work« in dem Harvard Business Review einmal festhielt. »Managerial work is undergoing such enormous and rapid change that many managers are reinventing their profession as they go. With little precedent to guide them, they are watching hierarchy fade away and the clear distinctions of title, task, departement, even corporation, blur. Faced with extraordinary levels of complexity and interdependency, they watch traditional sources of power erode and the old motivational tools lose their magic.« Das sind deutliche Worte.
Mit der Suche nach geeigneteren Formen unternehmerischen Handelns wird gleichzeitig auch das Finden ganzheitlicher, übersteuernder Orientierungsrahmen für die Unternehmensentwicklung immer dringender. Denn wir wissen sehr wohl, daß konzeptionelle Weitsicht gefragt ist, damit das Unternehmen nicht nur überleben, sondern auch gegen den Wettbewerb erfolgreich bestehen kann und Ressourcen ansammelt: Der nächste Kraftakt, die nächste Herausforderung kommen bestimmt und häufig früher, als uns in den Unternehmen lieb ist.
Wir brauchen also Visionen, um *in Zukunft* – nicht heute – *für lange Zeit erfolgreich zu* sein.
Wie aber finden wir sie?
Was kann uns sicher machen, die richtige gefunden zu haben?
Und wie stellen wir es an, daß sie sich nicht nur in den Köpfen von wenigen, sondern von möglichst vielen Menschen im Unternehmen festsetzt und darüber hinaus auch bei Kunden und Zulieferern?

Ich meine, wir sollten das Konzept einer Vision überdenken

Betrachten wir das Thema aus der Sicht des einzelnen Managers. In den meisten Fällen wird sein Ziel sein, Erfolg zu haben – für sich persönlich und für das Unternehmen.
Im allgemeinen wird er Erfolg haben:

① wenn sein Chef dem zustimmt, was er will und macht,
② wenn sein Handeln es den Kollegen und Mitarbeitern ermöglicht, ihren fachlichen und persönlichen Teil dazu richtig und rechtzeitig beitragen zu können,
③ wenn sich dadurch der Kunde oder Geschäftspartner wunschgemäß verhält,
④ wenn durch sein Handeln die Unternehmenszukunft qualitativ und quantitativ ein wenig näherrückt,
⑤ wenn seine Arbeit etwas von dem spüren läßt, was er als Persönlichkeit selbst ist.

Das sind persönliche Erfolgsstrategien. Sie stellen sehr unterschiedliche Anforderungen an ihn. Will er sie miteinander vereinbaren, dann wird er sie an etwas Übergeordnetem ausrichten müssen. Eine Vision bietet ihm diesen gedanklichen Orientierungsrahmen. Sie ist darüber hinaus zweifellos auch so etwas wie eine soziale, emotionale Antriebsenergie, die ihn und viele andere in seinem Umfeld veranlaßt, ihre Inhalte in tatsächlich erlebbare Wirklichkeit umzusetzen. Gelingt dies, dann wird die Situation eines Unternehmens immer weniger Ähnlichkeit mit der Ausgangslage und immer mehr Wesentliches mit der Zukunftsvorstellung haben, die anfangs nur als Silberstreifen am Horizont zu ahnen war.
Je breiter und tiefer eine Vision die Energien im Unternehmen freisetzen kann, desto umfassender wird sie einmal zur anfaßbaren Realität. Überspitzt oder eher paradox gesagt: Nach heutigem Verständnis – und ich stütze mich hier nochmals auf Warren Bennis – liegt die besondere Qualität einer wirksamen Vision darin, wie umfassend und schnell sie sich selbst auflösen kann und

Wirklichkeit wird. Solche Visionen sind in Wahrheit »nur« Ziele. Und nach meiner Beobachtung gibt es viele Manager, die sich von Anfang an die berechtigte Frage stellen, ob sich das große, persönliche Engagement dafür überhaupt lohnt.
Was weiterhin Skepsis gegenüber dieser Art von Visionen wachhält, ist der Umstand, daß wir bis heute gewohnt sind, Visionen fast ausschließlich mit ihrer personalen Verkörperung als quasi eine Einheit zu sehen: mit dem »Leader«. Nun haben auch diese herausragenden Persönlichkeiten gewisse menschliche Züge wie zum Beispiel den, daß auch sie einmal einen Nachfolger an der Unternehmensspitze brauchen. Der hat es bekanntlich immer schwer, das Unternehmen im gleichen Sinn und Geist seines Vorgängers weiterzuführen.
Hat ein Unternehmen Glück, wird im Laufe seiner Geschichte eine Vision die andere ablösen, begleitet von den bekannten Phasen manchmal dramatischer Umstrukturierungen, Akquisitionen, Investitionen, Desinvestitionen etc. Das kostet nicht nur viel Geld. Sie erzeugen häufig auch verbreitet Demotivation und Leistungsabfall unter den Unternehmensangehörigen, Irritationen bei den Kunden, Vertrauensverlust bei Aktionären und Öffentlichkeit, Zurückhaltung bei Politikern und staatlichen Institutionen.
Ich glaube, daß sich ein Unternehmen in vielen Fällen vor solchen Schockwellen bewahren kann. Anzusetzen ist dabei im Kern - der Vision - des Unternehmens. Zu diesem Zweck schlagen wir für die Vision eine andere Form oder besser Struktur vor.

Die dynamische Vision

Meines Erachtens sollte eine Vision keine finalen Elemente enthalten wie etwa »Wir brauchen die größten und schnellsten Computer«, weil schon bald der Markt auch die Chance bieten könnte, die schnellsten und kleinsten Computer verkaufen zu können, auf die dann das Unternehmen nicht ausreichend vorbereitet ist.
»We try harder« hingegen weist in die richtige Richtung, weil für den Kunden - aus den verschiedensten Gründen - immer weniger

wichtig sein wird, WAS gemacht wird, und wesentlich weniger, WIE geforscht, produziert, vertrieben, kommuniziert etc. wird. Die Konsequenz daraus ist eine entsprechend anders inhaltlich gewichtete, *dynamische* Form einer Vision. Ihre Struktur haben wir aus der Erkenntnis von Joy Peter Guilford abgeleitet, daß eine Individualpersönlichkeit in sieben Dimensionen sprachlich beschrieben werden kann. Die Dimensionen sind:

Einstellung, Interesse, Bedürfnis, Temperament, Leistungsfähigkeit (Kompetenz), Herkunft und Konstitution.

Für die Verwendung dieser Struktur zur Erschaffung einer Vision sind die drei letztgenannten Dimensionen sinngemäße Entsprechungen zu Guilfords Vorschlägen, um den Bedürfnissen einer wesentlichen, aber dennoch vollständigen Charakterisierung des zukünftigen Unternehmens besser gerecht zu werden.
Das macht sehr viel Sinn. Denn die bisherige Erforschung unternehmenskultureller Sachverhalte und soziodynamischer Prozesse in Unternehmen, aber auch die Einsicht, daß Kommunikationsverhalten und Erinnerungsvermögen des Menschen sehr stark von den Erfahrungen aus zwischenmenschlichen Beziehungen mitgeprägt sind, ermutigen uns, ein Unternehmen in seiner Gesamtheit als »kollektive Persönlichkeit« aufzufassen und seine »Persönlichkeitsstruktur« in Anlehnung an Guilford zu beschreiben. Folgt die Beschreibung einer wünschenswerten Charakteristik des Unternehmens dieser Struktur einer dynamischen Vision, so wird sie gleichermaßen für Führungskräfte und Mitarbeiter konkrete, also in der jeweiligen Situation anpassungsfähige Orientierungsmuster zur Verfügung halten.
Die verschiedenen, aber nicht voneinander zu isolierenden Dimensionen dieser dynamischen Dimension bieten eine größere Sicherheit, daß sich ihre Kraft nicht verzehrt, sie flexibler bleibt hinsichtlich Präferenzen nachfolgender Managergenerationen und das Unternehmen auf den gesellschaftlichen Wertewandel und damit auch auf Marktveränderungen besser eingehen kann als mit statischen Visionen nach heutigem Strickmuster. Im Vergleich zu der üblichen Art von Vision müssen solche nach unserer Struktur

differenzierter, nicht aber komplexer sein. Darin ist ein eminenter Vorteil zu sehen, wenn es zur Verwirklichung der Vision kommt, das heißt, wenn Verhalten, Wahrnehmungsprozesse und Strategien an der Vision ausgerichtet werden müssen.

Verhalten – Wahrnehmung – Strategien

Um diese Behauptung zu begründen, möchte ich im nächsten Schritt auf die grundsätzlichen Zusammenhänge zwischen Verhalten, Wahrnehmung und Strategien zu sprechen kommen. Das aber

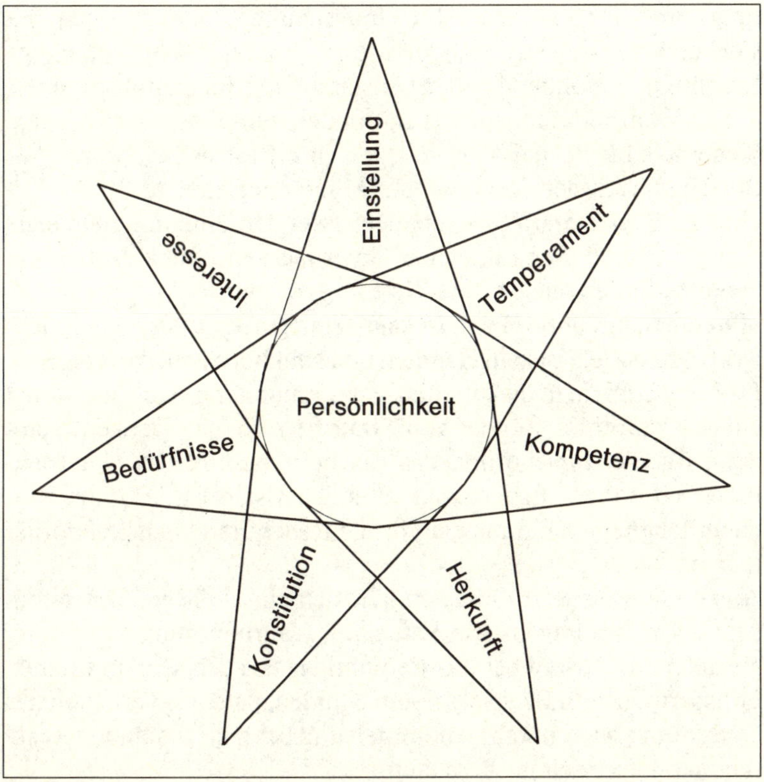

Abbildung 3

nicht aus der Sicht eines Wissenschaftlers versuchen, sondern aus der Managementpraxis heraus.
Im Unternehmenskontext verstehe ich Verhalten und Handeln als spontane und/oder ziel- und interessengeleitete Reaktionen auf wahrgenommene Reize in bestimmten Situationen.
Verhalten wird im Unternehmen zum Schlüsselbegriff, wenn wir darunter nicht nur die Art und Weise des Arbeitens, Produzierens, des Kommunizierens und Verkaufens verstehen, sondern auch die Wahl von technischen oder Planungssystemen und die Mittel und Medien, die ein Unternehmen dazu benutzt. (Würden wir zum Beispiel am Markt nicht schneller reagieren wollen, wären die teuren Telekommunikationssysteme weniger interessant.)
Wahrnehmung definiere ich als die bewußte, gedankliche Verarbeitung von Empfindungen. Im Unternehmen lohnt es, sich mit solchen Prozessen auseinanderzusetzen, weil nur deren sorgfältige Beachtung einschließlich der Umstände und Bedingungen, unter denen Wahrnehmung jeweils stattfindet, dem Unternehmen eine Sicherheit bietet, daß das, was von ihm beabsichtigt wurde, als Botschaft auch den Kunden oder Mitarbeiter erreicht.
Und der Begriff *Strategie* – genauer gesagt: Unternehmensstrategie – umfaßt die großen Linien der Unternehmenspolitik, Mittel und Wege zu finden, langfristige Ziele zu erreichen.
»Für ein Schiff ohne Hafen ist kein Wind günstig«, sagt ein Sprichwort. Ohne Ziele ist kein Handeln und kein Verhalten ökonomisch. Das heißt im hier diskutierten Zusammenhang, daß erst durch ein abgestimmtes Bündel von Strategien für das Denken, Handeln, für die Sprache und das Erscheinungsbild des Unternehmens ein hoher Effizienzgrad zu erzielen sein wird. Keiner wird daher leugnen, daß Strategien für Unternehmen höchste Priorität haben.
Aus diesem bis jetzt Gesagten läßt sich ein einfaches Diagramm des Zusammentragens von Verhalten, Wahrnehmung und Strategie ableiten. Sowohl beim Unternehmen als auch seinem Interaktionspartner, zum Beispiel seinem Kunden, wird das Verhalten des einen vom anderen wahrgenommen und führt zu spontanen Reaktionen oder gezieltem Verhalten.

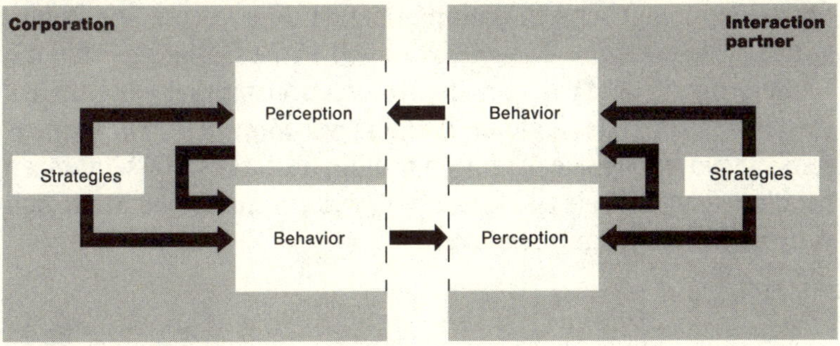

Abbildung 4

Die Interaktion wird schon umfangreicher und differenzierter, wenn wir von den vier Grundarten des Verhaltens ausgehen: von personalem Verhalten, Mitteln und Medien, Sprache und visueller Gestaltung. Entsprechend ausgebildet müssen dann auch die Wahrnehmungsmöglichkeiten und -fähigkeiten beider Partner sein. Wir müssen weiterhin nun mitberücksichtigen, daß es auf beiden Seiten letztlich die Menschen sind, die direkt oder indirekt miteinander agieren.

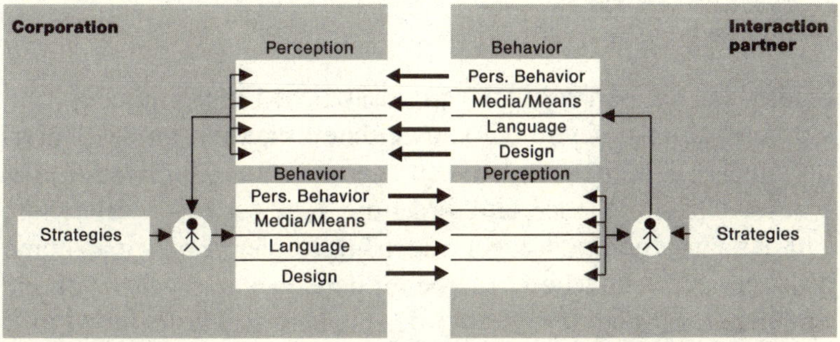

Abbildung 5

Schön wäre es, wenn die Zusammenhänge so einfach wären. Aber die Wirklichkeit ist komplexer. Jedes unvorhergesehene Ereignis kann dazu führen, daß der Mensch unter Berücksichtigung früherer Erfahrungen seine bislang verfolgten Strategien überdenkt. Die Folge sind Verhaltensveränderungen auf die eine oder andere Art, für die eine gegebene Situation günstige oder nachteilige Bedingungen bieten kann. Das gleiche gilt für die Situation bzw. die Bedingungen, unter denen der Interaktionspartner ein modifiziertes Verhalten des anderen Partners wahrnimmt. Er wird seinerseits die neuen Signale daraufhin prüfen, ob daraus Konsequenzen für die Art und Weise zu ziehen sind, wie er selbst seine Strategien verfolgt hat, und dann reagieren.

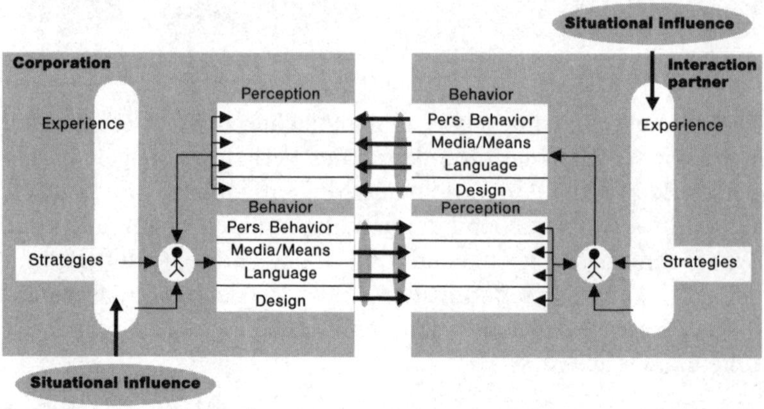

Abbildung 6

Schließlich müssen wir an die grundsätzliche Disposition des Individuums einerseits und die strategische Orientierung des Unternehmenszugehörigen andererseits denken. Beim Individuum haben wir darunter - nach Guilford - die Wesenszüge zu verstehen. Für den Unternehmenszugehörigen - ganz gleich, ob wir an einen Manager oder einfachen Mitarbeiter denken - schlage ich vor, die Strategien zu nehmen, die in den sieben Erfolgsfeldern (nach McKinsey) eines Unternehmens vorliegen.
Die jeweiligen Grundkonditionen sind, für sich gesehen, auch noch in Abhängigkeit zu einem übergreifenden System von Orientierungsmustern, Normen, Werten unternehmensintern und Umständen, Wechselwirkungen etc. extern zu sehen. Markt und Branche nennen wir die wichtigsten Bezugssysteme beim Unternehmen. Arbeitsplatz, Beruf und soziale Schicht sind es für das Individuum.

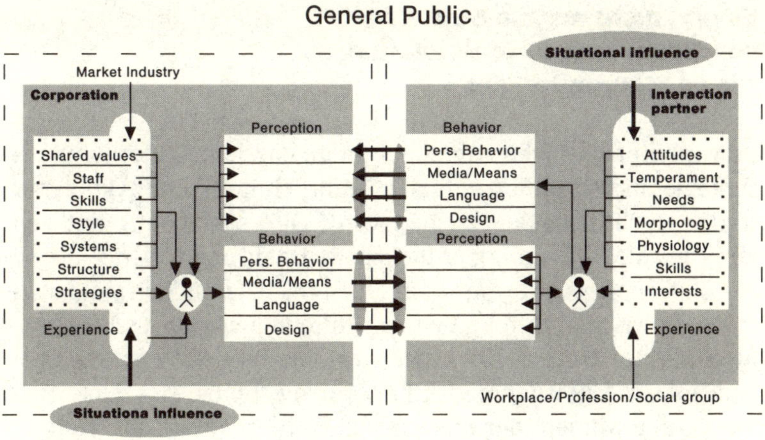

Abbildung 7

Mein Diagramm stellt also die prinzipiellen Zusammenhänge von Verhalten, Wahrnehmung und Strategien zweier Partner dar, von denen der eine ein Unternehmen, vielleicht eine Fluggesellschaft, der andere eine Einzelperson außerhalb des Unternehmens, zum Beispiel ein Fluggast, sein könnte.
Tiefer will ich in die Komplexität der Zusammenhänge von Verhalten, Wahrnehmung und Strategien nicht eindringen. Die Darstellung soll uns im Hinblick auf die Zusammenhänge von Verhalten, Wahrnehmung und Strategien vor Augen führen, was wir eigentlich meinen, wenn wir sagen: In unserem Unternehmen arbeiten Menschen.
Es illustriert die - eigentlich selbstverständliche - Tatsache, daß sich Manager und Mitarbeiter eben nicht nur von Erfolgsstrategien, den Zwängen einer aktuellen Situation und eigenen Erfahrungen in ihrem Verhalten leiten lassen, sondern auch von ihren eigenen Wesenszügen und Überlebensstrategien bestimmt sind. Die Konsequenzen daraus werden jedoch verdrängt und sind zum Beispiel in Prozessen der Strategieentwicklung und -umsetzung selten angemessen berücksichtigt.

Es gibt nicht nur die Strategie, sondern nur so viele Spielarten, wie es Mitarbeiter gibt

Es wird einfach nicht wahrgenommen, daß jede Unternehmensstrategie im Prozeß individueller Wahrnehmung und Aktion verstärkt, geschwächt oder negiert wird. Dies sehr häufig mit dem Hinweis, die Situation oder die eigene Erfahrung verlange das so. Als einfachen Ausweg aus dem Dilemma, letztendlich wählen zu müssen zwischen Bürokratie oder Entrepreneurship als Weg organisatorischer Unternehmensentwicklung, ist der Versuch, einen begnadeten Unternehmensführer für die Spitze des Unternehmens zu gewinnen, der nicht nur die Vision entwickelt, sondern auch gleich noch auf unnachahmliche Weise das Spektrum ihrer individuellen Auslegung durch die Mitarbeiter eng hält und es irgendwie schafft, die Wahrnehmung externer Prozesse nach seinem Willen zu beeinflussen.
Ich kann und will nicht ausschließen, daß ein solches Rezept erfolgreich ist - mindestens eine gewisse Zeit lang und für bestimmte Situationen.

Corporate-Identity-Prozeß

Die Erfahrung mit unseren Kunden stärkt uns jedoch in der Überzeugung, daß auch eine dynamische Vision gemeinsam entwickelt und auf breiter Basis von vielen Entrepreneuren gemeinsam umgesetzt werden kann. Der dazu erforderliche Prozeß muß allerdings sehr deutlich über längere Zeit auf die Komplexität der Gesamtzusammenhänge eingehen, wie ich sie vorher skizziert habe.
Ich spreche vom Corporate-Identity-Prozeß.
Der Grundgedanke, der ihm unterliegt, ist ein ganz einfacher. Wer nämlich an der Entwicklung einer dynamischen Vision für das eigene Unternehmen mitgearbeitet hat, weiß auch, warum es sie überhaupt braucht. Der weiß, in welchen Erfolgsfeldern - Wertesysteme, Mitarbeiter, Fähigkeiten, Führungsstil, Managementsy-

steme, Organisationsstruktur und Strategie - besondere gemeinsame Anstrengungen erforderlich sind und was er dafür am sinnvollsten tun kann. Er weiß externe Einflüsse besser abzuschätzen und ein Verhalten zu wählen, das auf längere Sicht richtiger sein wird.
Und weil er durch seine Mitarbeit eine Vorstellung von der Zukunft gewinnt, ist der Zwang für viele, an vergangenen Erfahrungen festzuhalten, weniger stark, zumal die interne Kommunikation hierin noch unterstützend wirkt.
Solche Corporate-Identity-Prozesse im Unternehmen vorzubereiten, in Gang zu setzen und in Bewegung zu halten ist die Dienstleistung ernstzunehmender Identitätsberater.
Nach allem, was wir heute wissen, muß ein Corporate-Identity-Prozeß sechs Phasen unterschiedlicher Dauer und Arbeitsintensität durchlaufen.

Die Phasen zur gelebten Vision

Die erste Phase dient der Problematisierung und Sensibilisierung des unternehmensinternen Identitätsbewußtseins.

Dabei werden mit dem Vorstand, den oberen Führungskräften und solchen aus »Problembereichen« Interviews und Round-table-Gespräche geführt, verschiedene Dokumente inhaltlich ausgewertet und Kommunikationsbeispiele einer Kurzbeurteilung unterzogen. Die Ergebnisse nach circa 1 bis 3 Monaten sind eine sorgfältige Aufgabenbeschreibung und natürlich das Arbeitsprogramm mit Kosten- und Zeitangaben.
Viel wichtiger aber für das Unternehmen ist dabei, daß das Nachdenken über die Identity des eigenen Unternehmens angeregt und die Wichtigkeit einer dynamischen Vision erkannt wird.
Zweite Phase: Bestandsaufnahme der im Unternehmen vorhandenen Erfahrungen und des faktischen Wissens aus der Zusammenarbeit, der Marktbearbeitung sowie der konkreten, anfaßbaren Ergebnisse.
In dieser Phase interessiert alles, was als personelle Verhaltensmu-

ster, visuelles Designverhalten, Sprachverhalten, an Systemen oder Instrumenten für das Unternehmen charakteristisch sein könnte. Und natürlich die strukturellen Bedingungen dafür.
Eine Vielzahl spezieller Untersuchungsformen stehen uns dafür zur Verfügung.
Zum Beispiel: *die Ortsbegehung.* Fassaden sind Signale von Introvertiertheit oder auch vom Gegenteil und sagen häufig etwas darüber, wie Geld verwendet wird.
Mit welchem Ausprägungsgrad an Sachkompetenz oder Sozialkompetenz seiner Fachleute ein Unternehmen zufrieden ist, ist gut an den Innenräumen festzustellen.
Wenn ein Unternehmen seine Kunden durch Gänge in den Ausstellungsraum zu den neuesten Produkten führt, die eher an Kasernen erinnern, stimmt nicht nur etwas mit der Wahrnehmungsfähigkeit der Verantwortlichen nicht, sondern auch mit dem Verkaufsverhalten und vor allem dem Selbstverständnis des Unternehmens: Darin kann sich ein Symptom für eine Geringschätzung der eigenen Produktleistung zu erkennen geben.
Alle visuellen Gestaltungen des Printmedienbereichs werden auf visuelle Anmutungsqualität (wahrnehmungsqualitative Reize) und bevorzugte Verhaltensmuster beim Gestalten untersucht. Interessante Aufschlüsse sind zum Beispiel daraus abzuleiten, welche Gestaltungsnormen eingehalten werden, welche nicht - und warum.
Werden Ergebnisse aus der *visuellen Analyse* mit anderen aus der *Inhaltsanalyse und Sprachanalyse* verglichen, können zum Beispiel sehr interessante Aspekte zur Stellung der Frau im Unternehmen ans Tageslicht kommen, deren sich niemand bewußt war und weder mit Eigenarten der Branche noch des soziokulturellen Kontextes im betreffenden Land ausreichend erklärt werden können.
Durch *teilnehmende Verhaltensbeobachtung* von Mitarbeitern am Point of Sale, in Besprechungen, Konferenzen. Und in speziellen *Corporate-Identity-Workshops* erfahren wir viel von dem, was Deal mit »the way we do things around here« umschreibt.
Außerdem werden mit bestimmten Zielsetzungen *schriftliche Befragungen* durchgeführt und natürlich *Tiefeninterviews* mit Einzel-

personen aus allen Hierarchiestufen und Unternehmensbereichen, um Klarheit über strukturelle Bedingungen und zu widersprüchlichen Verhaltensweisen und Wahrnehmungen zu gelangen.
Diese Untersuchungsmethoden werden Ihnen bekannt sein. Die Auswertungsmethoden vermutlich nicht, denn sie waren speziell erst zu entwickeln und führen heute zu grundsätzlichen, aber dennoch unternehmensspezifischen Erkenntnissen über die Verbreitung und Verbindlichkeit der immateriellen unternehmenskulturellen Werte (Shared values), obwohl von sehr unterschiedlichen materiellen Erscheinungsformen ausgegangen wird. Genau darin jedoch liegt eine wichtige Voraussetzung für die Validität der Ergebnisse.
Das wichtigste Ergebnis aus der Bestandsanalyse läßt sich in einem Balkendiagramm von 26 bipolaren unternehmenskulturellen Werten verdichten, auf dem die einzelnen Ausprägungen grafisch dargestellt sind. Trotz der Ähnlichkeit in der Darstellung ist das Wertediagramm mit den bekannten Imageprofilen in keiner Weise zu vergleichen.
Die Abbildung 8 zeigt ein solches Wertediagramm mit dem Status verschiedener Unternehmenskulturen im Vergleich. Die Linien B und D gehören zu Unternehmen, die im Laufe des Prozesses fusionierten. Es ist augenfällig, daß offensichtlich die Motive für die Fusion in den unternehmensstrategischen Orientierungsmustern zu suchen sind und weniger in den anderen Kategorien der ethischen humanen Orientierungsmuster, der Art und Weise der Zusammenarbeit, des Problemlösens sowie im grundlegenden Problemlösungsverständnis.
Ein solches Wertediagramm eines Unternehmens ist die Basis für die Definition eines SOLL-Diagramms und für die darauf aufbauende dynamische Vision des Unternehmens. Beide stehen am Anfang der nächsten Phase.

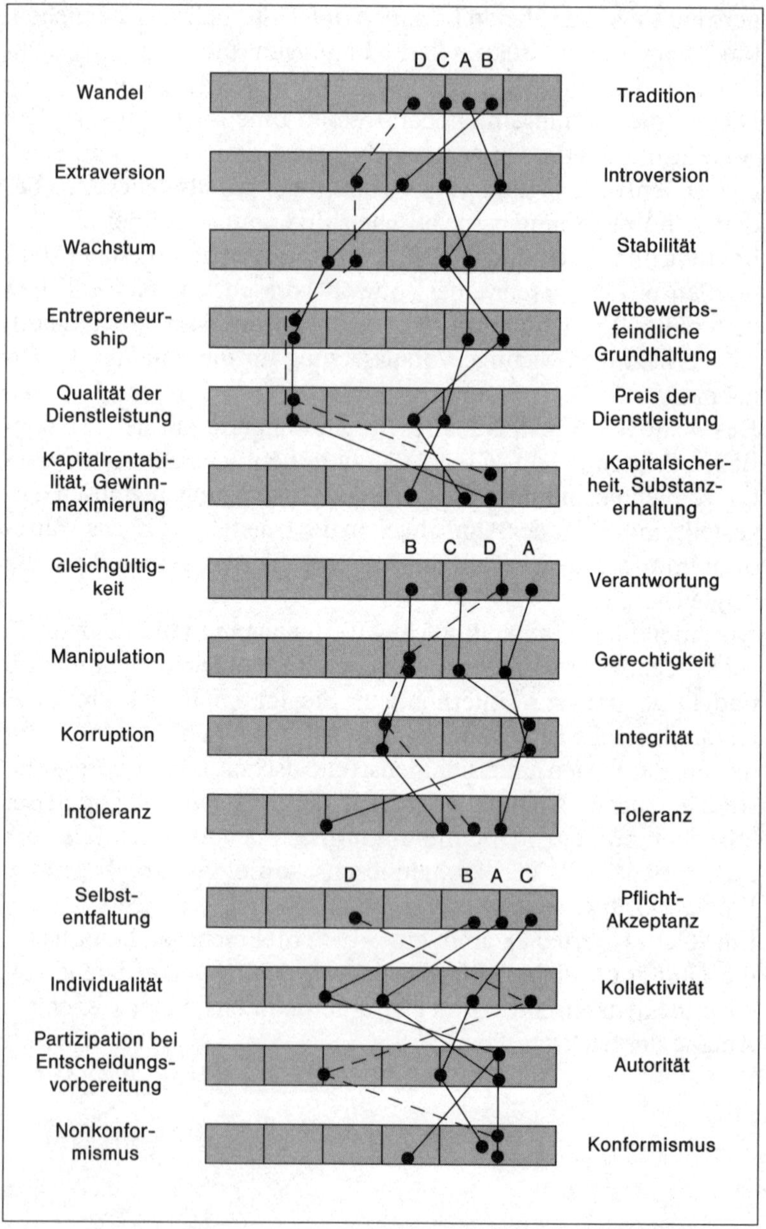

Abbildung 8: Ausprägung unternehmenskultureller Werte (IST) – Unternehmen im Vergleich

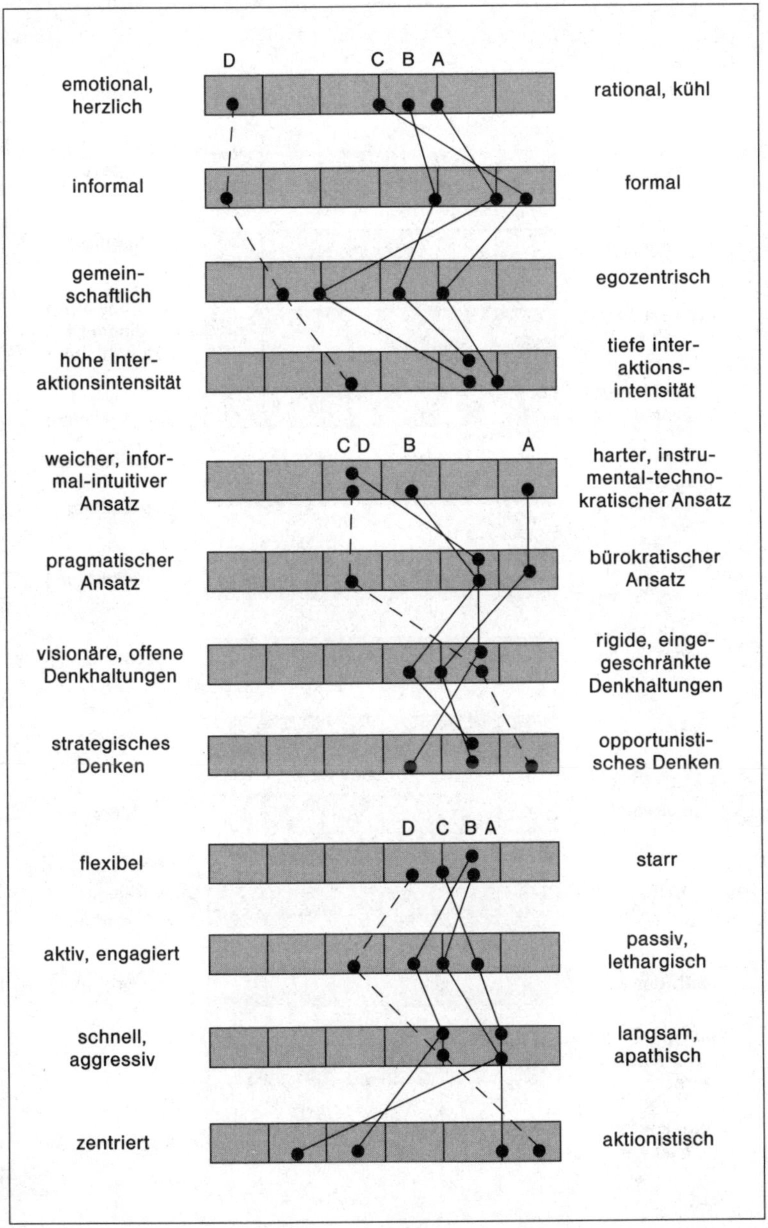

D C B A
emotional, herzlich
rational, kühl
informal
formal
gemeinschaftlich
egozentrisch
hohe Interaktionsintensität
tiefe interaktionsintensität
C D B A
weicher, informal-intuitiver Ansatz
harter, instrumental-technokratischer Ansatz
pragmatischer Ansatz
bürokratischer Ansatz
visionäre, offene Denkhaltungen
rigide, eingeschränkte Denkhaltungen
strategisches Denken
opportunistisches Denken
D C B A
flexibel
starr
aktiv, engagiert
passiv, lethargisch
schnell, aggressiv
langsam, apathisch
zentriert
aktionistisch

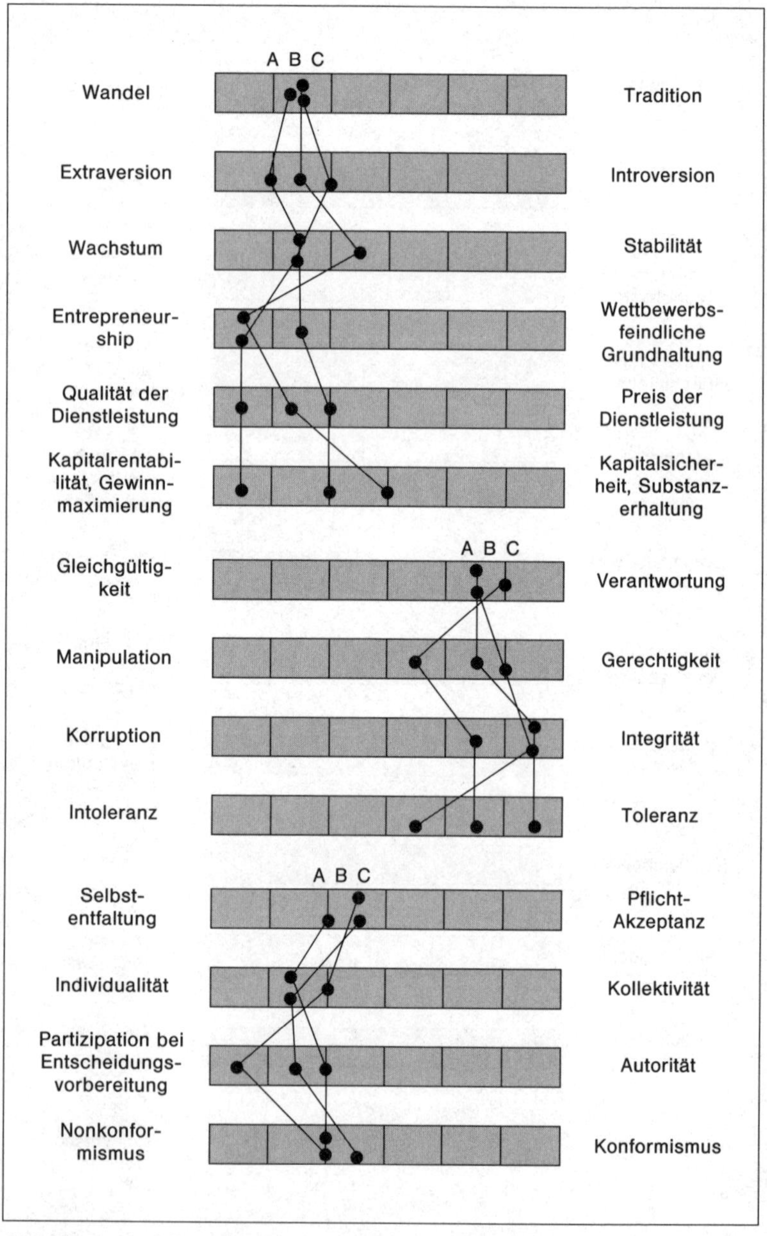

Abbildung 9: SOLL-Profile unternehmenskultureller Werte im Vergleich

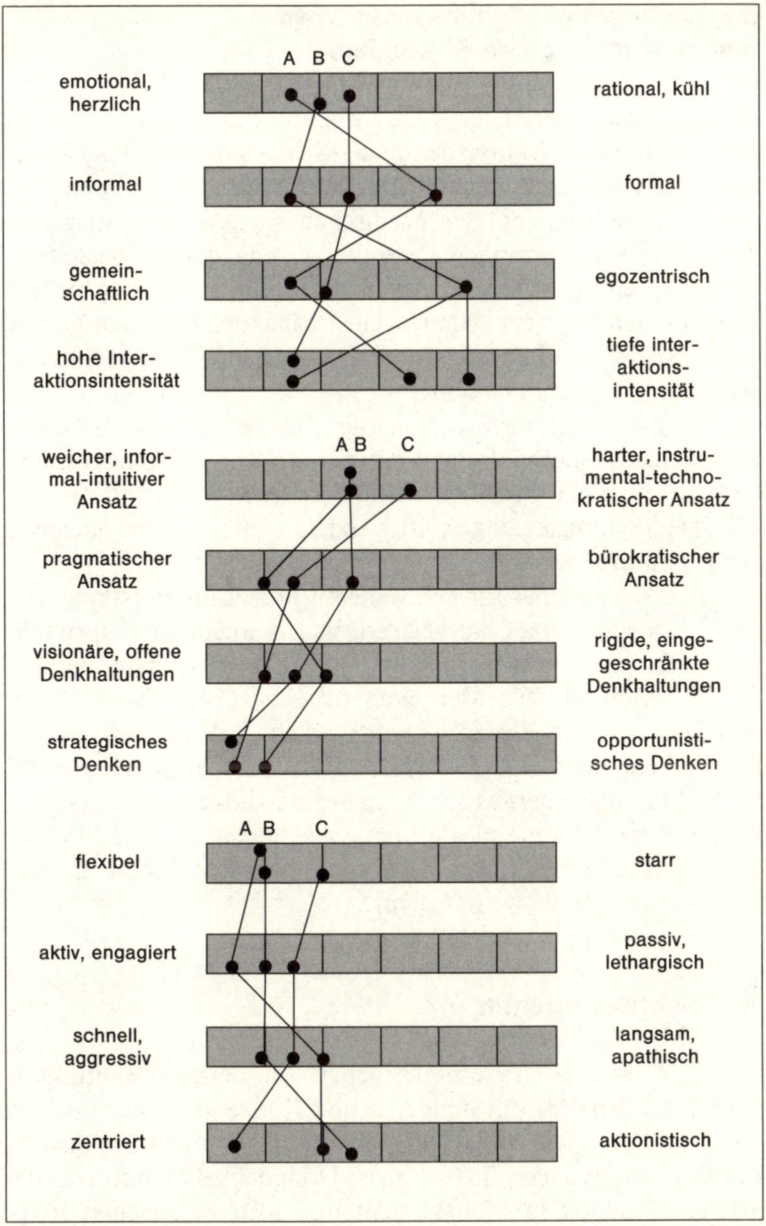
A B C
emotional, herzlich
rational, kühl
informal
formal
gemeinschaftlich
egozentrisch
hohe Interaktionsintensität
tiefe Interaktionsintensität
A B C
weicher, informal-intuitiver Ansatz
harter, instrumental-technokratischer Ansatz
pragmatischer Ansatz
bürokratischer Ansatz
visionäre, offene Denkhaltungen
rigide, eingeschränkte Denkhaltungen
strategisches Denken
opportunistisches Denken
A B C
flexibel
starr
aktiv, engagiert
passiv, lethargisch
schnell, aggressiv
langsam, apathisch
zentriert
aktionistisch

Entwicklung der »dynamischen Vision« und ihrer wichtigsten Strategien.

Strategisches »Herzstück« für die Zukunft des Unternehmens ist natürlich die Entwicklung der dynamischen Vision. Mit der sicheren Erkenntnis vorhandener Kulturwerte, mit markt-, umwelt- und eventuell auch technologiespezifischen Analysen als Ausgangspunkte, ist das Formulieren der Vision und davon abgeleiteter Strategien ein interaktiver Konsensusprozeß, der zwar manchem dynamischen Manager zu lange dauert, aber den enormen Vorzug hat, daß jeder sich während dieser Zeit mit dem Neuen gedanklich auseinanderzusetzen beginnt.
Hierbei hat die Erfahrung bis heute auch gezeigt, daß die breite Erfassung und methodische Auswertung aller vier Arten von Verhaltensweisen ein verläßliches Bild der Gegenwart liefert und zukünftige Potentiale aufgespürt werden, ohne die ein kreativer Gruppenprozeß nicht erfolgreich sein kann.
Noch entscheidender für alle weiteren Prozeßstufen ist eine Art »Aufbruchstimmung«, die vielerorts im Unternehmen nun zu spüren ist. Denn bis zu diesem Zeitpunkt hat der Corporate-Identity-Prozeß schon so viele Menschen auf allen Hierarchiestufen zu einzelnen oder mehreren Themen erfaßt und ihr Engagement geweckt, daß die soziale Energie, von der ich anfangs in bezug auf die Vision sprach, bereits zu wirken beginnt, noch bevor die Vision gefunden ist. Beinahe ideale Voraussetzungen also dafür, daß es zum orientierten Kulturwandel kommt und nicht nur zur Umsetzung von spezifischen Strategien.

Wandlungsprogramm

Nun kann es in die Tagespraxis gehen. Mit dem Wandlungsprogramm fließen Vision, Strategien und Konzepte in das tägliche Denken, Verhalten und Gestalten ein. Aber nicht auf ganzer Breite, sondern ausschließlich nach Dringlichkeit, damit sich die aktiven Gruppen in Management und Mitarbeiterschaft mög-

lichst schnell als Repräsentanten des visionären Denkens beweisen können.
Ich würde den Rahmen dieses Beitrages sprengen, würde ich auf die Vielzahl unterschiedlicher Wandlungsprozesse und dabei entstehender Chancen und Risiken, die Vision aus den Augen zu verlieren, eingehen. An anderer Stelle wird das zu leisten sein.
Auch wäre dann über die letzten zwei Phasen des Corporate-Identity-Prozesses zu berichten: welche möglichen Formen des Controllings sich anbieten und welche speziellen Erleichterungen es bei Adaptationsmaßnahmen unterschiedlichster Art gibt, wenn eine dynamische Vision und das Entwicklungsprofil für unternehmenskulturelle Werte zur Verfügung stehen.
Einen Gedanken möchte ich jedoch noch aufgreifen.
Es ist ein weitverbreiteter Irrtum, anzunehmen, daß große Visionen vor allem große Schritte in der Entwicklung und spektakuläre Maßnahmen verlangen würden.
Wir haben sehr häufig auch das Gegenteil beobachtet: »Der Mann, der den Berg versetzte, hatte damit begonnen, indem er einzelne Steine wegtrug«, sagt ein chinesisches Sprichwort.
Auf Corporate-Identity-Prozesse angewandt, heißt das, zu versuchen, auch noch die kleinste Aufgabe zu einem Musterbeispiel dafür zu machen, wie aus der Vision ein kleines Stückchen neue Wirklichkeit werden kann.
Wenn das alle in einem Unternehmen, jeder auf seine Art, aber in Kenntnis der Strategien, machen, dann erblüht die Vision. Früchte werden nur zu ernten sein, wenn in allen Bereichen des Unternehmens sowohl Verhalten als auch Wahrnehmungsprozesse strategiegeleitet sind. Erkennt die Mehrzahl der Unternehmensangehörigen im ganzen Bezugssystem von Denken, Handeln, Aussehen und strukturellen Bedingungen den Ausdruck der gemeinsamen Werte, zu deren Entwicklung sie selbst beigetragen haben, werden sie in einem Unternehmen arbeiten, das nicht seinesgleichen hat.

Dann lebt die Vision mit dem Mitarbeiter.

Albrecht Graf Matuschka

Von der Notwendigkeit einer Vision

An der Schwelle zum neuen Jahrtausend sollte man nicht nur eine Zwischenbilanz ziehen, sondern den Mut haben, Dinge grundsätzlich in Frage zu stellen. Schließlich werden die Weichen jetzt gestellt, und zwar von uns. Man muß sich darüber im klaren sein, daß die Zukunft von drei Entwicklungen geprägt sein wird, die dazu zwingen, das eigene Weltbild zu überdenken.

Das Zusammenwachsen der Märkte, die rasante Entwicklung neuer Technologien und vor allem die exponentielle Zunahme der ökologischen Probleme prägen schon heute unser Leben. Wieviel mehr also werden sie in zehn Jahren unser Dasein bestimmen, ja sogar in Frage stellen. Wie stark das ökologische Gleichgewicht gefährdet ist, ist allgemein bekannt. Hier bereitet sich ein Umbruch vor.

Diese Einsicht ist die Chance, Probleme zu lösen und Neuorientierungen einzuleiten. In vielen Bereichen muß es zu einer grundsätzlichen Kehrtwendung kommen. Dazu muß man allerdings von den zukünftigen Entwicklungen auch global eine Vorstellung haben. Wer nur einzelne Entwicklungen und lokale Zustände im Blick hat, wird die Übersicht verlieren. Er wird die Herausforderung »Zukunft« nicht erkennen und damit nicht annehmen können.

Neuorientierung ist notwendig

Die Notwendigkeit einer Neuorientierung zeigt sich schon bei der Feststellung des Ist-Zustandes. Die ökologische Schadensbilanz allein unseres Landes beläuft sich auf weit über 100 Milliarden

Mark. Darin sind aber nur bekannte Positionen wie Wasser, Luft und Boden enthalten. Ökologische Risiken sowie psychosoziale Kosten lassen sich dagegen schwer in Zahlen fassen. Doch gerade in diesen Bereichen sind noch ganz andere Schadensgrößen zu erwarten.

Die Reaktorkatastrophe von Tschernobyl 1986 zeigte deutlich, mit welch unerwarteten Dimensionen im Risikofall gerechnet werden muß. Auf Jahre hinaus sind Lebensmittel radioaktiv belastet, die betroffenen Gebiete nicht einzugrenzen. Und wer sich vorstellt, daß ein einziger Tropfen Öl mehrere tausend Liter Wasser für den menschlichen Verzehr ungenießbar macht, bekommt eine Ahnung von möglichen Schadensketten im Bereich alltäglich vorkommender Umweltverschmutzungen.

Das drängende CO_2-Problem ist ein Beispiel dafür, wie vielfältige Wechselwirkungen die Zerstörung der Umwelt globalisieren und beschleunigen. Ende der 70er Jahre nahmen die Meteorologen und Klimaforscher die Zerstörung der tropischen Regenwälder in ihre Berechnungen auf. Die 200 000 Quadratkilometer Urwald, die jährlich gefällt, verbrannt oder zur Verrottung liegengelassen werden, setzen mehr Kohlendioxid frei als der Verbrauch aller fossilen Brennstoffe im selben Zeitraum. Rund 1760 Milliarden Tonnen Kohlenstoff sind in der Biosphäre gespeichert. Nur lebende Bäume sind jedoch in der Lage, das Kohlendioxid in der Atmosphäre zu binden. Das Sauerstoffreservoir unserer Erde hängt im entsprechenden Maße davon ab. Wie die Zerstörung der tropischen Regenwälder mit dem Schicksal der Erde zusammenhängt, ist somit klar.

Segmentiertes Kausaldenken versagt zunehmend

Mit Teilansätzen ist den Problemen jedenfalls nicht beizukommen. Die Situation am Ende des Jahrhunderts zwingt uns, zu begreifen, wie komplex unser System aufgrund der vielen Vernetzungen ist. Veränderungen eines Bereiches wirken sich auf viele andere, oft

weit entfernte Felder aus. Das trifft ebenso für politische und unternehmerische Entscheidungen zu. Gerade die ökologischen Probleme haben uns vor Augen geführt, daß auch wirtschaftliche Prozesse entgegen klassischer betriebswirtschaftlicher Sicht in offenen Systemen stattfinden.
Sie sind eingebunden in weit umfassendere ökologische und gesellschaftliche Systeme und können nicht isoliert betrachtet werden. Es bestehen starke Wechselwirkungen und Abhängigkeiten, die durch Kausalschlüsse nicht mehr nachvollzogen werden können. Wer dem vernetzten System, in dem wir leben und wirtschaften, gerecht werden will, darf also nicht linear, sondern muß mehrdimensional denken. Nur so kann er dynamische Strukturen wie auch das ganze Netzwerk aus Wechselbeziehungen zwischen den verschiedenen Teilsystemen erkennen. Wenn also das vernetzte Denken sich als die Überlebenschance erweist, dann muß man zugestehen, daß ein Übergang dazu bislang nicht stattgefunden hat. Noch sind viele zu sehr auf längst unbedeutende Detailprobleme konzentriert.
Ein gutes Beispiel für die Sinnlosigkeit vieler Maßnahmen, wenn sie nicht aus dem Systemdenken entspringen, ist erneut das komplexe Problem Regenwald. Zur Zeit gibt es dazu mindestens 788 Lösungsansätze. Doch trotz aller Handlungsbereitschaft, die sie zeigen, besitzen sie allenfalls symbolischen Wert. Während dieses Problem globales Handeln verlangt, führte die Weltklimakonferenz 1990 wieder vor Augen, wie weit die einzelnen Nationen noch davon entfernt sind, Lösungen gemeinsam anzugehen. Anders wird man der Sache jedoch nicht gerecht. Was nützt es uns, wenn wir in Europa in den nächsten Jahrzehnten schätzungsweise 2000 Milliarden Ecu in den Umweltschutz investieren, aber das Klima von Tag zu Tag stärker bedroht ist?

Übernahme von Verantwortung

Angesichts dieser Probleme sind gerade die Unternehmen aufgerufen, Initiativen zu entwickeln. Ist doch die Grundlage ihres Tuns durch die aktuelle Entwicklung massiv gefährdet. Zudem: Das gestiegene Umweltbewußtsein der Verbraucher ist alles andere als ein kurzfristiger Modetrend. Vielmehr zeigt sich daran ein fundamentaler Wertewandel. Wer als Unternehmer diesen Wertewandel nicht akzeptiert oder nicht in seine Geschäftspolitik integriert, wird zu den Verlierern gehören.

Umweltbewußtes Handeln bedeutet für den Unternehmer zuallererst die Übernahme von Verantwortung. Wer sich als Teil des Ganzen begreift, wird auch für dieses Ganze Sorge tragen. Auch weil er weiß, daß eine Zerstörung des Ganzen letztlich ihn selbst trifft. Verantwortung für die Auswirkungen des eigenen Handelns zu übernehmen ist eine Maßnahme der Vernunft. Wer nur an die Optimierung seines Gewinnes unter den heutigen Bedingungen denkt, ist für die Zukunft schlecht gerüstet.

Umweltorientierte Unternehmensführung ist auch im Hinblick auf die Sicherung der eigenen Existenz das Gebot der Stunde. Nur durch ein umweltverträgliches Wirtschaften kann die Grundlage des Wirtschaftens überhaupt erhalten werden. Denn hinter fast allen ökologischen Fragestellungen verbergen sich die ökonomisch relevantesten Chancen unserer Zeit. Wer dies begreift, indem er einen Zukunftsmarkt besetzt oder seine Produkte mit einem Wettbewerbsvorsprung ausstattet, verhält sich wie der schlaue Igel im Rennen mit dem Hasen.

Daß gerade im mittelständischen Bereich mehr getan wird, um umweltfreundliche Alternativen zu entwickeln als in Großunternehmen, ist deswegen kein Zufall. Neben dem Verantwortungsbewußtsein, das hier aus Tradition großgeschrieben wird, geht es auch um die zukünftige Existenzsicherung. Wo es um das eigene Unternehmen und um den eigenen Namen geht, fühlt sich der Inhaber zu einer umwelt- und mitarbeiterfreundlichen Unternehmenspolitik veranlaßt. Denn er allein ist verantwortlich für die Zukunft seines Unternehmens.

Das hat beileibe nichts mit den patriarchalischen Strukturen der Vergangenheit zu tun. Wer seinen mittelständischen Betrieb sicher in die Zukunft manövrieren will, muß für Möglichkeiten und Gefahren sensibler sein als ein Großkonzern. Eine einzige Fehlentscheidung kann hier den Fortbestand des ganzen Unternehmens in Frage stellen und damit viele Arbeitsplätze aufs Spiel setzen. Die Sicherung der Existenz hat im mittelständischen Bereich eine ganz andere Dimension.

Selbstfindung der Unternehmen

Das Unternehmen ist ein Teil seiner Umwelt, und als solches hängt es auf vielfache Weise mit ihr zusammen. Ein Unternehmen, das sich den Anforderungen der Zukunft verweigert, transportiert diese Haltung auch nach außen und fördert dort Lethargie und Passivität. Die Beziehung zwischen Unternehmen und Umwelt wird infolgedessen undynamisch.
Wessen Flexibilität und Phantasie aber von »körperlicher Massage« übertrumpft wird, der kann den Herausforderungen der Zukunft nicht begegnen. Nur Unternehmen, die sich als Teil ihrer Umwelt begreifen, werden sich nach außen vermitteln. Angesichts der Zukunft ist dies für sie auch immer wichtiger, da nur mit anderen zusammen der Herausforderung begegnet werden kann. Deshalb müssen von den Unternehmen künftig auch Aussagen in den Bereichen Umweltschutz oder gesellschaftliche Entwicklung getroffen werden.
Um jedoch als ernsthafter Kommunikationspartner und darüber hinaus als Partner beim Erarbeiten von Lösungen auftreten zu können, braucht ein Unternehmen eine Identität im Markt. Diese Erkenntnis veranlaßt Unternehmen zunehmend, ein ganzheitliches Erscheinungsbild und damit eine Unternehmenskultur zu entwickeln und nicht mehr nur als Verkäufer von Produkten aufzutreten. Auf einen Nenner gebracht: Eine offene Corporate Policy bedingt neue Wege und neue Inhalte der Corporate Identity.
Zwar haben Corporate-Identity-Programme heute schon eine wahre Inflation erlebt. Mit ihrer Hilfe wollen die Unternehmen Identität gewinnen, sich einen festen Standpunkt schaffen. Wo ganzheitliches Denken fehlt, bleibt freilich auch das beste Corporate-Identity-Programm eine reine Schönheitsoperation, die nichts Wesentliches

verändert. Viele Programme driften damit zu bloßen Marketingmaßnahmen oder Feigenblattaktionen ab.
Vereinfacht gesagt, kann ein Unternehmen weder Designphilosophien noch ein neues Firmenlogo entwickeln, ohne zur Problematik des schonenden Umgangs mit unseren Ressourcen wirklich Stellung zu beziehen.

Strategien für die Zukunft

Deshalb helfen keine aufgepfropften Corporate-Identity-Programme, sondern nur ehrliches Nachdenken über das eigene Unternehmen und seine Auswirkungen auf die Umwelt sowie die Bereitschaft, neue Wege zu gehen. Das heißt aber auch, sich Ziele für die Zukunft zu setzen, die konsequent verfolgt werden. Diese Ziele betreffen nicht nur das Unternehmen. Es geht um Strategien, die nicht bei der leisesten Berührung mit neuen Problemen zusammenfallen wie ein Kartenhaus, sondern eine normative Kraft besitzen und so die Zukunft mitgestalten können. Wer visionär denkt, läßt andere Einflüsse auf sein System zu als die bisher offenkundigen. Er öffnet sein Denken der Zukunft, ihren Möglichkeiten und auch ihren Gefahren. Das versetzt ihn in die Lage, mit bislang unbekannten Faktoren zu operieren.
Ein Unternehmen, das seinen Kurs kennt, vermittelt dies auch seinen Mitarbeitern und seinen Kunden. Nur daraus wird eine wirkliche Unternehmensidentität entstehen, die wiederum auf die einzelnen Bestandteile einwirkt. Die Kommunikation nach innen und außen wird offener, die Zusammenarbeit kooperativer, das Erscheinungsbild moderner. Und ein solches Unternehmen wird vor allem Strategien angesichts der ökologischen Probleme entwickeln, vom internen Umweltschutz bis zu Lösungen im Bereich der Produktionsverfahren und Produktgestaltung. Es wird als Vorreiter auftreten und dadurch bei Kunden wie Partnern in Politik und Verbänden Vertrauen schaffen. Ein so geprägtes Unternehmen wird nicht nur eine Corporate Identity mit allen ihren Bestandteilen besitzen, sondern auch eine »Corporate Ecology«.

Visionär und Realist zugleich

Dieser Unternehmer hat nicht nur den Absatz von morgen im Sinn, sondern neue Produkte für übermorgen. Wer von einer Vision geleitet wird, kann auch andere dafür begeistern. Er führt im positiven Sinne. Die Herausforderungen der Zukunft verlangen Unternehmer, die sich ihrer Verantwortung bewußt sind. Unternehmer, die bereit sind, die Zukunft mitzugestalten. Das können aber nur Führungspersönlichkeiten sein, die aus ihrer eigenen Vision heraus agieren und damit innovativer handeln als an Tagesentscheidungen orientierte »Buchhalter«.
Was viele mittelständische Unternehmer in diesem Bereich schon vorgelebt haben, muß sich auf den Begriff der Unternehmenskultur insgesamt übertragen. Flexibilität, Phantasie und Ideenreichtum sind wesentliche Voraussetzungen für die Bewältigung der Probleme, die sich in der Zukunft verstärkt auftun werden. Um diese Eigenschaften einsetzen zu können, müssen sie zuallererst in der Unternehmensführung vorhanden sein.

Thomas Gerlach

Vision – mehr als ein Zauberwort

Der Begriff »Vision« ist wohl eines der Zauberworte der 90er Jahre. Er wird als der berühmte Schlüssel oder als »Sesam, öffne dich« zum Erfolg gesehen. Aber nicht nur auf der Suche nach Erfolg wird die Vision benutzt. Unternehmer versuchen auch, die Mitarbeiter zu kanalisieren, Unverständliches so zu rechtfertigen, Unmögliches zu ermöglichen, und teilweise muß der Begriff als Produktname oder sogar als Firmenname herhalten. Alle Anwendungen haben aber eines gemeinsam: der versuchte Ausbruch aus der abenteuerlosen Welt der Rationalität. Die Versuchung ist groß, der »Magic« der Vision zu erliegen, und gerade Visionären fehlt oft die Kraft, die Visionen in einen Prozeß einzubringen, an dessen Ende echter Fortschritt steht und nicht ein geplatzter Traum.
Der Prozeß ist der Weg zum Ziel, der nach Laotse das wirkliche Ziel darstellt. Hier entwickelt sich die Vision eines einzelnen nach und nach zu einer Umsetzungstaktik, die das Ziel hat, Produkte und Dienstleistungen in die Märkte zu bringen. Dieser Prozeß bedeutet eine permanente Auseinandersetzung mit Emotionen, Ängsten, Träumen, Ausflüchten und unverrückbaren Realitäten. Dies gilt es zu berücksichtigen und in den Umsetzungsprozeß zu integrieren, damit sich beim Markterfolg nicht nur ein wirtschaftlicher Erfolg einstellt, sondern sich auch der Teamprozeß so entwickelt, daß über diese Kraft die Unternehmenszukunft in den Märkten gesichert wird. Märkte präsentieren sich heute immer komplexer. Der Kunde kauft nicht mehr gedankenlos und nimmt nicht länger alle Versprechungen unreflektiert an. Er hat sich verändert, das alte, eine Zeitlang verdrängte Verkäufergesetz »Der Kunde ist König« wird vom Kunden wieder eingefordert.

Die Entwicklung vom Verbraucher hin zum vornehmeren Konsumenten ist abgeschlossen. Die nächste Stufe ist der »echte Kunde« - mit Forderungen, mit dem Selbstbewußtsein, auszuwählen und auf der Suche nach Werten wie Harmonie, Wärme, aber auch Divergentem wie Überraschung, Emotion, Innovation und Außergewöhnlichem.

Gerade das gesteigerte Wissen, welches aus dem erheblich gestiegenen Bildungsniveau der letzten Jahre resultiert, hat diesen Trend beim Kunden ausgelöst. Unternehmen sind nun gefordert, diesen Trend nachzuvollziehen und auch in ihren inneren Strukturen durch neue Visionen erlebbar zu machen. Wertewandelstudien belegen diesen Trend. Werte als sinnstiftende Prinzipien jeder Gesellschaft mit ihren Sozialisierungsfunktionen sind hier die Grundlage.

Unternehmen mit ihren klassischen, oft auf zuviel Sicherheit bedachten Strukturen haben teilweise eine Produkt- und Dienstleistungswelt geschaffen, die eben nicht mehr in der Lage ist, den Wertvorstellungen und Bedürfnissen dieses neuen Kunden gerecht zu werden, Ablehnung ist die Folge.

Die Reaktion der Unternehmen darauf ist meistens hektisch und konfus. Sie agieren nicht als Visionäre, sondern sie reagieren mit Preisnachlässen und Sonderkonditionen. Dies hat zwar oftmals kurzfristig Erfolg, ruiniert aber langfristig die sorgsam aufgebaute Markenqualität. Nur wenige Unternehmen sind in diesen Situationen wirklich in der Lage, eine echte Vorwärtsstrategie zu konzipieren. Sie haben in ihren Reihen Visionäre oder integrieren visionäre Berater, die Wege aufzeigen und die in der Lage sind, das Unternehmen wachzurütteln.

Unternehmen haben es jahrelang als Wertmaßstab angesehen, den Umsatz und die Ertragskraft im Quartal zu steigern und den Erfolg dann zu verwalten. Dies ist natürlich, da der Mensch in unserer heutigen Erziehung und Ausbildung nicht gelernt hat, langfristig zu denken oder gar zu träumen. Ein Träumer zu sein gilt heute immer noch als ein Schimpfwort, und diese Eigenschaft qualifiziert den Betreffenden gemäß der allgemeinen Ansicht in keiner Weise dazu, eine verantwortliche Stellung auszufüllen.

Ziel dieses Beitrages soll es sein, die Notwendigkeit von Visionen und die Möglichkeiten ihrer Umsetzung zu verdeutlichen vor dem Hintergrund, die Lücke zwischen den Forderungen der Kunden und den Möglichkeiten der Unternehmen zu schließen.
Letztendlich soll dieser Beitrag wachrütteln und sogar zu ein wenig mehr Unvernunft aufrufen:

»Der vernünftige Mensch paßt sich der Welt an.
Der unvernünftige sucht die Welt zu verändern.
Deshalb hängt aller Fortschritt von den Unvernünftigen ab.«

(George Bernard Shaw)

Vision, ein Stück Morgen

Auf ein Unternehmen bezogen, besteht die Kunst des Visionärs darin, seine Vision als Chance zu verstehen und ein Stück Morgen aufzuzeigen. Das daraus resultierende Neue, Ungewohnte und auch Unvernünftige, das leicht abschreckend wirken kann, wird gemildert durch die Befriedigung uralter Bedürfnisse wie den Wunsch nach Harmonie und Wärme und hilft dem Unternehmen so, bereits in der Vergangenheit Erlebtes durch die Vision zu stützen. Hierin liegt eine sehr große Chance für das Design.
Der Designer ist ein Spezialist in der Wahrnehmung und in der Beobachtung von Situationen, und er hat die Gabe, dies in eine Vision zu übertragen. Er ist es gewohnt, mit Brüchen umzugehen, Bestehendes in Frage zu stellen und alles in einen gesellschaftlichen Kontext zu setzen. Er kann Zeitgeschehen aufnehmen und Strömungen in die Zukunft übertragen.
Durch kreatives Denken und Nutzen der rechten Gehirnhälfte entstehen Visionen. Jede Vision hat am Anfang etwas Unvernünftiges und ist nur durch großes Selbstvertrauen durchzusetzen. Unsere Erziehung und Ausbildung unterdrückt rechtshälftig kreatives Denken. Alle Bewertungsschemen an den Schulen und Universitäten beruhen auf der Rationalität. Dies wirkt sich selbstverständlich auch auf die Entscheidungsraster in den Unternehmen aus.

Durch rationales Denken entsteht eine zu große Anpassung. Durch Anpassung können wir uns weder differenzieren noch können wir echte Innovationsstrategien entwickeln.
Wir als Designer haben die Fähigkeit, unsere rechte Gehirnhälfte zu nutzen. Unsere große Aufgabe besteht darin, diese Befähigung zur Schaffung von Identität in Unternehmen zu nutzen. Im Gegensatz zur Kunst ist es hier wesentlich, daß sich das Ziel nicht nur als einmaliges Werk darstellt, sondern eine enorme Verbreitung durch die industrielle Großserie aufweist.
Der Kontakt zum Markt und damit eine breite Dialogebene ist zwingend.

Vision, etwas Persönliches

Wenn heute über die Vision eines Unternehmens geredet wird, muß berücksichtigt werden, daß eine Vision immer etwas Persönliches ist, etwas, das in der Entstehung bei dem berühmten »Klick« auf eine Person beschränkt ist.
Es kann grundsätzlich jeder Mensch eine Vision haben; es ist aber sehr unwahrscheinlich, daß zur selben Zeit zwei Menschen dieselbe Vision haben.
Das macht die Sache gleichzeitig so spannend und so schwierig, denn wenn es um die Umsetzungsfrage geht, ist es immer noch in den heutigen Unternehmen von entscheidender Bedeutung, wer die Visionen für ein Unternehmen hat oder haben darf.

Vision und Hierarchie

Im Zeitalter des Taylorismus war diese Frage noch eindeutig geklärt. Der Unternehmer, Vorsitzende, Geschäftsführer etc. vereinigte gleichzeitig in Personalunion die Person in sich, die nicht nur die operative Führerschaft, sondern auch die visionäre Führung für sich beanspruchte. Dies funktionierte nur in wirklich niederkomplexen Märkten und Dienstleistungsformen. Die wachsende Komplexität und das rauher gewordene wirtschaftliche Klima lassen es heute immer schwieriger werden, Wettbewerbsvorteile und klare eigenständige Positionierungen und Differenzierungen zu erarbeiten. Starre hierarchische Führungsstrukturen sind in diesen dyna-

mischen Märkten nicht mehr in der Lage, flexibel und empfindsam genug zu reagieren.
Ein Unternehmen wie *frogdesign,* dessen Dienstleistung die kreative, visionäre Beratung umfaßt, benötigt hier natürlich einen anderen intern erlebten und nach außen praktizierten Umgang mit der Vision.
In so einem Kreativunternehmen ist es wesentlich, daß jeder Mitarbeiter das Recht auf Visionen und auch die Bereitschaft aller einfordern kann, ihm zuzuhören. Dies ist nicht nur ein gemeinsamer Wunsch, sondern es bedeutet auch für jeden Mitarbeiter eine Verpflichtung, in diesem Sinne zu agieren. Spontaneität, Offenheit, Vertrauen, aber auch ein hoher Grad an Kompetenz spielen hier eine wesentliche Rolle.
Beide Unternehmensformen sind wohl die extremsten Pole, die aufgezeigt werden können. Dieser Beitrag soll sich auf den kreativen Pol beschränken und aufzeigen, wie erfolgreiche Kunden unseres Unternehmens mit der Vision und der Kreativität umgehen.

Vision als Beratungsinhalt

In der »Kreativberatung« kommt es in puncto Vision häufig zu zwei Situationen.

① Ein Unternehmen steckt in Schwierigkeiten, ist ohne Vision und sucht eine Beratung, die in der Lage ist, komplexe Situationen zu erfassen, sie zu analysieren und eine für das Unternehmen maßgeschneiderte Vision zu entwickeln.
frogdesign entwickelt diese Vision, um sie dann gemeinsam mit dem Unternehmen in eine Strategie umzuwandeln und durch die Einbeziehung des gesamten Unternehmens zu einer Taktik werden zu lassen.
Das Ziel ist es, einen langfristigen Erfolg einzuleiten und die Führerschaft für die jeweiligen Märkte anzustreben.

② Ein Unternehmen hat eine Vision von der Zukunft. Die Kunst des Designs ist es hier, die gegebenen Träume ernst zu nehmen, zu hinterleuchten, zu visualisieren und so für alle Beteiligten verständlich zu machen. *frogdesign* entwickelt hier die Umsetzungsstrategie und hilft, dabei soviel wie möglich von der Vision in dem Prozeß der Implementation zu bewahren.

Die Verantwortung, die in beiden Situationen auf die Kreativberatung und die kreierte Vision zukommt, ist groß und darf nicht unterschätzt werden, sonst entsteht ein Bruch im Inneren des zu beratenden Unternehmens. Der Aufbau von Barrieren, Reibungs- und Zeitverluste in den jeweiligen Märkten sind die Folge, vom Kapitaleinsatz reden wir lieber erst gar nicht. Um dies zu vermeiden, ist es wesentlich, die Vision nicht unreflektiert und diktatorisch umzusetzen, sondern sie mit dem Unternehmen zu harmonisieren, damit es nicht zum Verlust der Dialogqualität im Unternehmen kommen kann. Denn dieser überträgt sich sofort auf die externe Dialogebene zum Kunden und führt so zum Imageverlust.

Vision und Dialogqualität

Dauerhafte Dialogqualität zwischen Unternehmen, Handel und Kunden entsteht nur, wenn eine starke Markenpersönlichkeit gemeinsam mit harmonisch integrierten, innovativen Produktpersönlichkeiten auftritt.
Dies darf nichts Aufgesetztes sein, sondern muß aus dem Unternehmen selbst herauswachsen und somit als Identität das tief verwurzelte Herz haben. Apple bezeichnet dieses Herz als genetischen Code, Sony sagt schlicht: »It's a Sony«, aber beide benutzen das Herz als Substanz zur Identitätsfindung und als Basis, auf der Visionen aufbauen können. Die genetische Codierung bei Apple prägt Vorstellungen von Visionen, Werten und Richtungen, wie auch die Kultur dies tut, aber sie ist dabei nach vorn ausgerichtet. Sie ist eine Investition in die Zukunft und nicht nur ein Spiegel der Vergangenheit.
Beide Unternehmen sind stark durch die visionäre Kraft ihrer Gründer geprägt, sie haben in ihrer Geschichte nicht nur eine hohe visionäre Qualität bewiesen und neue Märkte geprägt, sondern auch »einmalige« Unternehmenskulturen geschaffen.

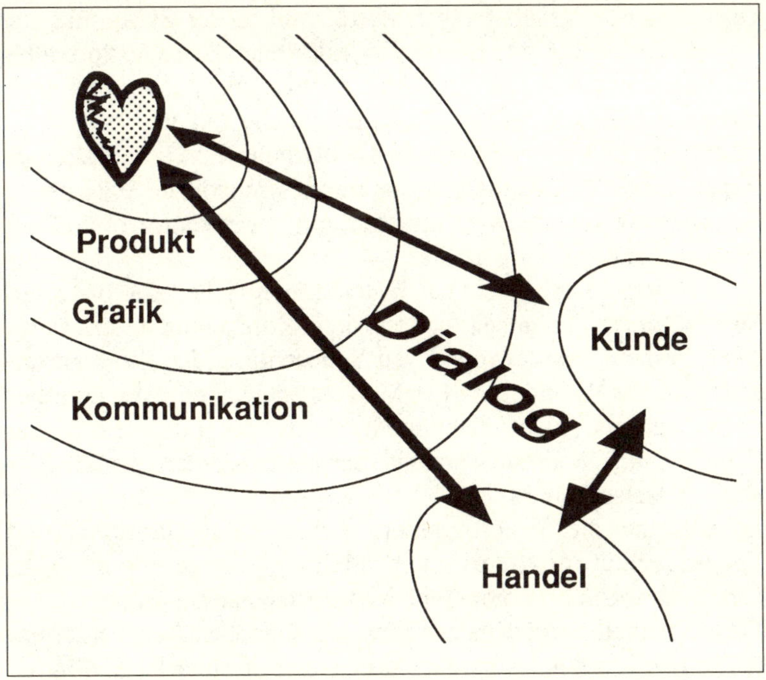

Abbildung 1: Dialogqualität

Bei Apple war es der Traum von der »Demokratisierung des Computers« und somit die Geburtsstunde des Personalcomputers, bei Sony ist es ein permanentes Brechen mit Traditionen, Konvention, Normen und Marktgesetzen. Der »Walkman« oder die »Handycam« sind beides Produkte, die durch Minialisierung neue Anwendungsmöglichkeiten und Märkte eröffneten. Nicht nur die Produkte wurden hier marktbestimmend, sondern auch die Produktnamen sind als Archetypen in den allgemeinen Sprachgebrauch übergegangen.
Dies hat selbstverständlich die Dialogqualität mit dem Kunden verbessert und die Imageführerschaft in den jeweiligen Märkten gefestigt. Bei Apple sind ein völlig neuer Umgang mit Software und die Vision vom einfachen Userinterface zum Archetypus gewor-

den. Dies ist deshalb so interessant, weil es der Startpunkt zur Emotionalisierung des Computings darstellt. Diese Vision, alles besonders einfach und freundlich zu machen, hat unser Leben nicht nur in bezug auf die Computerbranche verändert.

»Kompetent = kompliziert« ist nicht mehr eine zwangsläufige Regel. Einfache Lösungen sind, wenn sympathisch präsentiert, ausdrucksstärker und menschlicher und haben dadurch eine wesentlich höhere Dialogqualität.

Ein weiteres Beispiel stellt das Unternehmen Villeroy & Boch dar. Hier ist für die Sanitärsparte die Vision »Kompetenz für das ganze Badezimmer« aus der intensiven Beobachtung der Kundenwünsche und der Veränderung des Marktes entstanden. Absatzmittler waren teilweise nicht mehr in der Lage, den Forderungen der Kunden nach Beratungsqualität und abgestimmten Komplettlösungen nachzukommen.

Es entstand die Vision, diesem Bedarf nach Harmonie und Lebensqualität im Badezimmer durch eine Steigerung der Markenkompetenz zur Kompetenzmarke nachzukommen.

Das Unternehmen ist nicht mehr ausschließlich hardwareorientiert und rein auf die Keramik fixiert, sondern hat sich zur Kompetenzmarke für das Gesamtbadezimmer entwickelt und die gestalterische und konzeptionelle Verantwortung dafür übernommen.

Produkte wie Möbel, Spiegelschränke, Accessoires, Armaturen, Textilien, Fliesen etc. sind auf der Hardwareseite dazugekommen, aber auch intensive Beratung, Planung und Service auf der Softwareseite.

Es waren sowohl interne als auch externe Kooperationen und Zusammenschlüsse nötig, damit das Unternehmen nicht an der Komplexität der Aufgabe scheiterte. Dies wurde erst durch eine ständige Neuformulierung und ein stetes Erlebbarmachen der Vision durchführbar. Der heutige Erfolg gibt der Vision recht.

Die Beispiele zeigen, daß es sich bei Visionen nicht nur um Revolutionen, sondern auch um Evolutionen handeln kann. Wesentlich ist, daß es allen genannten Unternehmen gelungen ist, die Visionen in Dialogqualität zwischen Kunde und Unternehmen umzusetzen und diese Dialogqualität als wesentlichen Baustein der eigenen Identität in der Unternehmenskultur zu verankern und somit ausbaubar zu machen.

Vision als Baustein der Identität

Für *frogdesign* ruht die Identität eines Unternehmens auf drei Säulen, die nicht nur rational zu sehen sind, sondern sehr emotional und immateriell.

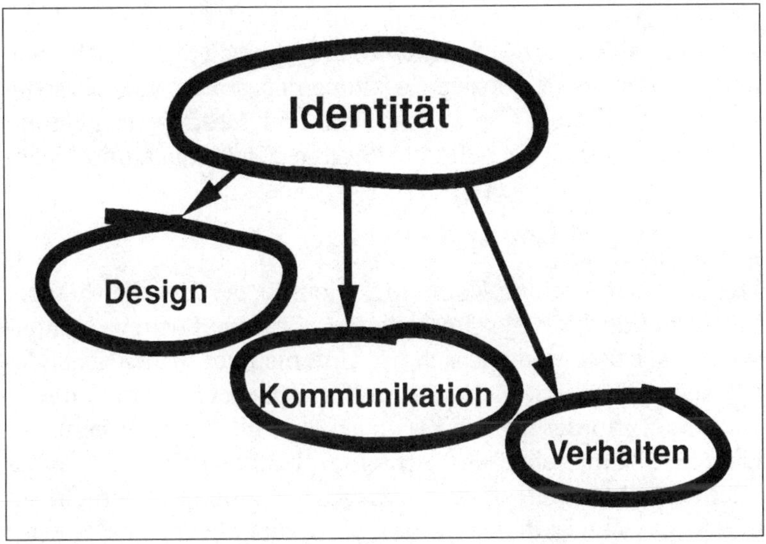

Abbildung 2: Identität

- *Design*

Design ermöglicht die Visualisierung von Visionen. Dies kann aber nur dann erfolgreich sein, wenn Design als Ausdruck der Substanz des Unternehmens verstanden wird und so ein Unternehmen in der Lage ist, eine Einmaligkeit im Markt zu erzielen, die fest mit dem Herz des Unternehmens verwurzelt ist.
Die größte Gefahr für das langfristige Image eines Unternehmens ist es, wenn Visionen und Konzepte, die für ein Unternehmen zukunftsbestimmend entwickelt worden sind, nicht vom Unternehmen und seinen Mitarbeitern getragen werden.

Imageverluste und Identitätsstörungen sind nur sehr schwer zu korrigieren. Die Marktschwellen werden immer höher und das Urteil des Kunden immer vernichtender. Dies hat fatale Folgen im Markt.
Eine nicht angenommene Vision bedeutet nicht nur den Verlust des Kapitaleinsatzes, sondern, was noch schwerer wiegt, verlorene Zeit am Markt. Dies ist gleichbedeutend mit dem Verlust von entscheidenden Marktanteilen. Von der internen Frustration ganz zu schweigen.
Zur professionellen Designentwicklung gehört ein hohes Wissen und Verstehen von globalen Zusammenhängen. Es gilt, Lifestyle-Research, kulturelle Besonderheiten und Bedürfnisse, Gesellschaftsveränderungen, politische Systeme, Religionen und Eigenarten zu berücksichtigen.

- *Kommunikation*

Der Wert der internen Kommunikation für die Identitätsbildung und letztendlich für die Umsetzung von Visionen wird weit unterschätzt, speziell, wenn es sich um Unternehmen handelt, bei denen diese Thematik nicht nur im Vorstand behandelt wird, sondern die Aufforderung zur Vision an alle Mitarbeiter besteht.
Offenheit ist hier einer der wichtigsten Punkte, damit es nicht zu internen Scheinwelten kommt. Gerade in großen Unternehmen und Konzernen ist diese Gefahr groß. Vorstände und der Rest des Unternehmens entwickeln so teilweise divergente Vorstellungen der Identität. Die stets wachsende Internationalisierung der Märkte und die daraus entstehende internationale Verflechtung der Unternehmen untereinander machen höchste Kommunikationsanstrengungen notwendig. Dies gilt im besonderen dann, wenn visionäre Inhalte transportiert, erklärt und diskutiert werden müssen.
Das Beispiel Villeroy und Boch hat gezeigt, wie wesentlich die Kommunikation bei Zusammenschlüssen und Kooperationen wird. Unterschiedliche Unternehmenskulturen, Zielvorstellungen, Strategien und die Dialogqualität gilt es zu harmonisieren und »eine« Vision zur gemeinsamen Strategie zu entwickeln, ohne daß der Identitätskern der einzelnen Unternehmen verlorengeht.

Externe Kommunikation muß auf dieser Basis aufbauen und sie stützen.
Eine unterschiedliche Aussage oder Stimmung zwischen interner und externer Kommunikation gilt es unbedingt zu vermeiden, da dies in höchstem Maße identitätsschädigend ist.

- *Verhalten*

Hier sind folgende Punkte für die Zukunft entscheidend: Balance zwischen Ökologie und Ökonomie, das Verhalten und die Verantwortung für die Marktqualität, föderatives Miteinander.

Balance zwischen Ökologie und Ökonomie

Die Balance zwischen Ökologie und Ökonomie ist für das Zukunftsimage und die Dialogqualität von überragender Bedeutung. Nur Unternehmen, die hier vorbildlich agieren, haben in der Zukunft eine Chance auf die Imageführerschaft. Unternehmer können so beweisen, was sie wirklich über ihre Kunden denken. Designer müssen gesellschaftsrelevant und in vernetzten Dimensionen denken. Eine Armatur darf zum Beispiel nicht mehr nur schön sein, sondern sie muß auch weniger Wasser verbrauchen. Der Kunde sucht diese Punkte in den Konzepten und Produkten, er ist reifer, als er eingeschätzt wird.
Begriffe wie Vision, Träume, Identität und Image sind für diese Kunden mit Inhalt zu füllen. Dies gilt für nahezu alle Märkte und Produktkategorien.

Verhalten und Verantwortung für die Marktqualität

Das Verhalten und die Verantwortung für die Marktqualität ist zu lange nur auf die Mitbewerber abgeschoben worden. Viele Unternehmen wundern sich aber, daß aus einem interessanten Markt auf einmal ein »Low-interest«-Markt wurde und nur über Dumpingpreise Marktanteile zu gewinnen sind, da der Gesamtmarkt stagniert. Eine Kaffeemaschine ist nicht nur eine rationale Maschine, sondern sie ist emotionaler Bestandteil einer Kaffee-Genuß-Vision. Visionen, Innovationen und intelligentere Konzepte beleben den Gesamtmarkt und machen Branchen wieder interessant.

Föderatives Miteinander

Nur in einem föderativen Miteinander können wir die Zukunft meistern, denn die Probleme, die auf uns zukommen, lassen sich nicht mehr durch nationale ökonomische Maßnahmen lösen. Das Übertragen und Abschieben dieser Problemstellungen von Unternehmen auf Politik oder »andere« wird sowohl von Mitarbeitern als auch von den Kunden nicht mehr akzeptiert. Themen wie Weltbevölkerung und die daraus resultierenden Völkerwanderungen haben auch Einfluß auf unsere Unternehmen. Ziel muß es sein, die Lebensqualität aller zu erhöhen, um so in eine föderative Gemeinschaft zu wachsen. Das durch unsere Wissensgesellschaft gesteigerte soziale Verständnis und das Erkennen von größeren Zusammenhängen haben auch hier zur Folge, daß Mitarbeiter durch ihre Arbeit und die Möglichkeiten, die das Unternehmen bietet, dazu ihren Beitrag leisten wollen und Unternehmer auch daran gemessen werden, wie hoch ihre Bereitschaft ist, sich dieses Themas anzunehmen.

Die Vision von der Lebensgestaltung auch am Arbeitsplatz nimmt immer deutlichere Konturen an. Die Aussage »Ich bin stolz auf das, was mein Unternehmen verkörpert, und ich identifiziere mich mit den Strategien und den Produkten des Unternehmens« ist für die Identität und Dynamik im Unternehmen unerläßlich.

Von der Vision zur Innovationsstrategie

All die oben genannten Punkte zeigen auf, wie wichtig es ist, daß aus dem Persönlichen der Vision eine gemeinschaftliche, von den Mitarbeitern getragene Innovationsstrategie wird.

Das Verlassen der persönlichen Ebene ist oft sehr schmerzhaft, denn es ist auch ein Stück Aufgabe von Vater- oder Muttergefühlen und ein Verlust der totalen persönlichen Kontrolle. Aber nur das Einbeziehen von Unternehmen und Ökonomie sowie auch von Gesellschaft und Ökologie geben der Vision die Chance zur Strategie und somit letztendlich die Möglichkeit, Realität zu werden.

Strategie bedeutet in visionären Prozessen der Implementation, dem Endpunkt schon ein wenig näher gekommen zu sein, aber sich immer noch im Stadium der langfristigen Planung zu befinden. Der Kreis der Beteiligten hat sich zwar vergrößert, aber er ist noch auf eine kleine Gruppe begrenzt.
Der Kern der Innovationsstrategie besteht aus der Integration von rationalen Unternehmenszielen und kreativer, emotionaler und visionärer Zukunftsprojektion.

Integration rationaler Unternehmensziele

Die rationalen Unternehmensziele definieren sich in einem Busineßplan, der die Marktbarrieren und Wettbewerbssituationen berücksichtigt und die Wertsteigerung des Unternehmens, den Kapitaleinsatz und seinen Return aufzeigt. Viele Unternehmen gehen hier oft zu intuitiv vor und nehmen ihre Zieldefinition nicht ernst genug.
Vor allem dem Faktor »Lebenszyklus versus in die Produktentwicklung investiertes Kapital« wird zuwenig Aufmerksamkeit geschenkt. In den letzten Jahren haben sich die Produktlebenszyklen drastisch verkürzt. Unternehmen mit hohem Cash-flow, wie vor allem bei japanischen Unternehmen zu beobachten, verstärken diesen Faktor sogar, um kleinere Mitbewerber aus dem Markt zu drängen. Der Glaube an den sogenannten »sicheren Weg«, das heißt, nur Produkte und Strategien mit minimalem Innovationsgehalt zu entwickeln, zeigt sich hier nicht nur für mittelständische Unternehmen als trügerischer Irrglaube. Der Lebenszyklus dieser Produkte ist zu kurz, verlängernde Maßnahmen wie Verkaufsförderung, Werbung, Preisnachlässe oder Redesigns fordern dann ein zusätzliches Investment und verstärken das Cash-flow-Problem. Das Kapital bleibt zu lange negativ, und die Mittel, die benötigt werden, um eine konstante Produktentwicklung zu gewährleisten, stehen nicht mehr zur Verfügung, ein verhängnisvoller Kreislauf. Durch Visionen, die zu Innovationsstrategien werden, kann dieser Kreislauf durchbrochen werden, es kommt zum sogenannten Quantensprung. Zwar ist hier das Upfront-Investment höher, aber dafür ist die Gewinnerwartung überdurchschnittlich.

Noch entscheidender ist aber der Zeitfaktor. Innovative Produkte halten sich länger am Markt und ermöglichen so ein solideres Kapitalmanagement.

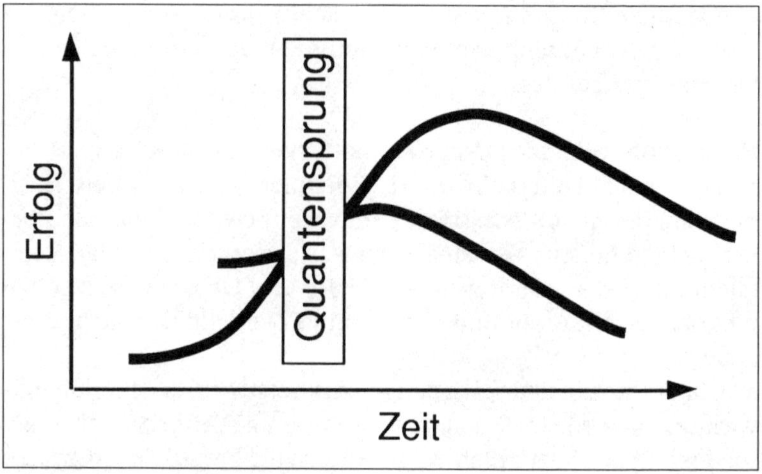

Abbildung 3: Quantensprung

Eine von Kienbaum durchgeführte Untersuchung und die Erfahrung, die wir mit unseren Kunden gemacht haben, bestätigen dies. Es ist bei 146 Innovationsfällen untersucht worden, wann der Pay-Back-Point erreicht wurde. Der Pay-Back-Point ist der Punkt, an dem alle Upfront-Investments zurückgezahlt worden sind und somit das Kapitalkonto wieder positiv wurde:

	erreicht nach Jahren
bei 54 wenig innovativen Unternehmen	11,7
bei 51 innovativen Unternehmen	6,1
bei 11 Innovationsführern	4,9

Zum Zeitpunkt, als *frogdesign* begann, für Fissler Kochgeräte zu entwickeln, galt dieser Markt als stagnierend, und die Marktführer sprachen sogar von einem »Low-interest«-Markt.

Frustration machte sich breit, denn ruinöser Preiskampf zerstörte zusätzlich noch die Profite. Einige Unternehmen versuchten, durch Konzentration auf den Export diesem Kreislauf zu entrinnen, aber sie kamen mit ihren Produkten nicht durch, da die Differenzierung zu lokalen und schon im Markt etablierten Produkten zu gering war.
Trotzdem konnte, von einem Geschäftsjahr auf das andere, die Fissler GmbH, die durch *frogdesign* beraten wird, einen Umsatzzuwachs von circa 12 Prozent und eine erhebliche Steigerung der Rendite für 1989 mitteilen. Die Prognosen für 1990 sind noch optimistischer, denn die innovative Produktlinie erweckt nicht nur eine stark steigende Nachfrage im Inlandsmarkt, sondern durch den hohen Grad der Alleinstellung auch im Export.
Durch eine eindeutige Differenzierung ist es Fissler gelungen, sich einmalig im Markt zu positionieren und Werte zu transportieren, die die Konsumenten wirklich suchen.
Eine Vision, harmonisiert mit den rationalen Unternehmenszielen, wurde zur Realität.
Das Design hat viele Fehler gemacht. Zu oft dachte der Designer mehr an die Befriedigung seines persönlichen Egos als an eine Weiterentwicklung des Unternehmens. Es konnte zu keinem Integrationsprozeß zwischen Unternehmen und Konsumenten kommen, da die Identität nicht genügend gefördert wurde. Um diesen Fehlern vorzubeugen, brauchen Innovationsstrategien Teamprozesse.

Innovationsstrategien brauchen Teamprozesse

Die größten Barrieren, die sich Visionären in den Unternehmen in den Weg stellen und somit verhindern, auf das richtige Pferd zu setzen, sind heute:

- inflexible und undynamische Managements,
- hohe defensive Rivalitäten,
- keine Bereitschaft zum Zuhören,
- hierarchische »Sperranlagen«,
- blockierende Zukunftsangst.

Diese Barrieren sind für Mitarbeiter in einem Unternehmen noch wesentlich höher als für externe Berater. Externe Berater haben hier dadurch, daß sie von außen kommen und meistens vom Management gerufen werden, die Chance, wenn sie spüren lassen, daß sie wirklich bereit sind, auch ihr Herz und nicht nur blanke Professionalität einzubringen, schnell Verbündete zu finden.
Designer müssen eine Mischung aus Leidenschaft, trainiertem Seiltänzer und wißbegierigem Analytiker verkörpern, um Visionen im Unternehmen tragen zu können und dann gemeinsam zu Strategien werden zu lassen. Im Umsetzungsprozeß ist dann die Eigenschaft eines Koordinators von großer Wichtigkeit.
Designer haben hier die große Chance, als Generalisten zu agieren und dann als Experten zu visualisieren. Sie schaffen eine Ästhetik, die die Lebensqualität erhöht und Brüche, die bei allen Visionen entstehen, durch Harmonie und Verbindungen zu gewohntem und schon einmal Erlebtem schließt.
Interdisziplinär statt Isolation. Von der Second Wave hin zur Third Wave (das heißt von hierarchischen vertikalen Führungsstrukturen hin zu horizontalen organisierten Expertenteams), oder, wie Peter F. Drucker in seinem Buch *The Frontiers of Management* betont, »Vom Regieren zum Dirigieren« sind die Schlagwörter und Konzepte dieser Teamprozesse.
Das jetzige Jahrzehnt wird das Zeitalter der Dirigenten, die keine hierarchischen Strukturen aufbauen, sondern die Eigenkreativität fördern und eben den Visionären eine Chance geben. Denn nur die Visionäre ermöglichen das Freiwerden von Innovationspotential, das unseren Unternehmen die Zukunft sichert. Visionen können nicht in erstarrten Organisationsformen umgesetzt werden, sondern setzen auch Offenheit für soziale Innovationen voraus. Diese Offenheit und Flexibilität innerhalb der Organisationsform ist entscheidend für die Möglichkeit, international qualitativ zu wachsen und sich nicht unnötig und kostenintensiv aufzublähen.

Expertenteams helfen umzusetzen

Kleine Expertenteams, bestehend aus allen für ein Unternehmen notwendigen Disziplinen, haben mehr Mut und geben Visionären

mit Charisma eine Chance, Impulse zu setzen, kreative Produkte zu entwickeln und gemeinsam in die Märkte zu bringen. Dadurch, daß alle Funktionsbereiche eines Unternehmens durch einen Abgesandten in diesem Team vertreten sind, kommt es zu keinen Ausgrenzungen. Defensive Rivalitäten sind einfacher zu erkennen und abzubauen. Know-how kann optimal fließen, Hierarchiebarrieren spielen eine untergeordnete Rolle.
Diese Teams brauchen eine hohe Entscheidungskompetenz und unterliegen nicht mehr der direkten Direktive der Geschäftsleitung. Die Geschäftsleitung ist selbstverständlich durch einen Abgesandten vertreten, damit es auch hier nicht zum Abriß im Dialog kommt. Die Teamqualität hängt stark von der Moderation, der Koordination sowie dem Umgang miteinander ab.
Oft stehen diese professionellen Moderatoren unternehmensintern nicht zur Verfügung. Produktmanagement übernimmt oft diese Aufgabe. Dies kann dann zur Folge haben, daß Eigenprofilierung und das zu aggressive Prinzip des sogenannten Produktchampion wieder durchschlägt.
Der Produktchampion war vor allem in den USA ein beliebtes Konzept. Ein Mittelmanager, dessen Karrieresprung ganz direkt von dem Erfolg des von ihm betreuten Projektes abhing, war allein verantwortlich für die gesamte Entstehungsphase eines Produktes. Die Folge waren zu hohes Sicherheitsdenken, Engstirnigkeit, Neid und in der Strategie eher das Verfolgen von kurzfristigen Trends. Visionäre und langfristige Strategien entstanden so selten.
Mitglieder in Expertenteams lernen schneller, auch scheinbar unvernünftige Ideen und Visionen nicht sofort abzutun und zur Anpassung zu zwingen. Visionen können leichter von diesen Expertenteams aufgenommen und in Strategien umgesetzt werden. Letztendlich wird so die Taktik vorbereitet, um entscheidende Wettbewerbsvorteile zu bekommen und Marktbarrieren wie

- Wertewandel beim Konsumenten,
- verpaßte Innovationssprünge und
- Abhängigkeit von Lieferanten

zu brechen und die Zukunft zu sichern.

Ein solcher Teamprozeß darf aber nicht als Aufruf zur Nivellierung verstanden werden. Es sollen keine Schwachen unnötig gestützt und dadurch der Kompetenzlevel aller heruntergezogen werden. Wesentlich ist es, daß an den Stärken eines jeden gearbeitet wird und sie noch stärker gemacht werden. Das ewige Vorhalten von Schwächen hilft nicht, es führt nur zu permanenter Frustration. Die Teamqualität ist dann ausgezeichnet, wenn die Schwächen des einen durch Stärken des anderen aufgefangen werden können. Selten verkörpert ein großer Visionär auch gleichzeitig eine operative Koryphäe in sich.

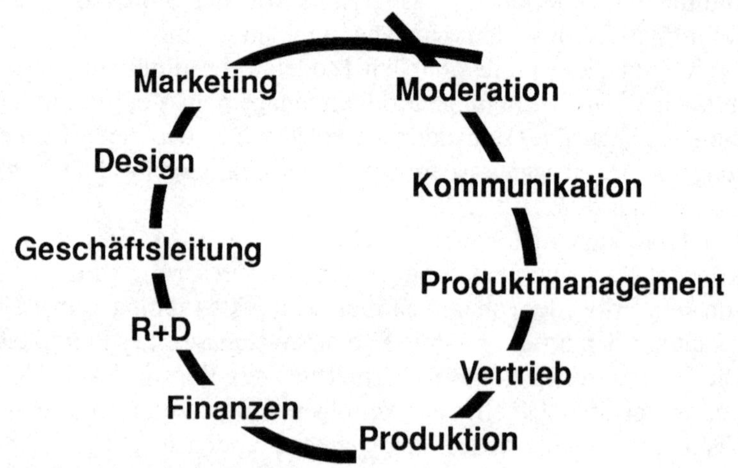

Abbildung 4: Expertenteam

Von der Innovationsstrategie zur Umsetzung

Umsetzungsprozesse im internationalen Vergleich

Die Umsetzungsprozesse stellen sich international sehr unterschiedlich dar. Dies ist eng mit der Kultur, der Allgemeinbildung, den Wertvorstellungen und den politischen Systemen verbunden.

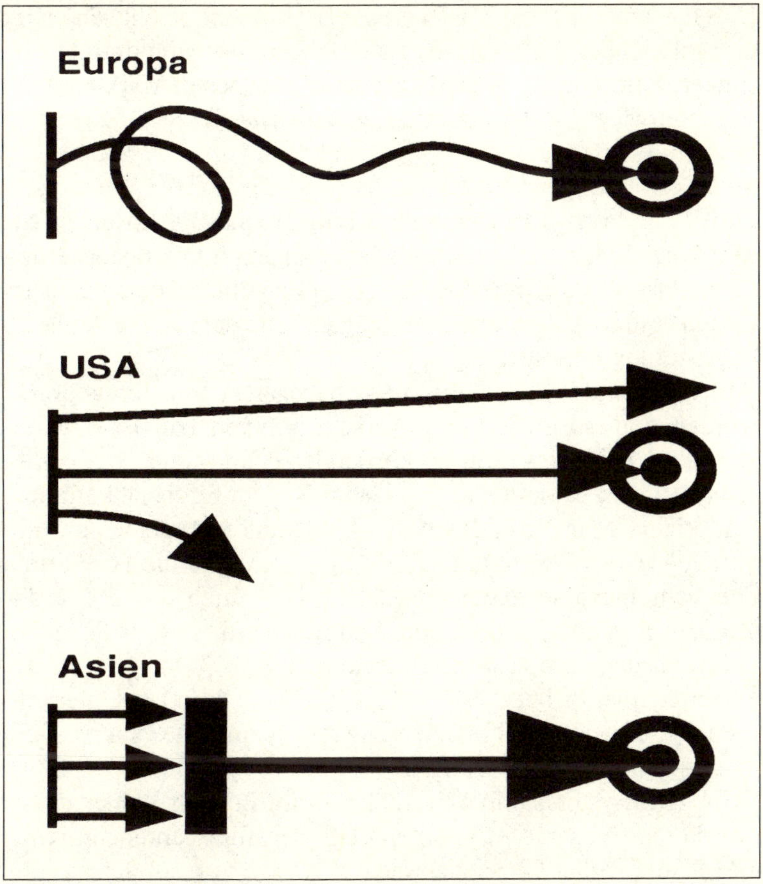

Abbildung 5: Internationale Umsetzungsprozesse

- *Europa*

Hier sind Lösungswege selten geradlinig. Die europäische Erziehung hat uns gelehrt, Dinge nicht einfach so hinzunehmen und sie umzusetzen. Hinterfragen, ausloten und zu bedenken geben ist anerzogen und prägt unsere Wertvorstellungen. In vielen Unternehmen ist dies sehr ausgeprägt und geht so weit, daß Manager daraus ihre Kompetenz ziehen. Es wird immer wieder eine negative Spannung aufgebaut, ohne aber positive Auswege anzubieten.

Dies hat zur Folge, daß das Ziel zwar fast immer erreicht wird, aber die Brillanz der Vision durch zu viele Kompromisse und Anpassungen verlorengeht. Was in unseren dynamischen Märkten noch schwerer wiegt, ist der enorme Zeitverlust.

- *USA*

Durch das Prinzip des Produktchampion sind die Lösungswege sehr kurz, aber die Trefferquote ist geringer. Totale Begeisterung für ein Projekt kann innerhalb kürzester Zeit und bei dem kleinsten Gegenwind in Ablehnung umschlagen. Trotzdem ist die Anfangsbegeisterung mitreißend.
Bei Apple sind T-Shirts mit projektbezogenen Inhalten gedruckt worden, und es kam zu echten Verschwörungen. Hier ist es gelungen, die Kraft der Vision zu konservieren und durch ein echtes Expertenteam zu schnellem und langfristigem Erfolg zu kommen. Das original Macintosh-Team ist legendär und hat gerade im Computing Meilensteine vollbracht. In den USA sind die Pole Erfolg oder Untergang so extrem, weil natürlich durch die Größe des dortigen Binnenmarktes andere Volumen denkbar sind als in den vielen lokalen europäischen Einzelmärkten.
Wesentlich ist es bei diesen sehr schnell wachsenden Unternehmen, diese Visionen, Strategien und den Teamprozeß auch auf die operative Ebene zu übertragen.
SUN Microsystems, ein Unternehmen im Bereich Workstations, ist während unserer Zusammenarbeit seit fünf Jahren um circa 1 Milliarde Dollar Umsatz gewachsen.

- *Asien*

Hier verläuft der Umsetzungsprozeß stark konsensorientiert. Das Miteinander ist von entscheidender Bedeutung. Persönlichkeiten oder gar »Helden« wie Steve Jobs, Mitbegründer von Apple, sind hier kaum anzutreffen. Akio Morita von Sony ist hier eine echte Ausnahme.
Wenn wir in Asien präsentieren und unsere Vision für ein Unternehmen mitteilen, werden wir oft aufgefordert, diese Präsentation mehrfach, immer vor anderen Kreisen im Unternehmen zu wie-

derholen. Dies ist sehr irritierend für den, der präsentiert, und das Gefühl, nicht verstanden zu werden, wächst von Präsentation zu Präsentation. Aber nach einiger Zeit bemerkt man eine Unruhe im Unternehmen, und wenn dann ein Konsens erzielt ist, kann der Umsetzungsprozeß durch niemanden mehr aufgehalten werden. Die Zeitachse, bis dieser Konsens erzielt werden kann, zieht sich oft sehr in die Länge, aber dafür hilft dann die hohe eingespielte Teamqualität, den Zeitrahmen der Umsetzung extrem kurz zu halten.
Diese unterschiedlichen Umsetzungsprozesse muß man in der internationalen Kreativberatung kennen und in die eigenen Strategien integrieren. In meinen Ausführungen möchte ich mich auf den europäischen Umsetzungsprozeß konzentrieren.

Expertenteams helfen, die Umsetzung zu linearisieren

Der Zeitfaktor und die zu hohen Reibungsverluste durch Grabenkämpfe sind die größten Nachteile im europäischen Lösungsprozeß. Es muß gelingen, die Begeisterungsfähigkeit, die wir in den USA erleben, und die schon perfekte und unheimliche Präzision des japanischen Umsetzungsprozesses zu integrieren.
Die aufgezeigte Teamstruktur bietet hier die beste Möglichkeit, die positiven Strukturen aus allen drei Ansätzen zu übertragen, ohne das Spannungsfeld Ökonomie-Ökologie, das für das Zukunftsimage maßgebend sein wird, zu vernachlässigen.
Durch diese Integration wird der Prozeß der Suche nach Lebensgestaltung am Arbeitsplatz gerecht. Spaß, Motivation, Identifikation, Stolz, Lebendigkeit, Poesie und Erfolg können so erlebbar gemacht werden.
Das Team ist, nachdem die Innovationsstrategie steht, auch weiterhin der Garant dafür, daß die Umsetzungstaktik in die volle Breite des Unternehmens soweit wie eben möglich dem einmal eingeschlagenen Weg von der Vision zur Implementation entspricht und die Vision nicht verwässert wird. Kommunikation, das Entwickeln von Sprachen, die alle Mitarbeiter verstehen, und der Aufbau eines neuen »Wir-Gefühls« werden somit durch das Team eingeleitet und durch die Geschäftsleitung gestützt.

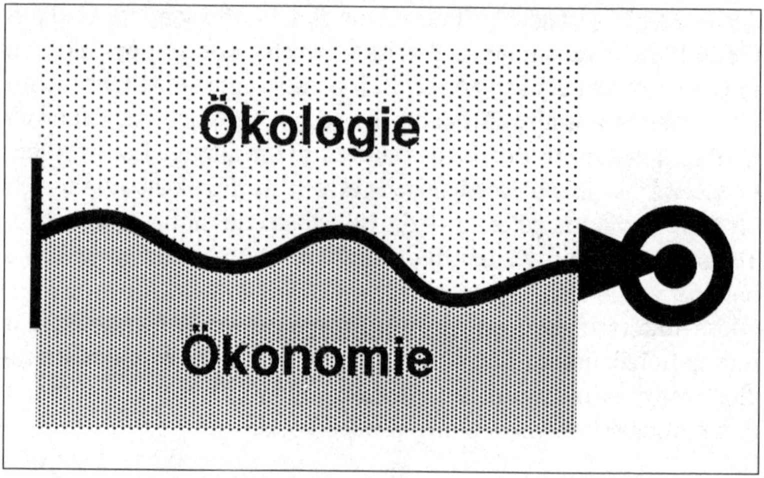

Abbildung 6: Balance Ökologie–Ökonomie

Von der Innovationsstrategie zur Umsetzungstaktik

Für den externen Berater ist es in dieser Phase ganz besonders wichtig, mehr und mehr von der Vision, die er in das Unternehmen eingebracht hat, loszulassen.
Was nicht bedeuten soll, die Vision aufzugeben, sondern diese Initialzündung als Saat zu verstehen, die nun aufgehen muß. Der Berater mit seinem Unternehmen und Ego darf nicht im Vordergrund stehen, sondern sein Ziel ist es, das Unternehmen, das er berät, auf die Bühne zu heben.
Die Umsetzungstaktik ist dann am stärksten, wenn möglichst viele Beteiligte sich als Vater oder Mutter des Gedankens fühlen und sich auf der geschaffenen Bühne wohl fühlen. Die Redensart »Der Erfolg hat viele Väter« ist für uns nicht negativ, sondern sichert die reibungslose Umsetzung und schafft ein Klima, das weitere Visionen zuläßt. Das Team wacht allerdings über die Strategie, damit der Umsetzungsweg möglichst kurz bleibt.
Hier zeigt sich dann, wie wesentlich die Kommunikation als Mit-

glied im Expertenteam ist. In der Entwicklung der einzelnen Umsetzungstaktiken kann so immer wieder gewährleistet werden, daß die Information und Steuerung in den richtigen Bahnen laufen. Dies darf nicht nur als Einbahnstraße, sondern muß als echte Kommunikation mit Feedback verlaufen, um somit einen Dialog entstehen zu lassen.
Die externe Kommunikation – Öffentlichkeitsarbeit (PR) und Werbung – als ein wesentlicher Bestandteil der Umsetzungstaktik kann hier auf die innen geschaffenen Werte und Inhalte zurückgreifen und so ein mit dem Unternehmen harmonisiertes Bild liefern.
Dieses harmonische Bild ist, wie der Absatz »Vision und Dialogqualität« zeigt, für die Verständlichkeit im Markt und somit für den Erfolg notwendig.
Alle taktischen Maßnahmen müssen dementsprechend ausgerichtet sein.
Wichtig bei dem Prozeß von der Vision über die Innovationsstrategie hin zur Taktik ist, daß dies ein Bestandteil der Unternehmenskultur wird und so ein Klima schafft, in dem neue Visionen entstehen können und die daraus resultierenden Strategien zu echten Innovationsstrategien werden.

Von der Vision zum Prozeß

Alle vorher genannten Punkte zeigen, daß zwar die Vision etwas sehr Persönliches ist, aber sobald sie in den Kontext zu einem Unternehmen gebracht wird, etwas Vernetztes, Integratives entstehen muß.
Dieser Prozeß sucht Spannung und Balance zwischen:

Emotionalem und Rationalem,
Neuem und Erlebtem,
fest geprägten Wertvorstellungen und kreativer Zerstörung,
Konsens und Revolution,
Poesie und Funktionalität,
Zukunftsangst und Chance.

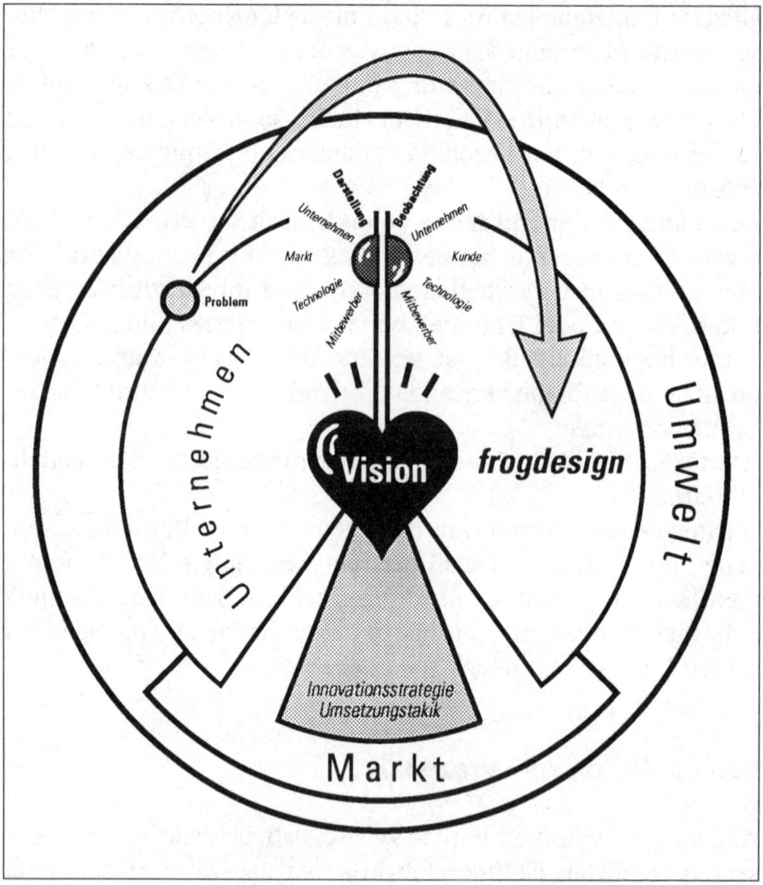

Abbildung 7:
Von der Vision zum Prozeß – Integration als Erfolgsrezept

Die Pole erscheinen oft sehr weit auseinander, aber ein kompetentes Team sorgt dafür, daß Innovationsstrategien entstehen und dann gemeinsam mit dem Unternehmen umgesetzt werden können.
Verantwortung im sozialen und ökologischen Sinne ist für das Zukunftsimage eines Unternehmens entscheidend. Das Einbeziehen von einem »Mehr an Menschlichkeit« und der Umwelt in unsere

Unternehmensvorgänge ist noch neu, aber schon in sehr kurzer Zeit überlebensnotwendig. Dies gilt sowohl für die interne Identifikation der Mitarbeiter als auch für die Akzeptanz in den Märkten. Kunden in den Märkten wollen Unternehmen und ihre Produkte sympathisch finden - wenn sie dazu keine Chance bekommen, lehnen sie diese Produkte und somit auch die Unternehmen ab. Gerade in der Zeit, in der über den Transaktionskostenansatz die Kostenstrukturen in den Unternehmen überprüft werden, haben externe Kreativberater die große Chance, Visionen in die Unternehmen zu tragen, den Prozeß zu moderieren und diese Visionen und Innovationsstrategien zu visualisieren.
Bei all unseren Bestrebungen müssen wir uns eines immer vor Augen halten:

»Visionen werden nur dann zum echten Fortschritt,
wenn der Mensch im Mittelpunkt steht.«

7

Kontroversen über Kontroversen

Rudolf Beger

CI im Spannungsfeld: Unternehmenskultur im Wandel

»Kein Unternehmen kann sich auf die Übernahme kultureller Werte aus der es umgebenden Gesellschaft beschränken, sondern es muß sich verantwortlich selbst und direkt an der Entwicklung beteiligen« (Renzo Zorzi, Olivetti).

Dieses Zitat weist der Unternehmenskultur eine neue, aktive Rolle zu. Diese Rolle wird um so wichtiger, je mehr dramatische Veränderungen im Normen- und Wertesystem der Menschen, im Wettbewerb und in den größer werdenden Märkten Unternehmen dazu veranlassen werden, ihre wettbewerbliche Positionierung einer radikalen Überprüfung zu unterziehen.

Unternehmen verdanken ihr Bestehen prinzipiell der Existenz eines gleichgerichteten Interesses einer Vielzahl von Individuen. Sie sind daher keine abstrakten Gebilde, sondern werden konkret durch das Zusammenwirken von Individuen verkörpert.

Es liegt daher nahe, dieselben Kriterien, die für die Beurteilung des Verhaltens und der Außenwirkung eines einzelnen Individuums herangezogen werden, auch auf Unternehmen anzuwenden.

Hierzu gehören das Bestehen eines gemeinsamen Werte-, Normen- und Zielsystems und die mit diesem weitgehend in Einklang stehenden möglichst widerspruchsfreien Handlungs- und Arbeitsweisen.

Dieses von allen in Unternehmen beschäftigten Mitarbeitern getragene und »gelebte« gemeinsame System von Grundsätzen ist die Grundlage der »Unternehmenskultur«. Sie erzeugt qualitative Merkmale, die zwar nicht oder nur schwer meßbar sind, aber einen zunehmend bedeutenden Einfluß auf die konventionellen wirtschaftlichen Erfolgsfaktoren von Unternehmen ausüben.

In der Zukunft werden daher die Unternehmenskultur bzw. einzelne Elemente verstärkt dazu benutzt werden, um die »klimatischen« Verhältnisse innerhalb und außerhalb des Unternehmens im Sinne der Unternehmenszielsetzung verändern zu helfen.
Im Rahmen der Entwicklung und Verwirklichung der Unternehmensstrategie darf allerdings kein Zweifel darüber bestehen, daß ein Unternehmen für sein Publikum nicht realer ist als die Vorstellung, die es sich von ihm macht.
Die vom Unternehmen gewünschte Vorstellung, die sein Zielpublikum von ihm haben soll, läßt sich nicht instrumental herbeiführen. Sie wird vielmehr wesentlich durch die »Art des Tuns« eines Unternehmens bestimmt. Die »Art und Weise« des Produzierens, die Qualität der Zusammenarbeit der Mitarbeiter im Unternehmen und der Umgang des Unternehmens mit seinem Umfeld sind Kernpunkte dessen, was als die spezifische »Kultur« dieses Unternehmens empfunden wird.
Der Gebrauch des Worts »empfinden« weist bereits darauf hin, daß es nicht ausreicht, lediglich Tatsachen zu schaffen und zu kommunizieren. Entscheidend ist vielmehr, wie diese Fakten von den Menschen empfunden, erlebt und gewertet werden. Hierbei kommt es auf die Übereinstimmung der Wertvorstellungen zwischen den miteinander kommunizierenden Parteien an. Die Mitarbeiter oder das vom Unternehmen angesprochene Publikum müssen sich von den wirtschaftlichen, menschlichen und ethischen Wertvorstellungen, zu denen sich das Unternehmen bekennt, angesprochen fühlen und sich mit ihnen in Übereinstimmung befinden (Konsensus).
Selbstverständlich wird ein Unternehmen auf verschiedenen Wegen versuchen, zielgerichtet mit seinem Publikum zu kommunizieren, um die Vorstellungen dieses Zielpublikums zu beeinflussen. Angesichts der weiter wachsenden Informationsflut auf der einen und der Informationsverdrossenheit auf der anderen Seite wird diese Beeinflussungsmöglichkeit jedoch immer unsicherer.
Im Ergebnis bleibt die Entscheidung des Publikums ein emotionaler Akt. Die wenigen (scheinbar) wesentlichen Informationen spielen hierbei häufig nur eine stützende oder (im nachhinein) bestä-

tigende Rolle für ein bereits vorhandenes, mehr oder minder diffuses Vorstellungsbild. Die Kernelemente dieser Grundvorstellung zu schaffen ist keine Aufgabe informationsorientierter Kommunikationskampagnen. Entscheidend ist vielmehr die Durchsetzung eines sozial aufgeschlossenen, auf die Denk-, Handlungs- und Arbeitsweise von Menschen abgestellten Selbstverständnisses des Unternehmens und seiner Mitarbeiter nach innen und nach außen. Hierzu ist die Entwicklung, Kommunikation und Akzeptanz von wenigen starken Kernideen notwendig, die einen qualitativen, emotionalen Mehrwert (gegenüber den Wettbewerbern) schaffen. Aus ihm ergibt sich schließlich das Potential für den Auf- und Ausbau von Wettbewerbsvorteilen.

Die wachsende Bedeutung der Unternehmenskultur sowie die Forderung nach gründlicher Revision bestehender Unternehmenskultursysteme ergeben sich zunächst aus dem sich immer schneller vollziehenden Wertewandel in der modernen (westlichen) Industriegesellschaft. Darüber hinaus, und schwerwiegender, ergibt sich ein starker Handlungsbedarf aus der Veränderung der wettbewerblichen Position europäischer Unternehmen. Dieses ist nicht nur eine Folge des verstärkten Wettbewerbsdrucks als Ergebnis der Vollendung des europäischen Binnenmarkts, sondern auch eine Herausforderung, die sich aus dem Auftreten neuer, hocheffizienter und hochproduktiver Management-, Organisations- und Produktionsprinzipien ergibt.

Wertewandel

Kennzeichen der modernen Industriegesellschaft sind der Rückgang der Wirksamkeit vom »materiellen Motivationskauf« sowie ein Rückgang der Bereitschaft, Regeln und Normen ungefragt hinzunehmen und ihnen zu folgen. Parallel hierzu hat die Bereitschaft, sich mit einem Unternehmen zu identifizieren, merklich abgenommen.

Zugenommen haben dagegen das Bedürfnis nach Selbstentfaltung und Selbstverwirklichung sowie das Streben nach Autonomie und

der Wunsch nach sinnerfüllter Tätigkeit. Hieraus folgt, daß Leistungsbereitschaft in der Zukunft wesentlich stärker als früher über die Befriedigung nichtmaterieller Bedürfnisse angeregt und gefördert werden muß.
Mit steigendem Selbstbewußtsein der Menschen hat auch der Glaube an »Autoritäten« stark abgenommen.
Für den selbstbewußten Menschen der modernen Industriegesellschaft ist es nicht mehr ausreichend, lediglich (Arbeits-)Anweisungen entgegenzunehmen. Mitarbeiter wollen zunehmend darüber informiert sein, »warum« sie die ihnen zugewiesenen Tätigkeiten ausüben. Die Frage des Mitarbeiters nach dem »Warum« impliziert den Wunsch, die eigene Tätigkeit als sinnvoll erleben zu können.
Hieraus folgt der Anspruch auf die Möglichkeit des Mitdenkens, Mitsprechens und Mithandelns.
Aus dem steigenden Selbstbewußtsein der Menschen und ihrem Wunsch nach stärkerer Beteiligung ergeben sich bisher vielfach ungenutzte Möglichkeiten für Unternehmen, eine für sie typische Unternehmenskultur aufzubauen.
Voraussetzung hierfür ist eine Unternehmensführung, die die strategische Bedeutung der Unternehmenskultur erkennt und ausreichend Weitblick und Selbstbewußtsein aufbringt, um alle kreativen Kräfte ihrer Mitarbeiter zielgerichtet zu mobilisieren.
Die Veränderungen exogener Einflußfaktoren wie Wertewandel, Bedürfnisveränderungen oder Neuorientierungen erfordern vom Unternehmen ein hohes Maß an Flexibilität und (rechtzeitiger) Anpassung. Gleichzeitig muß Sorge dafür getragen werden, daß die eigene Identität sowie die Kontinuität des Handels aufrechterhalten bleibt.
Ähnlich wie sich das Unternehmen auf wirtschaftlichem Gebiet zunehmend fortschritts- und wettbewerbsbedingten Unsicherheiten ausgesetzt sieht, wird sich die Unternehmenskultur an den Parametern messen lassen, die engagierte, kritische Kräfte unserer modernen Industriegesellschaft hervorbringen. Tragfähige und krisenbeständige Beziehungen eines Unternehmens, nicht nur zu seinen definierten Zielgruppen, sondern auch zu allen Personen-

gruppen, die, wenn auch nur zeitweilig, die Aktivitäten des Unternehmens mit Interesse verfolgen, sind für die soziale Akzeptanz des Unternehmens und damit für seinen langfristigen Geschäftserfolg notwendig. Die Häufigkeit und Schnelligkeit der Veränderungen im gesellschaftlichen Umfeld, der rasch fortschreitende Bedürfnis- und Wertewandel und die zunehmende Komplexität aller menschlichen Beziehungen und Einrichtungen machen richtungsweisende Handlungskonstanten in Form von Strategien zu einem wichtigen Erfordernis für die Erzeugung und Durchsetzung einer Unternehmenskultur.

Hieraus ergibt sich, daß ihre Gestaltung nicht dem Zufall überlassen werden darf. Die Unternehmensstrategie hat vielmehr als Richtlinie zu gelten, an der sich die einzelnen Elemente der Unternehmenskultur langfristig auszurichten haben.

Der Erfolg des Unternehmens, seine Unternehmenskultur intern und extern »durchzusetzen«, hängt auch von der erfolgreichen Kommunikation ihres Inhalts und ihrer (vorbildlichen) Verwirklichung ab.

Das veränderte Selbstwertgefühl des Menschen verlangt nach einer anderen Art von innerbetrieblicher Kommunikation und Beteiligung. Sie muß vor allem geeignet sein, Akzeptanz und Identifikation mit dem Unternehmen und seinen Zielen herbeizuführen. Erst hierdurch entsteht die Möglichkeit, eine Unternehmenskultur innerhalb des Unternehmens zu erzeugen, die eine positive (das heißt die Unternehmensziele fördernde) Wirkung entfalten kann.

Hierzu bietet sich das Instrument der »integrierten Kommunikation« an. Ihr umfassender Ansatz kommt dem Ideal (der in sich widerspruchsfreien und einheitlichen Darstellung des Unternehmens nach innen und außen) am ehesten nahe. Das Konzept der integrierten Kommunikation sieht vor, daß die verschiedensten Elemente der Unternehmenskommunikation synergetisch genutzt werden, um sich so gegenseitig zu verstärken und gemeinsam einen endgültigen Eindruck des Kommunikationsgegenstandes effektiver zu vermitteln, als es jedes Element einzeln zu erreichen vermag.

Die Anwendung des integrierten Kommunikationskonzeptes führt jedoch nicht nur zu einer synergetischen Nutzung der verschiedenen Kommunikationselemente, sondern konsequenterweise auch zu einer erweiterten Betrachtung der diversen Gruppen von Kommunikationsempfängern (Zielgruppen). Der Empfänger unternehmerischer Kommunikation sind dann nicht nur auf Gruppen reduziert, die eine produkt- oder absatzorientierte Kommunikationspolitik identifiziert hat. Vielmehr wendet sich eine integrierte Kommunikationsstrategie langfristig auch an diejenigen Zielgruppen, die an den Aktivitäten des Unternehmens ein Interesse haben und seinen Aktivitäten im weitesten Sinne ihre Aufmerksamkeit schenken (engl. Stakeholders).

Hierzu gehören nicht nur die Anteilseigner, Mitarbeiter, Personen oder Institutionen, die ein mittelbares oder unmittelbares materielles Interesse am Unternehmen haben, sondern darüber hinaus auch die Personen oder Personengruppen, die an den Aktivitäten des Unternehmens aus allgemeinen politischen oder ideologisch motivierten Gründen Anteil nehmen. Die zunehmende Bedeutung dieser Art von Interessengruppen für das Unternehmen braucht hier nicht weiter erörtert zu werden. Aus ihr ergeben sich in der Vergangenheit nicht notwendig gewesene Kommunikationsaufgaben für Unternehmen, die mit herkömmlichen Kommunikationskonzepten und -instrumenten nicht mehr erfolgreich bewältigt werden können.

Das Konzept der »integrierten Kommunikation« stellt auch sicher, daß eine starke innerbetriebliche Unternehmenskultur die notwendige Außenwirkung entfalten kann. Es berücksichtigt, daß im Rahmen der Darstellung des Unternehmens nach außen die Mitarbeiter eine besondere Stellung einnehmen.

Sie haben eine Schlüsselfunktion bei der Erzeugung einer Vorstellung, die sich das Publikum vom Unternehmen, von seinen Aktivitäten und von seinen Produkten macht.

Mitarbeiter eines Unternehmens werden (allein aufgrund der Tatsache, daß sie für das Unternehmen arbeiten) als seine Repräsentanten angesehen, unabhängig davon, auf welcher hierarchischen Ebene sie sich befinden. Jeder Mitarbeiter, ob er es beabsichtigt oder nicht, wird aufgrund einer ihm unterstellten Autorität und einer ihm zugebilligten erhöhten Glaubwürdigkeit zum Bild des Unternehmens nach außen beitragen.

Wachsender Konkurrenzdruck

Der insbesondere durch die bevorstehende Vollendung des europäischen Binnenmarktes zusätzlich verschärfte internationale Konkurrenzdruck wird neue Managementmaßnahmen erfordern, in deren Mittelpunkt hochmotivierte Mitarbeiter stehen. Dieses bezieht sich nicht nur auf die Produktentwicklung und -herstellung, sondern auch auf den Dienstleistungs- und insbesondere auf den Kundendienstbereich.
Wenn Innovation, das heißt fortlaufende Leistungs-, Produktivitäts-, Sicherheits- und Qualitätsverbesserung, das Ergebnis hoher Leistungsmotivation der Mitarbeiter ist, dann muß das Management in der Zukunft verstärkt zu einem Innovations- bzw. Motivationsmanagement werden. Die Anforderungen an die Führungskräfte eines Unternehmens beinhalten dann in einem bislang ungeahnten Maße:

- Führungs- und Motivationsfähigkeiten,
- die Fähigkeit zur Organisation, Kooperation und Gruppenarbeit sowie
- Kommunikationsfähigkeiten.

Für die Unternehmensführung wird es darauf ankommen, diese Veränderungen in der internen Unternehmenskultur nicht nur bei den Mitarbeitern durch-, sondern auch nach außen in ein verändertes Vorstellungsbild beim Zielpublikum umzusetzen.
Bei diesem Versuch werden sich Unternehmen verstärkt Schwierigkeiten gegenübersehen, die in der wachsenden Angleichung von produktions- und produktbezogenen Fakten liegen.
Die Industrialisierung, der rasche technologische Fortschritt, die Angleichung der Fertigungstechniken und die wachsende Fähig-

keit der Unternehmen, »vergleichbare Qualität« zu erzeugen, führen zunehmend dazu, daß Produkte (und Dienstleistungen) immer ähnlicher, austauschbarer und damit verwechselbarer werden.
Hieraus ergibt sich zwingend die Notwendigkeit, die Differenzierung vom Wettbewerber nicht mehr ausschließlich auf der objektiven Produktebene, sondern verstärkt auf der subjektiven (emotionalen) Kommunikationsebene zu suchen.
Aufgabe der Kommunikation wird es sein, Beziehungssysteme dort aufzubauen, wo Verwechselbarkeit zur Aufhebung einer individuellen Beziehungskultur geführt haben. Kristallisationspunkt eines derartigen Beziehungssystems ist der Aufbau und die Akzeptanz einer unverwechselbaren Individualität des Unternehmens, deren Kernpunkt seine aus starken intern und extern wirkenden Elementen zusammengesetzte Unternehmenskultur ist.
Konkret bedeutet dieses, daß in der Zukunft der Schlüssel zum Unternehmenserfolg nicht nur in der Produkt- und Marken-, sondern vor allem auch in der die Unternehmenskultur formenden Unternehmenspolitik liegen wird.
Stärker als in der Vergangenheit werden Produkte bzw. Dienstleistungen nicht mehr nur als solche und Unternehmen nicht nur mehr als bloße Hersteller bzw. Dienstleister, sondern als eine Verkörperung von Unternehmenskultur und Lebensart sowie als Träger bzw. Repräsentanten eines bestimmten Wertesystems empfunden.

- Qualitative Gesichtspunkte werden gegenüber dem traditionellen Gebiet der »Fakten« (zum Beispiel Produktion, Kosten, Produkte, Preis) an Bedeutung gewinnen.
- Unternehmen werden verstärkt ein »Marketing der öffentlichen Nützlichkeit« betreiben, um einerseits den Erwartungen der Öffentlichkeit entgegenzukommen und andererseits die sich hieraus ergebenden neuen Profilierungs- und Kommunikationsmöglichkeiten (zum Beispiel durch Kultur-, Umwelt- oder Sozialsponsorship) zu ihrem (langfristigen) Vorteil auszunutzen.
- Beim Absatz von Produkten oder Dienstleistungen wird es zunehmend darauf ankommen, daß ein Vertrauensverhältnis zwi-

schen Unternehmen, seinen Mitarbeitern und dem Kunden entsteht, woraus im Idealfall eine längerfristige Bindung werden sollte.

Auch hier ist wieder entscheidend, ob ein Grundkonsens zwischen dem vom Unternehmen vertretenen (und in der Vorstellung des Publikums existierenden) und dem vom Publikum erwarteten Werte- und Normensystem besteht.

Japan als Vorreiter

Im zunehmend wettbewerbsintensiven Unternehmensumfeld hängt es in immer stärkerem Maße von der Flexibilität und Adaptabilität sowohl der Unternehmensführung als auch der Mitarbeiter sowie von der Innovationsgeschwindigkeit ab, ob ein Unternehmen erfolgreich sein und überleben wird. Zu den Gewinnern werden diejenigen Unternehmen gehören, denen es gelingen wird, kosteneffizient hergestellte, qualitätsmäßig hochstehende und damit wettbewerbsfähige Produkte und Dienstleistungen anzubieten und sich im Innovationswettlauf (insbesondere mit fernöstlichen Unternehmen) durchzusetzen.
Voraussetzung hierfür ist unter anderem die beste »Konditionierung« des wichtigsten Produktionsfaktors eines Unternehmens: der Mitarbeiter.
Nur kreative, loyale, hochmotivierte und begeisterungsfähige Mitarbeiter, die sich mit dem Unternehmen, seinen Zielen, seinen Produkten und seinem Verhalten im gesellschaftspolitischen Umfeld (der Unternehmenskultur) identifizieren, werden es dem Unternehmen ermöglichen, seine Zielsetzungen zu verwirklichen.
Um diese Voraussetzung zu erreichen, bedarf es nicht nur der Verwirklichung eines partizipativen Führungsstils und moderner Menschenführungsprinzipien im Unternehmen, sondern darüber hinaus auch eines radikalen Umdenkens in der Art und Weise, Produkte zu entwickeln, herzustellen, zu vertreiben bzw. Dienstleistungen zu erbringen.

Das heute bereits von den Japanern erfolgreich angewendete Management- und Produktionssystem ist dem konventionellen westlichen System in Effizienz, Produktivität und Qualität nachweisbar überlegen.
Anders als im herkömmlichen Unternehmen ist in diesem System der Mensch, seine Ausbildung, sein Einsatz, seine Motivation und seine Flexibilität absoluter Mittelpunkt. Statussymbole, eine Vielzahl von Gehalts- und Lohnklassifikationen, detaillierte und differenzierende Arbeitsplatzbeschreibungen und -abgrenzungen, der Unterschied zwischen Arbeitern und Angestellten sind abgeschafft oder aufgehoben.
Entscheidend für das Funktionieren des »abgespeckten« Systems ist das Prinzip der größtmöglichen Delegation von Verantwortung nach unten. Dieses setzt eine bessere Ausbildung aller Mitarbeiter und eine neue Qualität der Zusammenarbeit im Unternehmen voraus, die nicht von Konfrontation, sondern von partizipativem Führungsstil, partnerschaftlicher Kooperation und Gruppenarbeit geprägt ist. Die zunehmende Ersetzung der Hierarchien durch Kooperation, Gruppenarbeit und Gruppengeist verlangt eine Unternehmenskultur, die wesentlich stärker als bisher auf Kommunikation und Identifikation mit dem Unternehmen, seinen Zielen und seiner Kultur ausgerichtet ist. In Märkten, die durch Qualitätsangleichung auf hohem Niveau und heftigen Wettbewerb gekennzeichnet sind, wird zusätzlich hierzu auch eine stärkere Orientierung der Mitarbeiter auf erzielbare Wettbewerbsvorteile und Wettbewerbsdifferenzierung notwendig werden.
Die Ermutigung der Arbeitnehmer, an der Veränderung der Unternehmenskultur aktiv mitzuarbeiten, mehr Verantwortung zu übernehmen und ihre Kreativität wieder mehr in den Dienst des arbeitgebenden Unternehmens (statt in die immer bedeutender werdende Freizeitgestaltung) zu investieren, kann nur durch eine vorgelebte Unternehmenskultur erreicht werden. Die Unternehmensführung muß erkennen, daß es eine besondere Verpflichtung für das gezielte »Vor-Leben« trifft. Hierzu gehört nicht nur die Aufgabe von Privilegien und hierarchischen (Top-to-bottom-)-Strukturen, sondern auch die verstärkte Anerkennung der Ar-

beitsleistung, die Bereitschaft, sich für die Mitarbeiter einzusetzen (Arbeitsplatzschutz, Sicherheit), sowie die Bereitschaft, Verantwortung zu delegieren. Erst das Vorleben und das gemeinsame Erleben setzen (neue) Leitbilder in Unternehmenskultur um.
Der Prozeß der Umstellung und des Wandels zu diesem neuen System von Arbeitsbeziehungen ist in Nordamerika, aber auch bereits in Europa von einigen Unternehmen begonnen worden. An seinem Anfang steht bezeichnenderweise ein Prozeß der radikalen Veränderung der Unternehmenskultur. Dieser findet seinen Ausdruck zunächst in der Formulierung eines neuen Unternehmensleitbildes und eines neuen Bildes vom Mitarbeiter im Unternehmen.

Zusammenfassend
läßt sich festhalten, daß Wertewandel, zunehmender Konkurrenzdruck sowie die Entwicklung und erfolgreiche Anwendung neuer Produktions- und Managementsysteme einen erheblichen Einfluß auf die Art und Weise haben werden, wie Unternehmen in der Zukunft planen, produzieren, handeln und kommunizieren. Diese Veränderungen bedingen einen radikalen Wechsel in Kernbereichen der jeweiligen Unternehmenskultur. Die Unternehmenskultur, ihre Durchsetzung oder ihre Veränderung wird ein wichtiges strategisches Element der Unternehmensführung sein, um die Unternehmen auf den intensiver werdenden Wettbewerb in einem zunehmend offeneren und größeren Markt vorzubereiten.

Serviceteil

Biographien

Alberto Alessi

Alberto Alessi leitet das Familienunternehmen Alessi, das 1921 in Crusinallo am oberitalienischen Ortasee gegründet wurde. Mit seinem Tischgerät hat er Klassiker für Haushalt und Hotellerie geschaffen. Sein Unternehmen hat mit 600 verschiedenen Produkten internationale Bedeutung. Design bedeutet für Alessi die Realisierung seiner Vision von poetischen Objekten und einer poetischen Zukunft.

André Baxmann

Studium der Wirtschaftswissenschaften in Hannover. 1984–1989 Berater, später Stellvertretender Geschäftsführer bei Springer + Jacoby Werbeagentur, 1989–1990 Werbeleiter Europe Esprit, seit Ende 1990 geschäftsführender Gesellschafter bei Viva, Gesellschaft für Unternehmenskultur.

Rudolf Beger

ist Volljurist. Nach anwaltlicher Tätigkeit in Hamburg spezialisierte er sich im deutschen und internationalen Steuerrecht.
Erfahrungen auf dem Gebiet der Unternehmenskommunikation erwarb sich Beger durch eine Vielzahl von Tätigkeiten für die Chemie- und Automobilindustrie im In- und Ausland. Hierzu gehören auch die langjährigen Lehrtätigkeiten an renommierten Managementausbildungsinstituten.

1991 wurde Beger zum Exekutivsekretär des neugebildeten europäischen Automobilverbands (ACEA, Brüssel) ernannt. ACEA vertritt die Interessen seiner Mitglieder (BMW, DAF, Daimler-Benz, Fiat, Ford of Europe, General Motors Europe, MAN, Porsche, Renault, Rolls-Royce, Rover, Saab-Scania, AB Volvo, Volvo Car BV, VW) gegenüber den europäischen Institutionen.

Alexander Demuth

Alexander Demuth hat Publizistik in Wien studiert. Er war als Journalist tätig, hat beim Aufbau von Pubrel, einer der größten PR-Agenturen Österreichs, mitgeholfen und übernahm die Leitung des Bereichs Presse und Information der Ford-Werke AG in Köln. Er war Geschäftsführer der Communications GmbH, einer Spezialagentur für Unternehmenskommunikation, und arbeitete bei Brouillard Communications in New York.
Alexander Demuth ist Inhaber und Geschäftsführer der Alexander Demuth GmbH in Frankfurt.

Theodor Diener

Theodor Diener begann als Vertriebsingenieur bei Brown, Boverie & Cie, wurde dort Leiter der Abteilung Verfahrenstechnik und Prozeßautomation, bevor er bei der Polysius AG Neubeckum die Hauptabteilung Marketing aufbaute.
Er wechselte zur Konzernleitung nach Essen und wurde dort Leiter der Stabsabteilung Vertriebsplanung für den gesamten Krupp-Konzern. Sein Weg führte über die Position des Abteilungsdirektors zur Stellung des Direktors der Friedrich Krupp GmbH.
Seit 1982 ist er Vorsitzender der Geschäftsführung von Wilkhahn, seit 1983 Mitgesellschafter des Unternehmens.

Gerd Gerken

Gerd Gerken wird als »Neudenker des Management« bezeichnet. Sein Schwerpunkt ist die energetische Lehre des Managements, die neben rationalen Erfolgsfaktoren neue Faktoren wie Glaube, Vision, Liebe und Geist einführt.
Gerd Gerken ist als Zukunftsberater und Coach für das Top-Management tätig.
Er gibt den Informations-Service RADAR für TRENDS heraus.

Thomas Gerlach

Thomas Gerlach war nach dem Industriedesignstudium an der Universität Essen als Freelance-Designer in Essen tätig. Er wurde mehrfach im Bereich Design ausgezeichnet, so zuletzt mit dem Preis der Universität Essen.
Thomas Gerlach ist Geschäftsführer der *frogdesign* Europa und Vorstandsmitglied beim Verband Deutscher Industrie-Designer.

Paul J. Kohtes

Paul J. Kohtes ist Sprecher der Geschäftsführung der Kohtes & Klewes Kommunikation GmbH.
Er gründete 1973 seine Agentur, die bekannt wurde für strategische PR und Krisenbetreuung. Von 1982 bis 1987 war er Geschäftsführer der Hill and Knowlton Deutschland GmbH und Mitglied im European Operational Committee von Hill and Knowlton. Von 1985 bis 1991 war er Vizepräsident der Gesellschaft Public-Relations-Agenturen und deutscher Delegierter bei der ICO (International Committee of PR Consultancy Associations).

Peter G. C. Lux

Der Identitätsberater Peter G. C. Lux wurde am 6. September 1942 in Münsterberg/Schlesien geboren.
Sein Studium der Fächer Graphic Design und Kommunikation an den Hochschulen für bildende Künste in Hamburg und Berlin waren prägend für die Interessen des gelernten Farblithographen Peter G. C. Lux, die er auch in seinem weiteren Berufsleben konsequent umsetzte:
So nahm er folgende Positionen ein: Graphic Designer bei Jürgen Köhlert, Graphic Studio, Hamburg; und Neue Heimat Städtebau, Hamburg; Corporate-Design-Projektmanager bei Henrion Design Assoc., London; Corporate-Design-Berater bei Wolff Olins Ltd., London; Corporate-Identity-Berater bei Zintzmeyer & Lux AG, Zürich. Seit 1975 ist er Mitinhaber der Corporate-Identity-Agentur Zintzmeyer & Lux AG, Zürich.

Albrecht Graf Matuschka

Albrecht Graf Matuschka studierte Betriebs- und Volkswirtschaft in Hamburg und München. Er war als Berater für die Londoner Privatbank von Siegmund Warburg tätig, gründete die TRV Treuhandvermögensverwaltung und ist Chairman der Matuschka Gruppe, der größten bankenunabhängigen Vermögensgruppe.

Mike Meiré und Thomas Bried

Mike Meiré hat 1985 im Alter von 21 Jahren zusammen mit seinem Bruder Marc eine Werbeagentur in Köln-Königsdorf gegründet. Sie sind Herausgeber der Avantgardezeitschrift »Apart« und des Kunstbandes »ad2g«. Zu ihren Kunden gehören Sony, bama und Vorweg. Thomas Bried ist Geschäftsführer und Gesellschafter von meiré und meiré New Communication Wiesbaden.

Dieter Rams

Über die Position des Produktdesigners gelangte Dieter Rams in die Stellung des Leiters der Produktdesign-Abteilung und wurde dann Direktor für Produktdesign bei der Braun AG. 1981 erhielt er den Ruf für eine Professur für Industriedesign an die Hochschule für bildende Künste Hamburg. Prof. Rams ist der erste Preisträger des »Industrie Forum Design Hannover« für besondere Verdienste für das Design.
Seit 1988 ist er Generalbevollmächtigter der Braun AG.

Michael Schirner

Michael Schirner studierte an der Hochschule für bildende Künste in Hamburg. 1969 wurde er Copy Supervisor bei Young & Rubicam in Frankfurt. 1971 wurde er Geschäftsführer und Gesellschafter der GKO & S Werbeagentur in Hamburg. 1974 dann war er Geschäftsführer und Creativ-Direktor der GGK Düsseldorf. 1984 wurde er zum Geschäftsführer und Gesellschafter der KKG Projektagentur in Düsseldorf, die seit dem 1. Mai 1987 Michael Schirner Werbe- und Projektagentur heißt.

Prof. Helmut M. Schmitt-Siegel

Prof. Helmut M. Schmitt-Siegel ist Diplom-Designer, Sozialpsychologe und Psychotherapeut. Er lehrt in Bielefeld Kommunikationsdesign und leitet in Düsseldorf das »Institut für Communication«.

Prof. Christian Scholz

Seit 1986 ist Prof. Dr. Christian Scholz Inhaber des Lehrstuhls für BWL, insbesondere für Organisations-, Personal- und Informationsmanagement an der Universität des Saarlandes; seine aktuellen Forschungsschwerpunkte liegen in den Bereichen Unternehmenskultur, Personalmanagement und Strategisches Management; seit April 1990 ist er geschäftsführender Direktor des Europa-Instituts. Im Januar 1991 gründete er die PRISMA Professor Scholz GmbH, eine Unternehmensberatung für Personalmanagement.

Dr. Berthold Schwanzer

Dr. Berthold Schwanzer studierte an der Wirtschaftsuniversität Wien, wo er 1984 seine Promotion ablegte. Seine Lehrjahre verbrachte er in der »Gesellschaft für Wirtschaftswerbung« in Wien mit Praktika in England und den USA. Seit 1969 ist er selbständiger Werbeberater in Wien.

Erwin Staudt

Bei IBM war Erwin Staudt zunächst als Vertriebsbeauftragter für Datenservice im Bankenbereich tätig. Dem folgten die Aufgaben als Vertriebsleiter, die des Leiters Marketingprojekte in der Hauptverwaltung und die Aufgabe eines Assistenten beim Geschäftsführer Marketing und Service, bevor er sich der Leitung der Berliner IBM-Geschäftsstelle anschloß.
Seit 1989 ist Erwin Staudt in der Stuttgarter Hauptverwaltung Generalbevollmächtigter für Unternehmensverbindungen.

Literaturverzeichnis

Beger, R., Gärtner, H. D.; Mathes, R.: *Unternehmenskommunikation. Grundlagen - Strategien - Instrumente,* Wiesbaden 1989

Demuth, A.: *Institutionelle Kommunikation,* Deutscher Kommunikationsverband 1982

ders.: *Unternehmenswerbung,* Spiegel-Verlag 1984

ders.: *Image und Wirkung,* GWP 1987

ders.: *Unternehmenskultur,* Düsseldorf 1990

ders. (Hg): *Imageprofile '88,* Düsseldorf 1988
Imageprofile '89 - Sponsoring, Düsseldorf 1989
Imageprofile '90 - Unternehmenskultur, Düsseldorf 1990
Imageprofile '91 - Financial Communications, Düsseldorf 1991

Dörrbecker, K., Rommerskirchen, T.: *Kommunikations-Management,* Remagen, 1990

Gerken, G.: *Die Zukunft des Handelns,* Freiburg 1987

ders.: *Die Trends für das Jahr 2000,* Düsseldorf 1989

ders.: *Abschied vom Marketing,* Düsseldorf 1990

ders.: *Management by Love. Mehr Erfolg durch Menschlichkeit,* Düsseldorf 1990

ders.: *Geist. Das Geheimnis der neuen Führung,* Düsseldorf 1991

Holleis, W.: *Unternehmenskultur und moderne Psyche,* Frankfurt 1989

Kothes, P. J.: »Erfolg durch Akzeptanzstrategie«, in: *Öffentlichkeitsarbeit und Werbung,* Frankfurt 1988

ders. (Hg.): *Kompetenz, Public Relations und Management* Schriftenreihe, K&K Kothes & Klewes Kommunikation, Düsseldorf

ders.: »Der Nutzen von Image-Programmen«, in: *Imageprofile I,* Düsseldorf 1988

Meiré und Meiré: *design ist orientierung,* Düsseldorf, 1990
Rams, D.: *Die leise Ordnung der Dinge,* Göttingen 1990
Schirner, M.: *Werbung ist Kunst,* München 1988
ders.: *Bilder im Kopf,* Hamburg 1987
ders.: *Plakat und Praxis,* Hamburg 1986
Scholz, Ch.: *Strategisches Management. Ein integrativer Ansatz,* Berlin 1987
ders.: »Unternehmenskultur«, in: *Das Wirtschaftsstudium* 15 (1986), Seiten 223-224
ders.: »Unternehmenskultur und Personalmanagement«, in: *Personalwirtschaft* 16 (6/1989), Seiten 13-16
ders.: »Kultur und CI deckungsgleich? Das Lambda-Modell zeigt, wo Ihr Unternehmen steht«, in: *Absatzwirtschaft,* Sonderheft Oktober 1989, Seiten 212-223
ders.: »Macht und Ohnmacht der Unternehmenskultur«, in: Lezius, M. (Hrsg.), *Partnerschaftliche Unternehmenskultur,* Saade, 1990
ders.: *Personalmanagement – Informationsorientierte und verhaltenstheoretische Grundlagen,* München 1989
ders. u. W. Hofbauer: *Organisationskultur: Die vier Erfolgsprinzipien,* Wiesbaden 1990
Schwanzer, B.: *Die Erlebniswelt von Geschäften und Bankfilialen. Empirische Untersuchung über die Architektur von Geschäften und Schaufenstern,* Wien 1988
ders.: *Die Bedeutung der Architektur für die Corporate Identity eines Unternehmens,* Wien 1985
ders.: *Modell und Wirklichkeit,* Wien 1987
ders.: *Die Bedeutung der Architekten für die Corporate Identity eines Unternehmens. Eine empirische Untersuchung von Geschäften und Bankfilialen,* Wien 1989
Wever, U.: *Unternehmenskultur in der Praxis,* Frankfurt 1989